张西平 主编

国际汉语教育史研究

第 4 辑

INTERNATIONAL EDUCATION HISTORY OF
CHINESE LANGUAGE

北京外国语大学"双一流建设项目"资助项目
北京中外文化交流研究基地

《国际汉语教育史研究》编委会

主　　办：世界汉语教育史研究学会

主　　编：张西平

编委会成员（按音序排列）：

奥村佳代子〔日本〕　　白乐桑〔法国〕　　韩可龙〔德国〕
李无未　　　　　　　李　真　　　　　　马西尼〔意大利〕
孟柱亿〔韩国〕　　　内田庆市〔日本〕　　施正宇
盐山正纯〔日本〕　　杨慧玲　　　　　　岳　岚
王铭宇　　　　　　　张美兰　　　　　　张西平
朱　凤〔日本〕

本期执行编委：施正宇

本期编辑助理：彭乐梅　陈韬瑞

目　　录

卷首语 ··· (1)

20世纪50年代中国汉语传播策略的回顾与思考
··························· 施正宇　彭乐梅　陈韬瑞 (3)
新中国对外汉语教学初创时期的教学及其效果
——以1950年首批匈牙利来华交换生为例 ············· 黎敏 (38)

清华大学东欧交换生中国语文专修班两年教学计划草案(修正稿) ······· (54)
关于半年来的教学总结及本学期教学计划
——班主任盛澄华同志在本学期第一次师生大会上的报告 ········ (58)
教育部关于选拔中文系在校学生培养出国讲学教师的通知 ············ (64)
韦钰在1961—1964届出国汉语储备师资纪念座谈会上的讲话 ········ (66)

筚路蓝缕的对外汉语教学人——北京语言大学赵淑华教授访谈
···················· 受访人:赵淑华　访谈人:黎敏 (72)
新中国首批东欧交换生的留学经历访谈(一)
······ 受访人:〔罗马尼亚〕罗明,〔罗马尼亚〕萨安娜　访谈人:黎敏 (85)
新中国首批东欧交换生的留学经历访谈(二)
···················· 受访人:〔匈牙利〕尤山度　访谈人:黎敏 (99)
1961—1964年教育部出国汉语储备师资访谈(一)
············ 受访人:程裕祯　访谈人:施正宇　彭乐梅　陈韬瑞 (108)
1961—1964年教育部出国汉语储备师资访谈(二)
············ 受访人:李顺兴　访谈人:施正宇　彭乐梅　陈韬瑞 (131)

1961—1964年教育部出国汉语储备师资访谈(三)
　　　　　　·················· 受访人:王绍新　访谈人:施正宇（146）
1961—1964年教育部出国汉语储备师资访谈(四)
　　　　　　·········· 受访人:阎纯德　访谈人:施正宇　彭乐梅　陈韬瑞（175）

补白

崔希亮主编《汉语国际教育研究论集·语法卷》出版 ················（37）
姜丽萍主编《汉语国际教育研究论集·教学卷》出版 ················（57）
郑艳群主编《汉语国际教育研究论集·数据资源卷》出版 ············（71）
张西平、李真编《西方早期汉语研究文献目录》出版 ················（145）
叶秋月《汉语匈牙利语音系对比和汉语语音教学》出版 ··············（174）

卷首语

1951年1月,来自罗马尼亚、保加利亚和匈牙利的14名留学生走进了清华大学中国语文专修班的课堂。他们翻开了刚刚油印出来的、飘着墨香的汉语讲义,同时也翻开了新中国国际中文教育的第一章。七十年过去了,光阴荏苒,中国语文专修班辗转北京大学和当年的北京外国语学院,最终落脚在海淀区学院路,发展成为今天学科齐全、规模庞大的北京语言大学。新中国的对外汉语教育事业是世界中文教育史的重要组成部分,为纪念那些新中国对外汉语教育的先行者,《国际汉语教育史研究》特别推出这一辑专刊,不仅仅是为珍藏这段难忘的历史,更为重要的是通过回顾这段历史,汲取宝贵的历史经验。只有在长时段的历史进程中,我们才能发现智慧,这也是本刊的主旨。

通过本期我们所整理的一份份当年的档案、一个个亲历者的访谈,我们深切地体会到:

本民族的语言推广和传播,与其国家利益紧密相连,世界各国概莫能外。新中国的对外汉语教育事业也是如此。中国语文专修班牵动着共和国的神经,上至中央人民政府副主席刘少奇、政务院总理周恩来,下到教育部、外交部等,都给予了高度的重视和具体的监督指导。它的成功与国家的支持是分不开的。服务国家文化教育事业,从国家立场来设计自身的行动路线,这是我们必须时时牢记的初心。

中国的对外汉语教育事业,从一开始就是与国外的中文教育紧密联系在一起的。中国语文专修班的汉语教学,无论是教学理念、授课方法还是汉语教材,与二战时期赵元任主持的哈佛大学美军专门训练计划(ASTP)中的中文项目有着直接的联系,而有着悠久历史的苏联汉语教学也给予了丰富的滋养。中国语文专修班正是在吸取东西方语言理论以及国内外先进汉语教学经验基础上所取得的一次成功尝试,对后世对外汉语教学的发展产生了积极的影响,它在中国以及世界汉语教育史上占有重要的一席。这一历史告诉我们,国外中文教育与国内中文教育的互动是中文教育发展的基本轨迹,国际汉语教育史研究的目的就在于总结这一互动历史的基本经验,在世界范围内展开中文教育的历史与发展的研究。

中国语文专修班的首批学员在毕业后大都成为各自国家从事中文教育的骨干力量、研究中国文化的汉学家以及沟通本国与中国文化交流的使者。这个经验告诉我们,在对外汉语教育中,应以汉语言文字教育为主,把培养汉学家作为重要任务。因为,国际中文教育的任务主要是由各国的汉学家来承担的,这是一个常识性的经验,但近年来,这一常识似乎渐渐被忽略甚至遗忘了。由中国派出汉语教师是我们必须承担的任务,这是很自然的。但中国在国际中文教育发展中最重要的任务是培养各国的本土中文教育人才和汉学家。为此,我们应逐步在继续办好孔子学院的同时,将重点由办孔子学院这样的非学历教学机构逐步转向帮助各国的大学建立中文专业,或者支持目前各国大学的汉学系,由大量外派中文国际教育志愿者,转变为对各国本土中文教育人才的培养。我们必须牢记:国际中文教育的主要承担者是各国的汉学家。因此,在国际中文教育中应把培养汉学家作为重要任务,把培养各国本土中文教育人才的工作放在首位。这是中国语文专修班留给我们的重要历史经验。

诚如马克思所说,"我们只知道一门真正的科学,那就是历史科学。"只有历史方可以验证初心,增加智慧。

当年清华园里的一棵小树,而今业已枝繁叶茂,长成了国际中文教育的参天大树,成为我们今天的重要智慧来源。

20世纪50年代中国汉语传播策略的回顾与思考*

施正宇　彭乐梅　陈韬瑞

（北京大学对外汉语教育学院）

摘　要　本文以史料及亲历者的口述为依据，从清华大学和北京大学中国语文专修班、外派汉语教师入手，梳理20世纪50年代①中国对外汉语教学的起步和发展脉络，以期勾勒出这一时期中国汉语传播策略的基本内容。

关键词　20世纪50年代，汉语传播策略，中国语文专修班，外派汉语教师，汉语教学模式，汉语教材

1949年前夕，随着民国时期来华西方人创办的汉语教育机构的陆续关闭，汉语教学几乎处于"熔断"状态。例如华北协和语言学校（North China Union Language School），可以说是民国时期的"北京语言学院"，20世纪40年代后期搬到了美国。他们不光搬走了所有的教学资料，就连十几位有经验的汉语教师也都去了美国，这对建政之初的汉语教学来说可谓是釜底抽薪，一切都不得不从零开始。

一、20世纪50年代汉语教学的基本构成

20世纪50年代中国的对外汉语教学主要有以下几个机构：

一是1950年到1952年清华大学东欧交换生中国语文专修班。当时罗马尼亚、匈

---

* 本文为教育部中外语言文化合作中心、世界汉语教学学会2021年国际中文教育研究课题重点项目"建国初期汉语教育史研究（1950—1966）"（项目编号：21YH01B）的阶段性成果。2020年11月21日，本文部分内容曾以"传语弘文70年——当代对外汉语教育的历史回顾"为题在由国家社科基金资助、教育部中外语言交流合作中心等多家单位主办的新中国汉语教学70年发展之路与未来展望学术论坛宣读。在写作过程中，得到了高军丽、郭佳、何玲、李登贵、刘佳蕾、刘洋、刘子瑜、孟亚芳、潘仲茗、钱玉莲、苏汉康、唐传寅、滕淑玲、田桂文、王丹卉、王贺兰、王绍新、肖三乐、詹成峰、张强、赵美、赵淑华、赵永新、周晓东等前辈同侪与学友的鼎力相助，在此谨表谢忱！

① 鉴于研究对象的特殊情况，本文探讨的部分内容延及20世纪60年代初。

牙利、保加利亚、捷克斯洛伐克和波兰等五国政府提出派留学生到中国留学,引起中国政府的高度重视。在周恩来总理亲自主持下,清华大学设置了东欧交换生中国语文专修班(简称"清华专修班")。1952年9月,随着院系调整,专修班转到了北京大学(简称"北大专修班")。由于朝鲜、蒙古等国学生的到来,同年10月27日,教育部批准北大将"东欧交换生中国语文专修班"改名为"外国留学生中国语文专修班"①,但专修班的性质没有变。1961年7月专修班转到北京外国语学院。

二是1951年,经越南国家领导人胡志明与中国有关方面协商,并经中共中央同意、中央人民政府副主席刘少奇批示,处于战时状态的越南政府在中国广西的南宁、桂林设立两所育才学校,其中南宁育才学校,附设中文学校,开展汉语教学。至1956年,学校停办。② 1953年9月中国政府在广西桂林开办越南留学生中国语文专修班,1954年1月,14名北大朝鲜留学生来到该校,该校遂改称"中国语文专修学校"。1957年该校停办。

三是当时在北京大概有不少于8位的汉语教师,以个体身份在各个使馆之间进行汉语教学。至1956年,中国政府成立了外交人员服务处,有组织地对当时各个使馆的外交人员及其家属进行汉语教学,这是后来外交人员服务局的前身。③

此外,根据政府间的协议,部分高校和中学教师被派往东欧及苏联、朝鲜、越南、蒙古、埃及等国家教授汉语。

二、20世纪50年代汉语传播策略之一:请进来

20世纪50年代初,"请进来"策略的重要标志是清华专修班的正式开班。

2.1 专修班的建立及行政官员的委派

清华专修班组建的过程大致如下:

1950年1月,波兰驻华代办毕罗奇代表波兰政府向中国政府提出交换留学生事宜。1950年1月14日,政务院总理兼外交部部长周恩来亲自致函教育部:

  关于交换留学生问题,拟请贵部从速研究、准备具体材料,以便进行商谈,并希随时与本部交际处联系,以便邀约波代办商谈。④

建国初期,毛泽东访苏之际,捷克代表曾提出接收中国留学生的建议,"毛泽东主席对此

---

① 王学珍等《北京大学纪事(1898—1997)》,北京:北京大学出版社,2008年,第553页。
② 中国广西壮族自治区档案馆、中国广西壮族自治区社会科学院《中越友谊的历史见证——广西南宁育才学校资料选编》,北京:中国档案出版社,2010年,第7页。
③ 施光亨、杨俊萱《新中国对外汉语教学40年大事记》,《世界汉语教学》1990年第2期,第99页。
④ 李滔主编《中华留学教育史录(1949年以后)》,北京:高等教育出版社,2000年,第75页。

项建议其感兴趣,并约定捷克政府将对此提出更详细的建议"。在此基础上,大约是在1950年初,"捷克教育部建议设立研究中捷两国历史及语文之交换留学生奖学金各10名。"①

1950年6月25日,周恩来总理主持会议,责成政务院文化教育委员会、外交部、教育部成立专门小组,拟定计划,并与有关国家商谈交换留学生事宜。② 为此,中央各部成立了联合工作组,协调留学生来华的各项工作:

> 为了加强中央教育部、外交部、团中央、全国学联在东欧交换来华留学生(以下简称"交换生")管理工作中的联系,由教育部黄新民、李洵,外交部吴青、苏丹,团中央钱大卫,全国学联谢邦定,清华大学李广田、盛澄华等同志组成"东欧来华留学生工作组",由教育部每月召开定期会议一次。③

1950年7月28日,中国外交部苏欧司东欧科吴青科长与罗马尼亚驻华大使馆参赞席拉德就互换留学生事宜交换意见,中方提出:

> 希望罗马尼亚派来中国的留学生……第一年与其他人民民主国家学生一起集中住在清华大学,入为他们特设的语文班……④

1950年8月31日,政务院文化教育委员会正式向教育部下达接受东欧五国留学生的任务。⑤

1950年9月4日,教育部向清华大学下达关于积极筹备东欧五国35名来华学生第一学年语文训练的通知。⑥

1950年9月,清华专修班正式成立,设主任一职,由时任清华大学教务长周培源兼任。⑦

1950年9月18日,清华大学成立外籍学生指导委员会,由吕叔湘(主席)、陈新民、邓懿、杨业治、李广田、潘光旦、费孝通7人组成。⑧ 吕叔湘对此项工作尽心尽力:

> 吕叔湘时常召集邓懿、杜荣、熊毅、王还等教师一起商讨东欧班学生的汉语教学问题,帮助教员解决教学(主要是汉语语法上)的疑难点。吕先生多次强调说:"你的教学对象不是牙牙学语的儿童,是成年的有文化的外国人,要用锲而不舍的

---

① 李滔主编《中华留学教育史录(1949年以后)》,北京:高等教育出版社,2000年,第76页。
② 清华大学外国留学生工作办公室《紫荆花开——清华大学东欧交换生中国语文专修班纪念》(内部资料),2011年,第39页。
③ 同上,第54页。
④ 李滔主编《中华留学教育史录(1949年以后)》,北京:高等教育出版社,2000年,第81页。
⑤ 同上,第289页。
⑥ 同上。
⑦ 清华大学校史研究室《清华大学九十年》,北京:清华大学出版社,2001年,第173页;清华大学外国留学生工作办公室《紫荆花开——清华大学东欧交换生中国语文专修班纪念》(内部资料),2011年,第40页。另据齐家莹《清华人文学科年谱》(北京:清华大学出版社,1999年,第378页)记载,1950年4月吕叔湘任"东欧交换生语文专修班主任",待考。
⑧ 齐家莹《清华人文学科年谱》,北京:清华大学出版社,1999年,第383页。

精神去注意他们的母语、他们的文化背景、他们的性格、他们的喜好,这些因素都会反映到他们的汉语学习中去。"①

1951年1月中旬,吕叔湘请假,外籍学生指导委员会主席由李广田代理。②

1951年3月19日,校务会议同意并经校委会4月23日通过,吕叔湘辞去外籍学生指导委员会主席一职,聘请李广田为该委员会主席,盛澄华为副主席。③

1950年12月,14名罗马尼亚、保加利亚、匈牙利学生陆续抵达北京。

1951年1月3日,清华专修班正式开课。

1951年9月11日,清华专修班召开第一次师生大会,由班主任盛澄华做关于半年来的教学总结及本学期教学计划的报告。④

由此可见,东欧交换生中国语文专修班是在周恩来总理主持下,由中国政府各部门协同组织管理,并委托清华大学组建的当代中国第一个对外汉语教育机构。从清华大学及转入北京大学后最初几年的机构设置看,其建制与"系"平级。清华、北大专修班历时十年,主要负责人详见表1和表2⑤:

表1 中国语文专修班主要负责人

任职起始时间	主任	副主任
1950年9月	周培源(兼)	
1951年4月⑥	盛澄华	—
1952年2月	邓懿(代)	
1952年9月22日	周培源(兼)	郭良夫
1953年10月10日		戴新民(第二副主任)
1956年2月9日	王向立	郭良夫
1958年10月4—5日	戴新民	
1960年4月13日		李培元

---

① 清华大学外国留学生工作办公室《紫荆花开——清华大学东欧交换生中国语文专修班纪念》(内部资料),2011年,第24页。
② 参见《清华大学东欧交换生中国语文专修班工作总结》(简称《东欧班工作总结》),转引自何玲《清华大学东欧交换生中国语文专修班的几点史实》,《汉语国际教育学报》第二辑,北京:科学出版社,2017年,第190页。
③ 原文写作"东欧交换生中国语文训练班委员会",应为"外籍学生指导委员会"异名或误写。参见齐家莹《清华人文学科年谱》,北京:清华大学出版社,1999年,第390页。
④ 齐家莹《清华人文学科年谱》,北京:清华大学出版社,1999年,第394页。
⑤ 1952年秋季学期转入北大后,专修班历届领导成员信息来自王学珍等《北京大学纪事(1898—1997)》(北京:北京大学出版社,2008年)以及唐传寅、赵淑华的回忆。
⑥ 关于盛澄华的任命时间,一说为1951年4月,参见《东欧班工作总结》,转引自何玲《清华大学东欧交换生中国语文专修班的几点史实》,《汉语国际教育学报》第二辑,第188页。一说为1951年9月,详见清华大学校史研究室《清华大学九十年》,北京:清华大学出版社,2001年,第176页。直到1952年2月,清华大学教职工名册上,盛澄华仍为专修班主任,但据《东欧班工作总结》记载,盛澄华"自五二年二月起因病请假,所遗职务由邓懿代理",转引自何玲《清华大学东欧交换生中国语文专修班的几点史实》,《汉语国际教育学报》第二辑,北京:科学出版社,2017年,第188页。

根据1951年9月制定的《本班内部暂行工作条例》,作为专修班的专职主任,盛澄华的职责是:

> 领导全班教学、行政及生活管理工作,包括掌握与估计情况,拟订教学、行政与生活管理等的工作计划,主持会议并领导讨论,作出决定,协助执行,检查工作,总结经验。班主任对教务长负责,并代表学校出席教育部每月召开的工作组会议。①

表2 北大专修班党支部负责人

任职起始时间	党支部书记	党支部副书记
1952年秋	三人党小组	
1954年春	郭良夫(兼)	—
1956年2月1日	戴新民(兼)	
1957年8月	王向立(兼)	
1958—1959年		唐传寅

关于专修班党支部的建立,据唐传寅、赵淑华回忆,1952年转入北大之初,专修班有党员三名,故成立了党小组,即郭良夫、牟怀真和唐传寅。大约到了1954年春,专修班成立党支部,郭良夫任支部书记。

图1 1954年专修班党支部全体成员②(唐传寅提供)

---

① 转引自何玲《清华大学东欧交换生中国语文专修班的几点史实》,《汉语国际教育学报》第二辑,北京:科学出版社,2017年,第191页。

② 摄于1954年春,从左至右,前排为牟怀真、林筱安、吉文煮、李培元、戴新民,后排为徐燕、金再及、郭良夫、唐传寅和李景蕙。

1955年9月30日北大校方下达通知,外国留学生中国语文专修班由江隆基副校长直接领导。① 1956年9月22日北大校务委员会召开会议,会上通过决议,外国留学生中国语文专修班为校级组织机构。② 自此至并入北外之时,北大专修班始终为校级机构。1956年2月9日北大校方通知:"解除周培源兼任的外国留学生中国语文专修班主任的职务,任命王向立为外国留学生中国语文专修班主任。"③ 据唐传寅和汪子嵩回忆:大约在1958年,王向立担任北大马列主义教研室总支副书记,参加人大、北大两校调查组,④专修班工作由戴新民兼管,李培元任副主任,主管教学;唐传寅任专职副书记。后王向立调任北大党史研究室主任,戴新民于1960年调任原子能系党总支书记,郭良夫因"历史问题"接受审查,1961年调入福建泉州华侨大学中文系任教,故至并入北京外国语学院前,专修班工作一直由副主任李培元(主管教学)和党总支副书记唐传寅(主管行政)负责。

2.2 专修班的教职员工和学生

2.2.1 专修班的教职员工　专修班对教师的选拔,有着不同的标准。成立之初,专修班紧急招聘了拥有丰富汉语教学经验的教师。邓懿,早在1937年就曾在北平一所美国人开办的学校教授汉语,此后她又在哈佛大学、燕京大学教授汉语,至专修班筹办之时,邓懿已经有了十余年的教学经历,她也因此成为了清华、北大专修班的教学负责人;杜荣,美国飞虎队英文笔译,民国时期空军参谋学校教学编译,燕京大学中文系汉语老师;王还,40年代末曾在剑桥大学教过三年汉语。此外,专修班陆续从高校中文系或外语系选拔了一批成绩优秀的青年学生,他们或尚未毕业,或提前毕业。

图2从左至右第一排为陈承运、郭玛丽、萨安娜、史以凯、XXX(姓名不详者,下同)、XXX、XXX、杨亚娣、焦庞颥,第二排为张维、熊毅、王还、文采琳、江冬妮、杜荣、邓懿、梅维佳,第三排为马多恕、祁密珈、罗明、XXX、贾密流、海兹拉尔、路爱德、施乐文、发思、董伯若、高恩德、尤山度、冯忆罗,第四排为季连绰、李希孟、史涤凡、廖宁、柯来曼、钟桱、XXX、傅惟慈、戴伯纳⑤,共39人。据记载,清华专修班共有教职员工16人:

---

① 王学珍等《北京大学纪事(1898—1997)》,北京:北京大学出版社,2008年,第594页。
② 同上,第607页。
③ 同上,第600页。
④ 汪子嵩《1959年"反右倾"运动中的一件个案——忆人大、北大两校"人民公社"调查组》,载叶匡政编《〈纵横〉解密档案》,北京:中国文史出版社,2006年,第65页。
⑤ 清华大学外国留学生工作办公室《紫荆花开——清华大学东欧交换生中国语文专修班纪念》(内部资料),2011年,第109页。

图 2　1952 年六七月间清华专修班结业时师生合影（詹成峰提供）

……讲师二人(邓懿、王还)、助教四人(杜荣、熊毅、傅惟慈、焦庞颙)、教学助理二人(陈承运、张维),生活助理二人(冯忆罗、钟梫)兼教学翻译工作和行政助理一人(黄克冰)。五一年四月增聘教授一人(盛澄华)为班主任,领导全班工作。但自五二年二月起因病请假,所遗职务由邓懿代理。此外尚有厨工三人,负责学生膳食。工友一人,负责油印、清洁等杂项工作。①

如此看来,清华专修班的教学、教辅人员共有十位,全部在合影之中。根据专修班的内部条例,邓懿负责一年级,王还负责二年级,②其职责为:

(1)依据我班两年教学计划的精神,在此基础上向班主任提出该级具体教学计划,经班务会议决定后,负责执行。(2)主编该级读本及文法教材并担任该课程。(3)领导助教工作。(4)定期向班主任汇报情况。③

四名助教中,杜荣和熊毅负责一年级,傅惟慈和焦庞颙负责二年级,其职责为:

---

①　转引自何玲《清华大学东欧交换生中国语文专修班的几点史实》,《汉语国际教育学报》第二辑,北京:科学出版社,2017 年,第 190 页。
②　一年级、二年级即《本班内部暂行工作条例》所言之"第一级""第二级"。同上,第 191 页。
③　转引自何玲《清华大学东欧交换生中国语文专修班的几点史实》,《汉语国际教育学报》第二辑,北京:科学出版社,2017 年,第 191 页。

在负责教师指导下担任该级会话、造句及作文、习字等课,协助编印讲义及其他与教学有关工作。①

行政助理黄克冰的职责是:

掌握财务、图书、资料、特种采购,并协助公文处理、会议记录、行政工作上的内外联系及其他有关行政事务工作。②

生活助理冯忆罗和钟梫,其职责为:

(1)讲义译成俄文及讲义中的俄文打字。(2)课堂、会议及报告等翻译工作。(3)生活管理,包括伙食、医疗、文娱,反映学员学习与生活情况。(4)学员工作上的内外联系。③

由此可见,清华专修班从主任到每一位教学、教辅人员都分工明确,责任到人,这是该班工作有条不紊、循序渐进,学生取得优异成绩的重要保障。

进入北大后,随着学生人数的增加,专修班先后从中文系借调周祖谟、从外文系借调赵荣普,同时又从各高校选拔一批优秀毕业生担任教师。50年代后期,受政治运动影响,专修班人员流动较大,邓懿、熊毅等不得已离开专修班。图3合影中的人员经唐传寅、赵淑华、田桂文、王绍新等辨认,从右至左第一排为何洁如、潘文娱、田桂文、邵佩珍、田织子、XXX、刘秉和、李德津、宋绍彬、李淑媛,第二排为田万湘、程美珍、张淑贤、陆世光、汪敏、杨先琇、李宗惠、关惠文、XXX、赵茂勋,第三排为赵根植、佟慧君、樊平、许维翰、唐传寅、许德楠、柯高、贾守义、周志秀,第四排为姚庆震、沈石岩、扈素筠、孔昭宇、王彤芳、杜龙开、陈荣德、李景蕙,第五排为胡炳忠、罗百龄、金德厚、麻子英、李培元、荣闔芳、钟梫、余朝云,共45人。专修班教师中,王还、张维(因病请假)、傅惟慈、金绍志、黄文彦、赵桂玲以及当时在农村下放锻炼的马欣华、贾玉芬、赵淑华不在合影之中。另外,因各种原因留在北大或离开专修班而不在合影中的教师还有邓懿、杜荣、熊毅、焦庞颙、周祖谟、杨玉秀、赵荣普、王世厚、王砚农等。因此,保守估计的话,至转入北外之前,除去少数专职行政人员与教辅人员,北大专修班已经拥有过至少50名教学经验丰富的汉语教师(含教学翻译),是清华时期的五倍,这是当代中国第一支专业的汉语教师队伍。

---

① 转引自何玲《清华大学东欧交换生中国语文专修班的几点史实》,《汉语国际教育学报》第二辑,北京:科学出版社,2017年,第191页。
② 同上,第190页。
③ 同上,第191页。

图 3　1961 年夏专修班离开北大时部分教师与行政人员合影(唐传寅提供)

2.2.2 专修班的学生　清华时期专修班东欧留学生的实际人数为 33 名,师生比为 1∶3.3(详见表 3)。

表 3　1950—1951 年入学东欧留学生名单①

国别	中文名	外文名	性别	专修班入学时间	专修班结业时间
罗马尼亚	廖宁		男	1950.12.3	1952.7
罗马尼亚	罗明	Romulus Loan Budura	男	1950.12.3	1952.7
罗马尼亚	郭玛丽		女	1950.12.3	1952.7
罗马尼亚	江冬妮		女	1950.12.3	1952.7
罗马尼亚	萨安娜	Anna Eva Budura	女	1950.12.3	1952.7
保加利亚	季连绰	Lecho Dimitrov	男	1950.12.14	1952.7
保加利亚	贾密流	Milyo Nedjalkov Katsarov	男	1950.12.14	1952.7
保加利亚	祁密珈	Milka Kitova	女	1950.12.14	1952.7
保加利亚	李希孟	Semion Dimitrov	男	1950.12.14	1952.7
保加利亚	马多恕	Tosho	男	1950.12.14	1952.7
匈牙利	梅维佳	Mészaros Vilma	女	1950.12.31	

---

①　此表为笔者根据《紫荆花开——清华大学东欧交换生中国语文专修班纪念》(附录十三)及《东欧班工作总结》而作。原文部分外文姓名有误,特作更正。

续表

国别	中文名	外文名	性别	专修班入学时间	专修班结业时间
匈牙利	高恩德	Galla Endre	男	1950.12.31	1952.7
匈牙利	尤山度	Józsa Sándor	男	1950.12.31	1952.7
匈牙利	戴伯纳	Tálas Barna	男	1950.12.31	1952.7
波兰	董伯若	Bogumil Dabrowski	男	1951①	1952.7
波兰	史涤凡	Jan Stefanski	男	1951	1952.7
波兰	杨亚娣	Jadwiga Bankowska	女	1951	1952.7
波兰	石端	Genowefa Zduń	女	1951	1952.7
波兰	柯来曼	Kramarz Kazimierz	男	1951	1952.7
波兰	施乐文	Roman Slawiński	男	1951	1952.7
波兰	路爱德	Edward Rutknowski	男	1951	1952.7
波兰	文采琳		女	1951	1952.7
波兰	吴光启		男	1951	1952.7
波兰	齐采夫		男	1951	1952.7
匈牙利	米伯尔	Pál Miklós	男	1951.9	1952.7
捷克斯洛伐克	发思	Josef Fass	男	1951.9	1952.7
捷克斯洛伐克	史以铠		男	1951.9	1952.7
捷克斯洛伐克	海兹拉尔	Josef Hejzlar	男	1951.9	1953.7
捷克斯洛伐克	鲁塞克	Jaroslav Rusek	男	1951.9	1953.7
捷克斯洛伐克	亚诺斯	Jan Janous	男	1951.9	1953.7
捷克斯洛伐克	伊达和		男	1951.9	1953.7
捷克斯洛伐克	贾孚列		男	1951.9	1953.7
捷克斯洛伐克	叶安多		男	1951.9	1953.7

另据《东欧班工作总结》记载，除了33名东欧学生外，专修班"尚有苏联归国的中国学生三名"②，但查阅有关专修班的各种文献，未见三位中国学生的姓名。据唐传寅回忆，这三名中国学生是黄健、苏罗莎和陈小达。黄健（1927—2010），父亲黄平曾与周恩来一起从事地下工作，当时任职于共产国际，为确保其家属安全，1929年周恩来派人将黄健母子送往苏联，1933年，黄健来到苏联伊万诺沃第一国际儿童院，从此进入了俄语

---

① 波兰学生虽然都在1951年抵达，但具体日期较为分散，据记载，1月9日抵达者四名，2月25日三名，3月24日一名女生，秋季两名。详见《东欧班工作总结》，原件藏于北京语言大学档案馆，笔者所见为何玲《清华大学东欧交换生中国语文专修班的几点史实》（《汉语国际教育学报》第二辑，北京：科学出版社，2017年）转录部分原稿。

② 转引自何玲《清华大学东欧交换生中国语文专修班的几点史实》，《汉语国际教育学报》第二辑，北京：科学出版社，2017年，第188页。

世界。1951年黄健从莫斯科体育专科学院毕业后回国,分配至中国人民大学担任体育教师。1952年为补习汉语来到清华、北大专修班。1953年任中央体育学院田径教练,先后培养出郑凤荣、倪志钦等优秀运动员,后任国家田径队总教练。苏罗莎(1928—2014),生于莫斯科,不久父母便回到中国,后母亲牺牲,父亲叛变。① 苏罗莎毕业于莫斯科无线电通讯工程学院,1951年回国,为学习汉语而进入专修班,分在钟梫负责的一年级班上,二人不久结婚。苏罗莎的汉语始终不是很好,她与钟梫的日常生活用语为俄语,这对钟梫后来翻译《华语课本》大有裨益。苏罗莎后任职于七机部,即航天工业部的前身。唐传寅说的第三个中国学生是陈小达:"大约是54年下半年或55年上半年,天气不太冷的时候,陈伯达亲自带着从苏联回来的长子陈小达来到北大专修班。开始是我接待,后来见到了王向立主任。他说要把儿子送来学习,我们当然就接受了。他也没带警卫员,挺普通的一个人,说话福建口音很重,但是还是能懂的。不过他的儿子一点儿中国话也不会说。"另据杜魏华《在苏联长大的红色后代》②一书记载,陈小达1935年生于天津,1939年随周恩来赴苏,1951年回到中国,就读于哈尔滨一所俄文中学,1953年高中毕业后再次赴苏,就读于莫斯科大学高能物理专业,1958年毕业后回国,1960年自杀身亡。由此可知,1952年清华专修班时期,陈小达尚未成年;而从唐传寅所述推测,陈小达应该是在第二次赴苏期间,利用假期回国补习汉语的,所以陈小达应该是专修班的第四个中国学生,而《东欧班工作总结》上所说的第三个中国学生则另有其人。经反复查阅资料,笔者终于找到了清华专修班的第三个中国学生张玛娅(1926—1976)。张玛娅生于莫斯科,父亲沈泽民(1933年病逝)、母亲张琴秋于1930年返回中国,留下四岁的女儿张玛娅在苏联国际儿童院长大。1948年,张玛娅与伯父茅盾夫妇在莫斯科相见,完全无法用汉语交流。1950年,张玛娅从莫斯科电器工程技术学院毕业后回到国内,在清华专修班学习汉语一年后,"基本可以讲中国话,不太流利,一着急,就会说出一串俄文来"③。1952年张玛娅任教于哈尔滨军事工程学院,院长陈赓发现其汉语还不是很流利,曾鼓励她"多说多练,一定能过语言关"④,她自己也觉得讲课吃力,常常词不达意,遂调入七机部工作。张玛娅、黄健、苏罗莎和陈小达皆因成长于异国他乡、汉语生疏而来到专修班,他们学习汉语的性质有类今日之华裔学生。

进入北大以后的1952年秋季学期,专修班学生人数成倍增长,共有留学生87人,

---

① 据唐传寅回忆,苏罗莎与钟梫申请结婚时,他曾到中组部调查,见到了中组部副部长帅孟奇,了解到苏罗莎的父亲是叛徒,母亲是烈士,具体姓名不知,只记得其中一人姓李。
② 参见杜魏华《在苏联长大的红色后代》,北京:世界知识出版社,2003年,第449—453页;李鹏《留学与建设——新中国初期留苏教育研究》,上海:上海交通大学出版社,2016年,第203页。
③ 滕叙兖《开国元勋的子女们》,广州:广东人民出版社,2010年,第6页。
④ 同上,第7页。

其中东欧留学生 44 人,朝鲜、蒙古等国学生 33 人。① 另据记载,1952 年蒙古国学生为 3 人②,由此可知,这一年的朝鲜学生为 30 人。此后学生不断增加,人数最多的是受战争影响而来华的朝鲜、越南学生,他们之中的相当一部分后来在南宁育才学校附属中文专科学校和桂林中国语文专修学校学习。据北大留学生办公室 1960 年 1 月 5 日的统计数字,当时在北大专修班学习的留学生为 213 名。③ 若按专职教师 50 人计,北大专修班师生比约为 1∶4.26。又据统计,截至 1961 年,中国共接收来自 59 个国家和地区的留学生 3 315 名④。多份 50 年代教育部文件显示,来华留学凡不懂中文者,均须在北大专修班先修一至两年中文⑤,故除却在广西学习的越南和朝鲜留学生外,其余来华留学生均在北大专修班学习,具体数字待考。从 50 年代初的东欧五国,到 60 年代初来自东西方不同阵营及亚非拉美等 59 个国家和地区,从 33 名到 3 315 名,当代中国的汉语教育事业,从国家、地区及学生人数上,在这十年间都有了突飞猛进的发展。

2.3 专修班汉语教学的基本模式

2.3.1 专修班教学模式之缘起　专修班的教学模式源自赵元任主持的哈佛大学"军队专业训练计划"(Army Special Training Program,简称 ASTP)中的中文项目。该计划源于第一次世界大战中的美国学生训练团(The Student Army Training Corps,简称 SATC),受训学生带薪参加军事和一些专业训练。⑥ 1941 年 12 月,珍珠港事件爆发不久,美国陆军部长和海军部长联合宣布启动 ASTP 项目,旨在为军队培养医学、工程学、语言、数学、心理学等领域的专门人才,以备战时之需。随着战争规模的扩大,美军开始在非军事院校实施这一项目,前后共有 15 000 名官兵在 55 所高校接受了 27 种语言培训,其中加入汉语培训的共有 12 所学校,即加州大学伯克利分校和洛杉矶分校、芝加哥大学、康奈尔大学、乔治敦大学、哈佛大学、俄勒冈州立大学、宾夕法尼亚大学、波莫纳大学(Pomona College)、斯坦福大学、华盛顿大学(西雅图校区)和耶鲁大学。⑦ 这 12 所学校的汉语课程对当代中国汉语教学产生直接影响的是哈佛大学。

1943 年,赵元任获聘哈佛大学中文讲师(Lecturer in Chinese Language),主持该校

---

① 李培元《中国对外汉语教学的 40 年》,《世界汉语教学》1989 年第 3 期,第 130 页。
② 李滔主编《中华留学教育史录(1949 年以后)》,北京:高等教育出版社,2000 年,第 286 页。
③ 王学珍等《北京大学纪事(1898—1997)》,北京:北京大学出版社,2008 年,第 659 页。
④ 李滔主编《中华留学教育史录(1949 年以后)》,北京:高等教育出版社,2000 年,第 286—288 页。
⑤ 同上,第 276—278 页。
⑥ Keefer, Louis E. (1995) Birth and Death of the Army Specialized Program. *Army History* 33,1—7.
⑦ 吴承义《美国国防语言战备研究》,北京:军事科学出版社,2014 年。

设在海外管理学院的 ASTP 中文项目。他从哈佛大学、麻省理工学院和拉德克里夫学院①的中国留学生及家属中,聘请会说北京话者约 10 人做助教(informants)②,如邓懿、杨联陞、赵如兰、赵新那、卞学鐄、黄培云、于震寰等。这些助教的作用,相当于体育训练中的"陪练",即在非目的语环境中,以高强度的听力和口语训练,来达到获得语言交际能力的目的。助教中较为突出的有两位,一位是杨联陞,赵元任那时对他已另眼相看,让他用中文给学员讲授汉语语法。③ 另一位是邓懿,她在赵元任的耳濡目染之下,掌握了汉语作为第二语言教学的基本原理和方法,受聘清华专修班后,成为当代中国汉语教育事业的开拓者和奠基人。1943 年 8 月至 1944 年 12 月 2 日,哈佛大学共举办了两期中文训练班,即 FE-1(远东一班)和 FE-2(远东二班),学员近百人,师生比约为 1∶10。每班训练期限为八个月④,两批训练时间有一段交叉。哈佛 ASTP 中文课程的三分之二为语言课,三分之一为远东文化及相关内容的课。语言课采取大班讲授和小班操练相结合的授课方法,大班 50 人,由赵元任用英语讲授语音和语法等汉语基础知识,每天一小时;小班 9—10 人,由助教在赵元任的指导下用汉语直接训练学员的听说能力,每天五小时。此外还有一些语言实践活动。该课程淡化了汉字学习的要求,只在课程的最后阶段才教一些口语中的常用汉字。

ASTP 中文教学一改此前美国汉语教学重书面知识而轻交际能力、重经典研读而轻口语表达的传统,采用"翻译法 + 直接听说法",要求受训学员在短短的八个月内,掌握最基本的口语交际能力,以应对战时之需。哈佛的汉语教学模式收到了良好的教学效果,大大超出了美军设立 ASTP 项目的初衷,不仅培养出了具有一定听说能力的中文专门人才,而且养成了部分学员对汉语的浓厚兴趣,到了课程的最后阶段,一些进取心较强的学员甚至开始学习超出规定范围的汉字,并仿中国《大公报》编辑了一份《大私报》(*The Great Private*),为战后成长为汉学家打下了牢固的语言基础,如后来成为普林斯顿大学教授的牟复礼⑤、密歇根大学教授的柯迂儒⑥和美国之音中文部主任的杰拉

---

① 拉德克里夫学院(Radcliffe College)为创办于 1879 年的女子学院,1999 年并入哈佛大学,成为该校拉德克里夫高等研究院。
② 关于助教人数,赵元任曰 10 人,故师生比为 1∶10,参见〔美〕罗斯玛丽・列文森采访《赵元任传》,焦立为译,石家庄:河北教育出版社,2010 年,第 182 页。杨联陞外孙蒋力曰 20 人,若此,师生比应为 1∶5(参见蒋力《杨联陞别传》,北京:商务印书馆,2018 年,第 113 页)。
③ 蒋力《杨联陞别传》,北京:商务印书馆,2018 年,第 113 页。
④ 关于项目时长,赵元任说是八个月,参见〔美〕罗斯玛丽・列文森采访《赵元任传》,焦立为译,石家庄:河北教育出版社,2010 年,第 183 页。另有一说十个月,参见赵新那、黄培云《赵元任年谱》,北京:商务印书馆,2001 年,第 271 页。
⑤ 牟复礼(Frederick W. Mote,1922—2005),华盛顿大学博士,普林斯顿大学教授,创办该校东亚语言系。
⑥ 柯迂儒(James Irving Crump,1921—2002),又名柯润璞,耶鲁大学博士,密歇根大学教授、中文系主任。

德•斯特雷克(Gerald Stryker)等。①

2.3.2 专修班教学模式之演进　　研究者多认为,作为赵元任的助教,专修班的教学负责人邓懿在教学之初复制了"大班讲、小班练"的哈佛模式,但具体情况有所不同,因为哈佛 ASTP 每个大班约有 50 名学生,而清华专修班一共才有 33 名学生。且专修班建立之初,学生到校时间不一,其中 14 名罗、保、匈三国学生于 1950 年 12 月分三批抵达,1951 年 1 月 3 日开始上课。此后,又有 7 名波兰学生于 1951 年 1 至 2 月到校,故至 1951 年春季学期开学时共有 21 人,②晚到的学生很快便赶上之前的进度而一起上课了。1 名波兰女生于 1951 年 3 月 24 日到校,8 名捷克斯洛伐克学生、1 名匈牙利学生和 2 名波兰学生先后于 1951 年 9 月到校,其中两名在国内学过汉语的捷克学生与二年级学生一起上课,其余 9 名学生因到校时间分散而分甲乙两组上课,晚到的波兰女生因病假较多并入一年级。这样看来,清华专修班开班之初是 14 人,而后是 21 人;即便加上 3 名留苏归来的中国学生,人数最多的时候应该不超过 24 名,这个数字作为语言课开班人数的上限是可以接受的;人数最少的时候不足 10 名。因此,仅从学生人数上看,清华专修班的大班只是哈佛 50 人大班的一半。另据《清华大学东欧交换生中国语文专修班两年教学计划草案(修正稿)》记载,清华专修班的教学目标为:

  培养东欧学员掌握中国语文的一般能力,包括听、说、读、写,并通过中国语文的学习,使对中国政治文化及其他方面获得初步认识,以加强东欧新民主主义国家与中国人民间在文化上,思想上及情意上的交流。③

在此前提下,专修班一年级的教学计划为④:

  专修班第一学年课程设读本及语法、口语、造句及作文、书法练习四课,并辅以单授,其每周时数分配如下:

科目		读本及语法⑤	口语	造句及作文	书法练习	单授⑥
每周时数	第一学期	6	6	3	5	时数视需要而定
	第二学期	6	6	3	5	(同上)

---

① 以上关于 ASTP 的史实部分,参见赵新那、黄培云《赵元任年谱》,北京:商务印书馆,2001 年;〔美〕罗斯玛丽•列文森采访《赵元任传》,焦立为译,石家庄:河北教育出版社,2010 年;蒋力《杨联陞别传》,北京:商务印书馆,2018 年。
② 时任清华大学校务委员会主任叶企孙亦有"东欧新民主主义国家学生中国语文专修班 21 人"的文字记录可以佐证。参见叶铭汉、戴念祖、李艳平《叶企孙文存》,北京:首都师范大学出版社,2013 年,第 266 页。
③ 清华大学校史研究室《清华大学史料选编》(第五册上),北京:清华大学出版社,2005 年,第 407 页。
④ 同上,第 408 页。
⑤ "读本与语法"相当于后来的精读,主要是围绕着课文讲授语音、汉字和语法。同上,第 408 页。
⑥ "单授"即教师针对学习困难的学员而进行的个别辅导。同上,第 409 页。

上列课程应以读本及语法为中心，其他课程围绕读本及语法作有机的配合。

由此看来，清华专修班的教学模式应为“集中教授语音语法，分散训练各项语言技能”。也因此，至少到了1951年，源自哈佛的分班授课模式就已经有了变化，初步形成了以语法精读为主，再按口语、汉字（书法）、听力、阅读和写作等分设语言技能课的授课模式，搭建起汉语作为第二语言教学的基本框架；而邓懿的基础语法课并非单纯地使用翻译法讲解规则、灌输理论，也并非后人所言之间接翻译法，据邓懿助手、1953年进入专修班的教师李景蕙回忆：

一般来说，在针对语言结构的语法意义进行讲解时，她使用英语；而在对语法结构本身的讲解过程中，她使用汉语。尤其是在讲解结构位置时，通过邓懿先生的演示，学生很快就能够理解。在这方面，邓懿先生也多用汉语对学生进行启发式的教学……使学生能够逐渐听懂汉语授课的内容。

邓懿先生一上讲台，先讲一条规则，然后举例、例证，然后初步练习，大体上分这样三个步骤。这三个步骤听上去简单，但是让她讲得特别丰富多彩。①

显然，邓懿的课不再是通常意义上文史课程满堂灌的讲解模式，而是亦讲亦练、以讲带练、以练助讲，呈现出第二语言课堂教学的基本特征，清华、北大专修班东欧组的汉语教学与哈佛ASTP项目相比亦有了较大的提升。

1952年7月，专修班转到北大。笔者从北大档案馆查阅到一份1952年第一学期（即秋季学期）的课程表。② 该课程表分为三个部分，第一部分为二年级课程，共四门课，每门课分甲乙班。当时中国实行单休，故专修班每周六天工作日。其中，每天第一节为中国语文读本，任课教师为杜荣和王还；中文口语练习（一），教师为焦庞颙和张维；中文口语练习（二），教师为杜荣和王还；中文写作练习，教师为杜荣和王还，各练习课每周均为两课时。课表的第二部分为东欧组一年级课程：每天第一节为口语练习课，分甲乙两班进行，教师为焦庞颙和熊毅；每天第二节为基础语法课，甲乙合班，教师为邓懿；阅读练习课安排

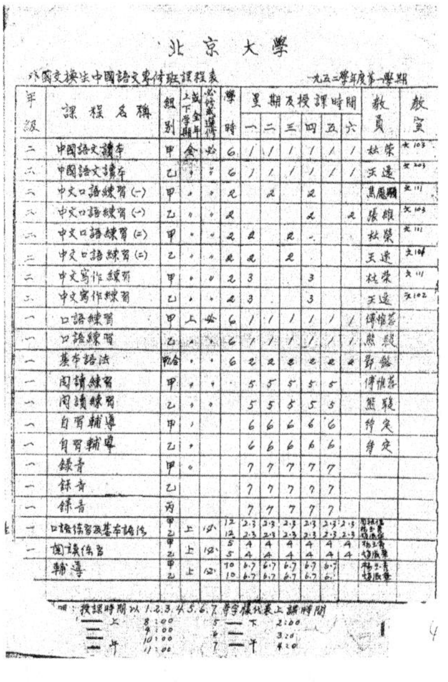

北京大學

外國交換生中國語文專修班課程表　　一九五二學年度第一學期

年級	課程名稱	組別	上下學期全年	必修或選修	學時	一	二	三	四	五	六	教員	教室
二	中國語文讀本	甲	全	必	6	1	1	1	1	1	1	杜榮	文103
二	中國語文讀本	乙	〃	〃	6	1	1	1	1	1	1	王還	文203
二	中文口語練習（一）	甲	〃	〃	2		2		2			焦龐顒	文111
二	中文口語練習（一）	乙	〃	〃	2				2		2	張維	文103
二	中文口語練習（二）	甲	〃	〃	2	2		2				杜榮	文111
二	中文口語練習（二）	乙	〃	〃	2	2		2				王還	文104
二	中文寫作練習	甲	〃	〃	2	3			3			杜榮	文111
二	中文寫作練習	乙	〃	〃	2	3			3			王還	文102
一	口語練習	甲	上	必	6	1	1	1	1	1	1	傅惟慈	
一	口語練習	乙	〃	〃	6	1	1	1	1	1	1	熊毅	
一	基本語法	甲乙合	〃	〃	6	2	2	2	2	2	2	鄧懿	
一	閱讀練習	甲	〃	〃		5	5	5	5	5		傅惟慈	
一	閱讀練習	乙	〃	〃		5	5	5	5	5		熊毅	
一	自習輔導	甲	〃			6	6	6	6	6		待定	
一	自習輔導	乙	〃			6	6	6	6	6		待定	
一	錄音	甲	〃			7	7	7	7	7			
一	錄音	乙				7	7	7	7	7			
一	錄音	丙				7	7	7	7	7			
一	口語練習及基本語法	甲 乙	上	必	12 12	2.3 2.3	2.3 2.3	2.3 2.3	2.3 2.3	2.3 2.3	2.3 2.3	[illegible]	
一	閱讀練習	甲 乙	上	必	5 5	4 4	4 4	4 4	4 4	4 4	4 4	[illegible]	
	輔導	甲 乙	上	必	10 10	6.7 6.7	6.7 6.7	6.7 6.7	6.7 6.7	6.7 6.7		[illegible]	

附：授課時間以1.2.3.4.5.6.7等字樣代表上課時間

1 上 8:00　5 下 2:00
2 9:00　6 3:20
3 10:00　7 午 4:20
4 午 11:00

图4　1952年秋季学期北大专修班课表

① 崔希亮主编《北京语言大学对外汉语教学名师访谈录·李景蕙卷》，北京：北京语言大学出版社，2008年，第21页。

② 档案编号为30352015-047，笔者所见为电子版。

在每周二至周六第五节,教师为焦庞颙和熊毅;每周二至周六第六节为自习辅导课,教师待定;每周二至周六第七节为录音课,也即听力课,分甲乙丙三班。

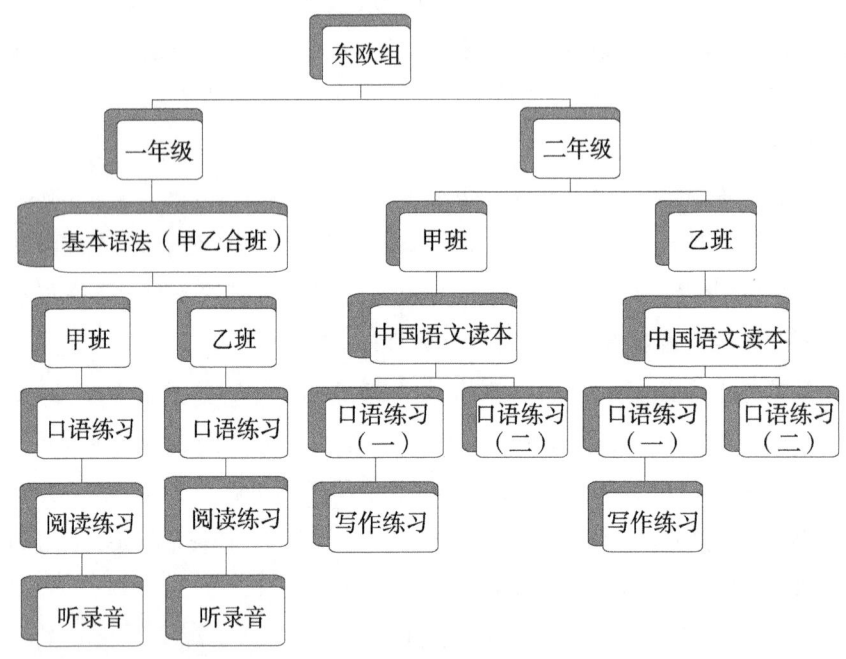

图 5　专修班东欧组课程设置

　　1952 年秋季专修班新增朝鲜组,课表的第三部分应为这一组的课程安排。或许是新增之故,从多个课程、课时、教师都写在一个格子里,部分课时空缺以及教师熊毅的姓名误写为"熊骏"的情形看,朝鲜组甚至一年级组的课程并非最终安排,因此该课表似为草稿。据当时承担课程的赵淑华、唐传寅回忆,第一批朝鲜学生约 30 人,由周祖谟大班讲解基本语法,唐传寅担任教学翻译;而后分甲乙两班进行口语操练与阅读练习,每班 15 人,授课教师分别为赵淑华和杨玉秀。后陆续来了第二批和第三批朝鲜学生,前后约 100 人。另据教育部于 1953 年 7 月 20 日给政务院文化教育委员会的报告记载,当时在北大学习的朝鲜学生有 97 人,[①] 这与赵淑华、唐传寅的回忆基本一致。

　　1954 年 9 月,第一批大约 50 名越南学生到校,朝鲜组改成朝越组,教师扩充至二十余人。至 1952—1953 学年的第二个学期中间,周祖谟因故不再上课,其所上大课由赵淑华接替,唐传寅接替赵淑华承担小班练习课。显然,无论是朝鲜学生 100 名,还是越南学生 50 名,以及此后逐年增加的学生人数,大班授课对培养学生的语言能力来说,

---

① 李滔主编《中华留学教育史录(1949 年以后)》,北京:高等教育出版社,2000 年,第 297 页。

都不是最佳选择。因此,至1954年秋季学期,周祖谟返回中文系,朝越组一改"大班讲小班练"的授课模式而为小班授课,其中越南学生每班约25人,①由赵淑华和李德津分别讲授基础语法课,王一方等新来的教师进行口语操练和阅读练习。这种分班授课的模式已与ASTP项目有了本质的不同。

图6　1953年第一届朝鲜留学生和教师在北大办公楼前合影②（唐传寅提供）

学术界一直有50年代的汉语教学是否采用翻译法以及采用何种翻译法的争论,③一个不争的事实是,专修班入门阶段的教学始终没有离开教学翻译,这是50年代汉语教学迈不过去的一个坎儿,这也成为60年代教育部开始培养既懂中文又懂外语的出国汉语储备师资的重要动因之一。

2.4　专修班的汉语教材

无论是哈佛ASTP项目,还是清华、北大专修班,其课程设置都在很大程度上受制于教材。由于没有现成的教材,专修班甫一成立,就致力于教材的建设,邓懿和专修班

---

①　从1955年赵淑华所教越南班毕业照看,并经赵淑华本人核对,该班人数为26人。见崔希亮主编《北京语言大学对外汉语教学名师访谈录・赵淑华卷》,北京:北京语言大学出版社,2011年,第6页。

②　照片上的朝鲜文字写着"中国首都北京,1953年1月1日,留学纪念"。第三排中间戴帽的长者为朝鲜政府公派教师柳烈教授。左侧依次为朝鲜籍教师马超群、东语系党总书记贺剑城。再左隔一人,戴眼镜的长者为朝鲜籍教师李启烈。倒数第二排左起第二人为唐传寅。

③　李培元《五六十年代对外汉语教学的主要特点》,《第二届国际汉语教学讨论会论文选》,北京:北京语言学院出版社,1988年。

的教师们都是边教边写,无论是语法还是听说读写各项技能的教学都是围绕着每天几页飘着墨香的讲义展开的。在这个过程中,对专修班影响较大的汉语教材有赵元任撰写的《国语入门》和苏联人编写的《华语课本》。

2.4.1 赵元任《国语入门》对专修班汉语教学的影响 这本教材直到战争结束后的1948年才由哈佛大学出版社出版,赵元任在序言中指出:

> 这是一本高强度的教材,它的编写目的在于使学生努力而快速地学会汉语。努力是因为在前几课的学习中,学生需要非常刻苦和专注;而快速则是因为,如果学习伊始就充分地掌握了有相当难度的部分,学生便可以在一年学习结束的时候,在配套课程的基础上,轻松自如地运用汉语口语了。
>
> 这本书的内容源于哈佛大学于1942年夏天推出的一个为期十二周的粤语高强度课程,之后定名《粤语入门》出版。这本书曾于1943年至1944年在哈佛大学海外管理学院的"军队特别训练项目"中使用,课文也随之被翻译成国语,之后又被引入国民教育课程。与《粤语入门》相比,目前这本教材的特点主要体现在以下的几个方面:语音部分理所当然已重新编写;语法部分也重新组织并大大扩充。十九课到二十一课,"租房""海象跟木匠""听与监听"都是新编的。我们还根据粤语教材的读者建议,将导论中的引文列入索引和汉字课文中。
>
> ……
>
> 本书遵循莱纳德·布隆菲尔德的语法理论,不过也并非在所有具体的语法点上都全部照搬。最后在李方桂的建议下,我们重新编写了语法一章,故延误了交稿的日期。①

作为专为哈佛ASTP编写的综合性教材,《国语入门》以布隆菲尔德的结构主义语言学为理论指导。编写过程中,作者还听取了语言学家李方桂的建议,对语法做了很大的修改。如上所言,东欧班开班初始,邓懿对教材做了一些临时性的修改,但使用时间不长。说到《国语入门》对专修班的影响,钟梫认为:

> 我常常说新中国对外汉语的源头应该是赵元任……
>
> 邓懿非常忠实于赵元任的教材,她是赵元任的助教,从他那儿学了不少语音、语法的知识,我们最开始用的教材就是邓懿翻译赵元任的。但是我们也得从实际出发,赵元任在美国用的教材不完全适用于我们,所以,词汇上的改动大一些。句型,也就是 sentence patterns 用的是赵元任的,例句根据实际情况作了一些变动。

---

① Yuenren Chao: *Mandarin Primer—An Intensive Course in Spoken Chinese*, Harvard University Press, 1948, pg. V.

语法上我们参考了很多,比如胡裕树的,张志公的,有冲突的我们还是用邓懿(赵元任)的。这个语法体系我们既没有用张志公的系统,也没有用王力的系统,更没有用北师大的系统,黎锦熙的更没法用,最接近的还是张志公的。

总结一下的话,就是刚开创的时候,各种各样的说法比较多,邓懿开始的时候就是搬来赵元任的,后来我们在使用中发现不合适的再一点一点改进……所以,这套教材首先归功于赵元任,然后是他的接班人邓懿……①

赵元任的教学理念与汉语教材对专修班的影响,应该是一篇文章甚至一本书的题目,在此,笔者想要明确的是,任何一种行之有效的教学理念与教学法的生成,都会有相应成熟的语言理论来支撑,反过来,一种语言理论是否站得住脚,需要在语言教学的实践中去检验。一本《国语入门》值得我们用心去感悟。

2.4.2 苏联《华语课本》对专修班的影响 《华语课本》是1954年由莫斯科外文出版社出版的,它所使用的拼音系统是在巴拉第②的注音系统上进行适当修改而来的。作者共有三位:郭路特、伊三克和苏维托夫·陈。郭路特(Н. Н. Коротков,1908—1993)是苏联时期著名的汉语教育家,史家评价其为苏联的汉语教学和研究作出了突出贡献。③ 郭路特的童年是在符拉迪沃斯托克(海参崴)度过的,这段经历决定了他的人生走向。郭路特具有较强的语言能力,我们从其1953年3月8日填写的一张表格中可以窥见一斑:"汉语说、读、写流利;英语说、读流利;不用字典能读懂法语;借助字典可读德语。"④1932年,郭路特开始在莫斯科东方学学院任教,该校并入莫斯科国际关系学院后,郭路特任汉语教研室第一任主任。他还曾在苏联外交部高级外交学校、安全部附属学校兼职教授汉语。其独特的汉语教学方法令人难忘,据钟梫回忆:"据说郭路特教汉语特别有一套,笑传能教会板凳说汉语。"⑤郭路特在教材、辞书编纂方面成果颇丰。1935年他与苏联著名汉学家、莫斯科东方学学院第一任汉语教师郭质生(В. С. Колоколов,1896—1979)合作编写了苏联第一部白话文教材《白话课本》(учебник байхуа),1950年郭路特加入苏联科学院东方学研究所《华俄辞典》(китайско‐русский

---

① 崔希亮主编《北京语言大学对外汉语教学名师访谈录·钟梫卷》,北京:北京语言大学出版社,2010年,第66—67页。

② 巴拉第(П. И. Кафаров,в монашестве Палладий,1817—1878),俄国著名汉学家,曾任东正教北京传教团团长,在京前后长达32年。与栢百福(П. С. Попов,1892—1964)合编《汉俄合璧韵编》,其中的注音系统奠定了现代汉音俄拼体系的基础,称为巴拉第体系,该体系至今仍是现代俄译中国人名、地名等的基本规范。

③ Хохлов А. Н. Китаевед-лингвист Н. Н. Коротков(1908—1993): тернистый путь к вершинам научного творчества(К 90-летию со дня рождения)// Китайское языкознание. IX Международная конференция. Материалы. Москва,23—24 июня 1998 г. М.,1998,c.5.

④ 同上,第11页。

⑤ 崔希亮主编《北京语言大学对外汉语教学名师访谈录·钟梫卷》,北京:北京语言大学出版社,2010年,第66—22页。

словарь)的编纂工作,1954 年由他主持编写的《华语课本》出版。

此外,郭路特还积极参加中苏学术交流活动。1955 年 10 月 25—31 日,鄂山荫、郭路特等受邀参加在中国北京召开的全国文字改革会议及现代汉语规范问题学术会议,郭路特发表了题为"近几年来苏联东方学研究中的汉语形态问题"的报告。在现代汉语规范问题学术会议上,北大专修班教学负责人邓懿也从对外汉语教学的角度探讨了汉语规范化问题;①11 月 3 日,鄂山荫、郭路特一行还到北京大学实地考察了汉语教学的课堂。② 由此可以推测,邓懿与郭路特,中苏两位汉语教学的翘楚应该有所交流,中苏两国的对外汉语教学界开始有了交集。1963 年,郭路特与鄂山荫又随苏联教师代表团访问了刚刚成立的外国留学生高等预备学校,见到了翻译、研究《华语课本》的钟梫,并对他表示感谢。③ 1998 年吕叔湘去世,恰逢郭路特诞辰 90 周年。俄罗斯科学院语言学研究所召开第九届国际汉语研讨会,特意向两位学者表达缅怀与敬仰之情,郭路特在苏联汉语教育与研究界的影响和地位可见一斑。

《华语课本》另一编者伊三克(Б. С. Исаенко,1914—1965),教授、汉语语言学家、外交家,出生在中国哈尔滨的铁路职工家庭,1940 年毕业于莫斯科东方学学院,并留校任教;1943—1947 年在苏联驻中国大使馆工作,1954 年起任教于莫斯科国际关系学院,1959 年继郭路特之后担任汉语教研室主任直至去世。著有《二年级军事汉语文选》(1942)、《华语课本》(1954)、《拼音汉俄词典试编》(1957)等。据东方学学院 1951 级毕业生、苏联汉学家热洛霍夫采夫(А. Н. Желоховцев)回忆:

> 伊三克在北京上完学,北京话讲得很好,能非常流利地和中国人、学生交流。他的阅读能力可以达到和中国中学生一样的水平。④

曾在莫斯科国际关系学院与之共事的赵振铎回忆:

> 伊三克是教研室负责人,五十年代的中国人对他并不陌生,他和陈昌浩合编的那本《华俄词典》是当时学俄语的必备书。他的汉语讲得非常流畅,隔墙而听其语,真不觉得他是一个外国人,只是听久了觉得他的话里面有些山东味,据说他和他的父亲都在山东住了相当时间。⑤

---

① 王忠俊《中国科学院史事汇编(1955)》,中国科学院院史文物资料征集委员会办公室,1995 年 5 月,第 267 页。
② 左田《苏联、罗马尼亚和波兰语言学家来我校座谈并作学术性报告》,《北京大学学报(人文科学版)》1956 年第 1 期,第 138 页。
③ 崔希亮主编《北京语言大学对外汉语教学名师访谈录·钟梫卷》,北京:北京语言大学出版社,2010 年,第 20 页。
④ 何培忠、石之瑜、〔俄〕季塔连科《当代俄罗斯中国学家访谈录(一)》,北京:中国社会科学出版社,2015 年,第 23 页。
⑤ 赵振铎《在莫斯科的日子》,《南大语言学》第五编,北京:商务印书馆,2017 年,第 337 页。

第三位编者苏维托夫·陈(И. Советов-Чэнь),中文名陈定远,祖籍湖北,"上世纪二十年代中期来到苏联"①,曾先后任教于莫斯科东方学学院、国际关系学院,"莫斯科国际关系学院培养了一批优秀的汉语人才,正是归功于苏维托夫·陈等一批汉语母语教师"②。

20世纪50年代中国国内的现代汉语语法研究,一方面呈现出百家争鸣、各抒己见的繁荣景象,另一方面又存在着争议颇多、难有定论的尴尬局面,《华语课本》正是在这样一个背景下出版的。作者对现代汉语语法的诸多解读引起了中苏两国学者的关注和讨论,1957年,苏联学者雅洪托夫(С. Е. Яхонтов,1926—2018)在其力作《汉语的动词范畴》③中,七次引用《华语课本》的观点及例证。他聚焦于《华语课本》对汉语动词的解释,注意到郭路特创造性地使用了"结果体"这一术语,以及对"了"这一语法难点的阐释;同时也对其关于汉语动词体态的分析提出了质疑。1954年11月,胡明扬选译《苏联〈华语课本〉中的汉语语法理论》在《中国语文》上发表,这是50年代最早介绍到国内的苏联汉语语法理论文章。王力在《汉语讲话》"词是怎样构成的"一节中,明确表示其写作较多地参考了《华语课本》的序文部分,④他也非常认可其关于汉语"非派生词一般总是单音节的"的论断,王力还由此发出了"中国语法研究向苏联学习"的号召。⑤ 与此同时,北大专修班的教师们也注意到了《华语课本》对汉语教学的参考价值,及时组织钟梫、傅惟慈、冯和忞与张道谦等把它译成中文。李培元曾回忆⑥:

> 它里面有些东西对我们很有启发,……比如:副词"很"的弱化。……在《汉语教科书》中我们也引用了这个说法。

李培元所举副词"很"的弱化,是《华语课本》中的第一个语法点:

> 谓语是性质形容词时,须放在主语后。若句中未出现比较意味,形容词前要用"很"修饰,此时"很"失去强调意义,比如"山很高";若句中含有对比义,"很"可以不加,若加"很"时,保留自身的强调意义,比如"地多,人少""地很多,人很少"。⑦

这一解释被吸收进了《汉语教科书》中:

> 在肯定的陈述句中,副词"很"已经弱化,完全失去了表示程度的强调意义。如

---

① 赵振铎《在莫斯科的日子》,《南大语言学》第五编,北京:商务印书馆,2017年,第337页。
② Алаев Л. Б., Алексахин А. Н., Воевода Е. В. и др. Главы из истории московского востоковедения. Лазаревский институт-Московский институт востоковедения-МГИМО. М.,2015,315с.
③ 〔苏〕雅洪托夫《汉语的动词范畴》,陈孔伦译,北京:中华书局,1958年。
④ 王力《汉语讲话》,北京:北京联合出版公司,2019年,第48页。
⑤ 王力《关于暂拟的汉语教学语法系统问题——并谈语法工作中向苏联学习的意义》,《语文学习》1957年第11期,第8—10页。
⑥ 崔希亮主编《北京语言大学对外汉语教学名师录·李培元卷》,北京:北京语言大学出版社,2010年,第7页。
⑦ Б. Исаенко, Н. Коротков, И. Советов-Чэнь. Учебник китайского языка. Под ред. Н. Н. Короткова;Фонет. часть "Вводного курса" написана И. Н. Гальцевым. -Москва:Изд-во лит. на иностр. яз.,1954.-540с,50с.

果不用这个状语,单独用形容词构成的谓语就带有比较的意味,例如说"这本书新"的时候,就意味着"那本书旧",所以对比时常用这种表现方法。①

说到苏联语言学对汉语教学的影响,下面这组数据很能说明问题:《中国语文》创刊于1952年,通过对其50年代发表文章的粗略统计,关于汉语语法的国外文章全部来自苏联,共计25篇;留学生汉语教学相关文章中,除了周祖谟的文章外,其余全部是苏联译作,苏联汉语语法理论及汉语教学对中国的影响可见一斑。

当一部教材在解释语言现象时,提出了新颖独特且为各家所认可的见解,这部教材就已经超出了一般意义上的教材,而成为一部理论著作了。《国语入门》和《华语课本》正是这样的汉语教材。但这两部教材无法为专修班直接使用,一是因教学对象、目标、环境等不同,照搬国外教材并不可行;二是受不同意识形态的制约。但是,专修班明显受到了这两部教材所蕴含的教学理念和语言理论的浸润,无论是在课程设置、教学方法还是语法阐释上,都汲取了当时东西方世界语言理论及汉语教学的精华,这在后来出版的《汉语教科书》中有很好的体现。

2.4.3 专修班编写的《汉语教科书》 几乎所有的回忆文章都提到,在专修班开课的同时,邓懿就带着大家动手编写教材,往往是邓懿写出来,其他人就连夜刻蜡版、油印,第二天早上送到学生手里的时候常常油墨未干。《汉语教科书》编写者之一赵淑华回忆:

> 《汉语教科书》是50年代国内正式出版的对外汉语教材,这套教材是北京大学外国留学生中国语文专修班的一年级任课教师集体编写的,那时集体编写教材都不署主编、编者的姓名,这套教材也只是注明是商务印书馆出版的。当时正是大跃进的形势,编写这套教材真是大兵团作战,几乎所有的一年级任课教师都参加了,由邓懿先生主持,应该是在东欧组教材的基础上重新编写的。邓懿先生一直是主持东欧组一年级教学工作的,所使用的教材应该也是她负责编写的。《汉语教科书》编写的时候,先由邓先生写出全书的语法框架,然后再按照循序渐进的原则,写出每一个应出现的语法点。她写好以后拿到语法小组来讨论,根据大家的意见她再修改定稿。
>
> 当时我们青年教师都有分工,有的编选课文,有的参加语法讨论,有的写练习,有的调整统计词汇,或者设计汉字表,等等,大家有分工又有合作。编写课文的工作量比较大,大家就会一起都去找素材,提供给他们改写。全书由邓先生统筹安排,最后定稿。实际上邓先生是做了主编的工作的。

---

① 北京大学外国留学生中国语文专修班《汉语教科书》(上),北京:时代出版社,1958年,第119页。

经过反复打磨,专修班编写的《汉语教科书》(俄文注释版)终于在 1958 年问世了,这也是在中国境内出版的由中国人自己编写的第一部汉语教材。对这部教材,学术界已经给出了客观的评价,赵贤州指出:

> 它以语法为纲,并对汉语语法做了独具特色的切分和编排,为对外汉语教学语法体系奠定了基础。此书的语法部分影响很大成就很高。它的语法体系成了此后各版本教材的蓝本。选材范围、语法、词汇、课文的配合原则,为以后不少教材所吸收。汉字笔顺表也为此后教材所沿用。……这本教材不失为一部针对性、适用性、系统性都较强的课本。作为草创时期的代表作,它起到了历史性的作用,影响是深远的。①

施光亨、杨俊萱则指出:

> 它的编写原则反映了当时对语言教学理论和方法的认识:重视语言知识的传授;语言技能上,听说读写全面要求,综合训练;教学内容上,语音部分以音素为纲;语法分析以句子为中心,重视结构形式。它对以后对外汉语教材的编写有着重要影响,尤其是它的语法部分,为对外汉语教学语法奠定了基础。②

程棠评价:

> 该书的编者,根据对外国人汉语教学的实际需要,以"博采众长"的态度,吸取当时国内外汉语语法研究的成果,构拟了一个对外汉语教学语法体系。这个语法系统及其对语法项目的切分、选择、编排,都有很强的科学性、实用性和针对性。它是对外汉语语法教学的奠基之作。……在对外汉语教学语法研究方面,《汉语教科书》有很高的成就。③

2.4.4 周祖谟编写的汉语讲义 1952 年秋季学期,周祖谟担任朝鲜班的基础语法课,从唐传寅的回忆来看,周祖谟的教学理念与东欧组有所不同:

> 周祖谟先生上课非常细致、清楚,他的口音是非常标准的北京口音,他写的字也非常规矩,毛笔字、硬笔书法都很秀丽。他编教材不受东欧留学生教材的影响,东欧组的教材在字词、语法上很严格的,比如说,每天给学生多少新词是规定好了的,今天 20 个词就 20 个,严格按照教学计划来。周先生编的教材是针对朝鲜学生的,这些学生有汉字基础,认字方面没有东欧学生那么困难,所以周先生就编得比较生动一些。比如说,教材里很早就出现了这样的句子:"池塘边上有一棵柳树。"

---

① 赵贤州执笔《建国以来对外汉语教材研究报告》,《第二届国际汉语教学讨论会论文选》,北京:北京语言学院出版社,1988 年,第 132 页。
② 施光亨、杨俊萱《新中国对外汉语教学 40 年大事记》,《世界汉语教学》1990 年第 2 期,第 100 页。
③ 程棠《对外汉语教学学科发展说略》,《汉语学习》2004 年第 6 期,第 49 页。

这样的句子无论从词汇还是语法来讲,东欧学生都不可能一上来就学,他们一开始可能就学"这是书""那是钢笔",所以周先生编的教材比较活泼,更加口语化,语句比较新鲜。

听过周祖谟课的赵淑华回忆:

第一批朝鲜学生来,由从中文系调来的周祖谟教授大班的讲授课,我和杨玉秀分小班上练习课。教材是周先生参考东欧组教材并结合朝鲜学生的特点(汉字对他们不难)编写的,词汇量比东欧组的大。他每天编出一课,边编教材边上课。

周先生上课就是按照他写的教材讲,讲一段翻译一段。学生都很注意听,他们知道这是一位老教授,所以很珍惜能听到这样的课。尤其我们两个年轻老师(即赵淑华和杨玉秀,笔者注)也来听课,可见教授的课是很难得的。周先生课上没有练习,好像他也不怎么提问。当时是边讲边译,两节课只能讲一节课的内容,也没时间练习。他回中文系后,领导让我接他的课。我上大班讲授课,杨玉秀和唐传寅上小班练习课。因我第一次上这种课,对教材提不出意见。学生配合得好,教学很顺利。虽然教材的词汇量大,课文等内容也比较深,但学生都能接受。

说到周祖谟编写的教材,唐传寅说:

朝鲜组教材和东欧留学生教材完全不一样,是周祖谟先生编写的。他写一课,中文打字员打字,我翻译之后刻在蜡纸上。第二天早上印,印完之后马上发给学生上课,时间很紧张。我记得当时专修班有个工人,叫王恒印,四十多岁。他很早就得起来印刷教材,发给学生的时候还带着油墨。

另据赵淑华回忆:

朝鲜组的教材是周祖谟先生参考了东欧组的教材,又根据朝鲜学生的特点编写的。其中的语法项目及其出现的先后顺序基本一致,但是每一课出多少语法点不一样,对词汇和汉字的要求也不一样,编写的课文内容也不同。

说得更具体一点儿,朝鲜组的教材中每课出现的语法点比东欧组的教材要多,词汇和汉字也相应地多了不少。毕竟朝鲜学生在汉字和词汇上的困难度要小于东欧学生。①

遗憾的是,周祖谟的汉语教学讲义未能出版,说到原因,赵淑华说:

那时只来了三届朝鲜学生,后来就没有零起点的朝鲜学生了,这套教材也就不用了,因为教材的译文都是朝鲜文。越南学生来后,教材都是越文翻译,是调来的学越文的老师翻译的。同样,蒙古学生的教材是调来的蒙古文专业毕业的老师翻

---

① 崔希亮主编《对外汉语教学名师访谈录·赵淑华卷》,北京:北京语言大学出版社,2011年,第37页。

译的。但中文部分没有什么大的改动。周先生编的教材,是赶出来的。一天编一课,讲一课,很匆忙。如果出版的话,恐怕要好好推敲、修改。如果朝鲜学生不断来,教过几轮,经过磨合修改以后,是会出版的。《汉语教科书》就有俄文版、英文版、法文版等译本。

那时是想针对不同国家的语言,编写不同的教材。可能人力不够,没有办成。

尽管如此,不论是教学还是教材,周祖谟都结合了来自汉字文化圈的朝鲜学生的特点,充分发挥他们的汉字优势,在东欧班教材的语法框架下,以字带词,以词带句,不仅扩大了识字量、词汇量和语法点,同时也提升了课文的难度。加上周祖谟标准的北京口音、规整秀丽的板书、新鲜的口语语料和生动细致的讲解,朝鲜班的教学取得了良好的效果,周祖谟也根据这段教学经历撰写了当代中国第一篇汉语教学的学术论文《教非汉族学生学习汉语的一些问题》[①];另据周祖谟次子、日本关西外国语大学教授周云乔回忆,周祖谟于 1958 年出版的《汉语拼音字母学习法》[②]也是根据这段教学经历写出来的。

2.5 专修班的尾声

1961 年 7 月,北大专修班从建制上转到北京外国语学院,与北外非洲留学生办公室合并成外国留学生办公室,历时十年的"中国语文专修班"结束了自己的历史使命。1962 年 6 月 26 日,北外外国留学生办公室独立出来,成立了外国留学生高等预备学校,1964 年该校升格为北京语言学院。中国语文专修班虽然从名称上消失了,但是,在短短十年当中,专修班薪火相传,不仅初步形成了一套相对完善、自成体系的教学模式,出版了对当代中国汉语教学产生深远影响的汉语教材,而且还培养了数十位具有良好专业素养的汉语教师,他们当中的绝大部分都转到了北京语言学院,成为该校汉语教学的骨干力量。北京语言学院在相当长的一段时间内,是中国唯一的一所留学生汉语教学的专门院校,这些教师也成为了中国对外汉语教学事业持续发展的宝贵财富。传说中的北语"八大员",虽然具体是哪八位尚有不同的说法,但凡被纳入其中的,均出自专修班。

三、20 世纪 50 年代汉语传播策略之二:走出去

50 年代汉语传播的第二个策略是"走出去",即派出教师到国外任教。

---

① 刊于《中国语文》1953 年第 7 期。
② 周祖谟《汉语拼音字母学习法》,北京:人民教育出版社,1958 年。

3.1 50年代的公派汉语教师

新政伊始,中国政府就开始派出汉语教师。1953年11月24日,高教部发布《关于派赴苏联、东欧各兄弟国家中国语文教员的规定》,对有关教师派出条件、管理工作等事项作出了具体规定。据此规定,中国政府陆续向朝鲜、苏联、东欧、越南、蒙古、埃及等国家和地区派出了若干汉语教师(详见表4)。

表4　1950年代公派汉语教师(部分)

姓名	生卒年	派出时间	派出单位当时职称	国家/学校/职称	备注
王世厚	1930—	1952.8—1955夏	北京师范大学中文系应届毕业生	赴朝鲜筹建中文中学、朝鲜平壤外国语大学中文学部顾问	
朱德熙	1920—1992	1952—1955	北京大学中文系副教授	保加利亚索菲亚大学教授	
叶丁易	1913—1954	1953—1954	北京师范大学中文系教授	苏联莫斯科大学教授	
江山野	1925—2004	1953—1956	教育部基础教育司	苏联列宁格勒大学东方系	
邢公畹	1914—2004	1953—1956	南开大学中文系教授	苏联莫斯科东方学学院、莫斯科大学教授	
赵瑞蕻	1915—1999	1953—1957	南京大学中文系教授	民主德国莱比锡大学东亚所教授	
许杰①	1901—1993	1955.7	华东师范大学中文系教授	拟派苏联莫斯科大学教授	
郭预衡	1920—2010	1955.8—1957.8	北京师范大学中文系讲师	匈牙利布达佩斯大学②副教授	
季镇淮	1913—1997	1955—1957	北京大学中文系副教授	捷克斯洛伐克查理大学东方历史语言系教授	
王学作	1923—1993	1955—1957	中国人民大学中文系讲师	越南河内外语学院	
吕元明	1925—2014	1955—1957	东北大学中文系讲师	蒙古乌兰巴托大学	

---

① 1955年7月,高教部批准许杰赴莫斯科大学任教。1956年10月,许杰整装赴京、即将登机之际,接到苏联方面暂缓行程的通知,是为中苏龃龉之故。参见天台县政协文史资料研究委员会《天台文史资料》(第3辑)(许杰专辑),1987年,第64页;上海暨南大学校友会《许杰先生纪念文集》,1996年,第9—18页。

② 该校原名布达佩斯大学(Budapesti Tudományegyetem),1950年改名为厄特沃什·罗兰大学(Eötvös Loránd Tudományegyetem),中文简称罗兰大学,但当时人们习惯上还称之为布达佩斯大学。

续表

姓名	生卒年	派出时间	派出单位当时职称	国家/学校/职称	备注
赵淑华（女）	1932—	1956.8—1957.5	北大专修班助教（随行家属）	匈牙利布达佩斯大学讲师	郭预衡夫人（因怀孕提前回国）
鲍正鹄	1917—2004	1956—1957	复旦大学中文系副教授	埃及开罗大学教授	
		1957—1959		苏联列宁格勒大学东方部文学系教授	
梁希彦①	1914?—1987	1956.9—1958.3	山东大学外语系教授	苏联列宁格勒大学东方部文学系教授	汉语课 中国文学课
钱震夏	1917—1997	1956.10—1958.7	南京师范学院附中语文组长	罗马尼亚巴洪大学汉语教研室主任	语法课 文学课
何世达	1930—2012	1957.10—1959.7	河北师范学院中文系助教	匈牙利布达佩斯大学中文讲师②	
刘全利③	1930—1993	1959—1960	北京101中学语文教师	苏联莫斯科大学中文讲师	
任熙宁	？—？	1959—？	北京师范大学女附中语文教师	苏联莫斯科大学中文讲师	
赵振铎	1928—	1959—1961	四川大学中文系讲师	苏联莫斯科国际关系学院教授	基础汉语课 汉语语言理论课
朱祖延	1922—2011	1960.1—1963冬④	武汉师范学院中文系讲师	埃及开罗高等语言学院副教授	汉语课 中国文化课

新中国成立之初，最早外派的汉语教师是王世厚。1952年，朝鲜战争尚未结束，年仅22岁的北京师范大学中文系应届毕业生王世厚"被分配到了朝鲜"，他冒着枪林弹雨前往朝鲜的最初任务是筹建一所中文中学，但随着平壤外国语大学的成立，他被派往该校中

---

① 详见上海市青浦县县志编纂委员会《青浦镇志》，上海：上海人民出版社，第495页。
② 关于何世达任教匈牙利的经历，目前尚未找到确切的文字信息。据其生前同事、河北师范学院教授柴世森回忆：何世达1954年毕业于河北师范学院（天津）并留校任教，故其1957年外派之时的职称应为助教。又据匈牙利罗兰大学孔子学院现任中方院长李登贵提供的信息，作为当时唯一一所开设汉语课程的匈牙利高校，50年代后期布达佩斯大学确有来自中国的汉语教师，故笔者推测这名汉语教师应为何世达。
③ 刘全利，北京101中学语文教师，归国后调入北京教育学院，教授，先后任该校中学语文教研室主任、中文系主任和纪委书记。参见《北京教育学院志（1953—2008）》，北京：北京出版社，第183页。
④ 关于朱祖延在埃及任教的期限，派出时间记载主要有二，大部为1960年1月；另据《朱祖延先生学术年表》记载为1961年1月，参见《朱祖延集》，武汉：崇文书局，2011年，第665页。回国时间记不一，据朱祖延生前同事、湖北大学中文系教授刘宋川回忆，朱祖延外派埃及是在1959—1963年；据李尔钢《怀念朱祖延师》记述，朱祖延1962年回国，参见《朱祖延先生纪念文集》，武汉：湖北人民出版社，2012年，第17页；另据罗维扬记述，朱祖延是在1963年冬天回国的，参见《罗维扬文集（8）》，武汉：武汉出版社，2014年，第431页。

文学部担任教师。较早派往苏联任教的是著名作家、北京师范大学中文系教授叶丁易，遗憾的是他于1954年6月27日因突发脑溢血而病逝于莫大讲台，后被追认为革命烈士，骨灰葬于八宝山革命公墓。① 派往苏联列宁格勒大学东方学系的是任职于教育部基础教育司的江山野。江山野，原名王达洛，毕业于北京师范大学英语系，曾任北京101中学教导主任，学生中有后来成为汉学家的李福清。派往越南的中国人民大学中文系讲师王学作是一位有着丰富教学经验的教师，据1962届出国汉语储备英语师资李顺兴回忆，早在1948年，王学作就在华北大学（即中国人民大学的前身）教过汉语，他的外国学生中包括日本战俘，是当代中国对外汉语教学的真正元老。回国后，王学作与柯炳生合作发表了《试论对留学生讲授汉语的几个基本问题》②，是50年代屈指可数的几篇对外汉语教学论文之一。复旦大学中文系副教授鲍正鹄先后被派往埃及开罗大学和苏联列宁格勒大学讲授汉语，同时兼任列宁格勒萨尔蒂科夫·谢德林图书馆指导、苏联艾尔米塔奇（冬宫）博物馆顾问等职。回国后不久，鲍正鹄调任高教部文科教材编审办公室副主任、北京图书馆副馆长等职。③ 武汉师范学院中文系主任朱祖延祖籍江苏宝应，于1960年初派往埃及开罗高等语言学院，"他使用流利的英语教授中国语言文化，用阿拉伯语和学生们聊天，培养了不少中文人才"④。他的弟子、北京大学中文系教授孙玉文说："他平时说带有苏北话的武汉话，遇到说普通话的人，就换成带苏北口音的普通话。"1963年，朱祖延受高教部委派主持编写对外汉语教材《汉语读本》。该书原计划编写6册，出版两册后，因"文革"而中止。⑤

50年代末派往苏联的赵振铎出身名门，祖父赵少咸是我国著名的语言文字学家。1952年，赵振铎从四川大学中文系毕业后留校工作，1953—1955年在北京大学中文系师从高名凯教授进修语言理论，1959年9月—1961年6月在莫斯科国际关系学院教授汉语。回忆起这段经历，赵振铎写道：

> 课程偏重实践，汉语课比重很大，学生学了四年一般都能够熟练地使用汉语进行交流。口语教学的时间比较多，我的教学任务主要是汉语，课程是一年级两个班二年级和四年级各个班，每个班每周四节课，一周十六节课。⑥

赵振铎的回忆还勾勒出当时中俄汉语教师合作授课的情景：

---

① 参见周川《中国近现代高等教育人物辞典》，福州：福建教育出版社，2018年，第1页。
② 刊于《教学与研究》1957年第2期，第31—35页。
③ 何镇邦《鲍正鹄先生》，《美文（上半月）》2011年第4期，第15—18页；林东海《冷眼热肠——记鲍正鹄先生》，《世界人物》2006年第10期，第26—33页。
④ 参见 https://www.hubu.edu.cn/info/1305/25303.htm，2021年10月1日。
⑤ 参见《朱祖延先生学术年表》，《朱祖延集》，武汉：崇文书局，2011年，第665页。
⑥ 赵振铎《在莫斯科的日子》，《南大语言学》第五编，北京：商务印书馆，2017年3月，第337页。

> 四年级的汉语课名叫"双边翻译课",由我和伊三克共同承担,我们两人各在一方,学生在中间,伊三克讲俄语,学生用汉语翻译给我听,我用汉语回答,学生用俄语翻译给他听,我纠正学生的汉语错误,他纠正学生的俄语错误。一个班四个学生,每个人有二十分钟的实习机会,学生非常喜欢这门课。
>
> 我讲如何分辨送气和不送气辅音,用一个纸片放在嘴唇前面,看纸片是否颤动,来确定是否送气或不送气。他(伊三克)非常欣赏。①

除了基础汉语课外,作为语言学专家,赵振铎还受邀在莫斯科大学东方学院讲授汉语语言理论课。

> (莫斯科大学东方学院)听说我是高名凯先生的学生,就邀请我去上课,课程是"汉语概要",一学期,每周两学时,这样我又在莫斯科大学兼课,成了莫斯科大学的一位教师。两学时的确讲不了多少东西,我拟了一个大纲,着重介绍汉语的结构和古今变化研究简史,听课的除了高年级学生外,还有一些任课教师。教研室专门派了一个秘书作记录,是一个四十多岁的老太太,她听课认真,不懂就问,我看过她整理的笔记,还算不错,如果要出版也是可以的。龙果夫的夫人龙果娃也来听讲。②

与上述各位大学教师不同,钱震夏、刘全利、任熙宁来自中学。其中钱震夏来自南京师范学院附中,时任语文教研组组长;刘全利来自101中学,曾撰文介绍在苏联教授汉语时推广汉语拼音的情况;③任熙宁来自北京师范大学女附中(后更名为北京师范大学附属实验中学),1963年曾参与编写《汉语读本》④。据实验中学退休教师金元回忆,任熙宁去苏联可能教过大使馆的中国孩子,归国后调任对外友协工作。

20世纪50年代是中国官方有组织地派出汉语教师的开始,这十年又可以王学作1955年、赵淑华1956年赴外任教作为分界线:他们之前,赴任者多为知名学府的教授或副教授,年龄在四十岁上下,1955年拟派苏联的许杰已经年过半百。除了汉语课程外,他们还讲授语言学理论、中国文学等课程,参加学术交流活动。华东师范大学中文系教授许杰,作家、文艺理论家,华东作协副主席,成就斐然。许杰是浙江天台人,浙东口音浓厚,⑤其赴任虽因中苏关系生变而作罢,但对他的委派说明当时政府主管部门对汉语教师的定位尚不十分清晰。他们之后,赴任者多为高校助教、讲师或中学语文老师,年龄多在二三十岁,这或许是王学作、赵淑华(详见下文)作为专业汉语教师赴任取

---

① 赵振铎《在莫斯科的日子》,《南大语言学》第五编,北京:商务印书馆,2017年3月,第338页。
② 同上,第339页。
③ 刘全利《汉语普通话和汉语拼音方案在苏联》,《文字改革》1959年第21期,第4—5页。
④ 商务印书馆1972年出版。
⑤ 详见林楚平《许杰先生二三事》,载上海暨南大学校友会《许杰先生纪念文集》,1996年,第257页。

得令外方满意的教学效果带来的变化。

3.2 朱德熙任教保加利亚

1952年年底,根据两国政府间的协议,北京大学中文系副教授朱德熙到保加利亚索菲亚大学教汉语。期间,朱德熙在保加利亚语助教张荪芬的协助下,编写了一部汉语教科书《华语教材》。就朱德熙在保加利亚的教学以及这部教材的编写背景,北京大学中文系郭锐教授介绍说:

> 朱德熙先生编写了新中国第一部对外汉语教科书,也就是《华语教材》。我们很早就听说过这部手稿,但是一直未看到真面目。后来施正宇在家里找到了一份复印件提供给我们,是她的父亲施光亨先生当年复印的材料,我们现在正在整理,应该明年就会在商务印书馆出版。朱德熙先生1952年9月到保加利亚后就立即着手编写教材。《华语教材》是他和张荪芬女士合作编写的,1953年2月完稿,1954年在保加利亚出版,出版的时候是保加利亚文,也就是把讲解部分都翻译成了保加利亚文,据说这部教材一直到80年代还在使用,使用了近30年。这是这部教材的历史背景。

说到这本教材的特点和价值,郭锐认为:

> 《华语教材》的特点是以语法为纲展开教学。教材一共42课,除了前五课讲语音以外,后面每课围绕两三个语法点编写课文,比如分为名词、动词、时间词、位置词(方位词)、疑问句等语法点;第二个特点是注重功能。如教材中有"怎么表达时点、钟点"(几点?)、"怎么表达时间"(几号?星期几?)这样功能性很强的课文。这一点比他后来的《语法讲义》体现的更加充分。我觉得主要就是这两个特点。
>
> 这本教材的语法部分与《语法讲义》等重要的论著有一种继承关系。如时间宾语:朱先生认为"休息一会儿"里的"一会儿"是宾语,在《语法讲义》中将其归为"时量宾语",属于准宾语的一类;其次体现在对介词短语的认识上,即介词短语在结构中作什么成分,朱先生认为是连动结构,如在"为人民服务"中,"为人民"和"服务"之间是一种连动关系,这和我们一般认为的状语是不一样的,在《语法讲义》上也是如此;另外朱先生将情态动词分为三层语义:能力、可能性和许可。这和《语法讲义》中的讲解是相同的,也和我们后来说的"动力情态、认识情态和义务情态"的划分基本是相通的。但是也有和后来不一样的地方。如对"了$_2$"的讲解很有特点。他特别提到了一个很有意思的表达——含"了"的句子的否定表达,如朱先生认为"我去了学校了"的否定式是"我没去学校呢",因为肯定式有"了$_2$",所以否定句中则要加"呢"呼应;"我已经去了学校了"相应的否定可加"还",即"我还没去学校

呢"。那么为什么要加"呢""还"呢？因为朱先生认为带"了₂"的句子有"到目前为止"的含义，否定句加上"呢"也表示"到目前为止"。因此"了₂"和"呢"对应，"已经"和"还"也是类似的关系，都表示强调意义。为什么这一点在《语法讲义》中没有提到呢？我想这与两本书的性质有关。《华语教材》是对外汉语教材，更注重表达功能，因此对"了"的讲解更加细致，而《语法讲义》是从语法研究的角度去讲解，很多中国人习以为常的东西就可以不讲。总之，这部教材无论是从对外汉语教学史的角度还是从汉语语法学史的角度来看，都非常重要。我们正在做整理，也希望更多的人来关心这部教材。①

事实上，保加利亚之行并非朱先生初涉汉语教学，此前他曾给清华大学东欧班的留学生们作过关于"中国的文字"的专题报告，②因为那时他个人的研究方向是古文字学，但是去了保加利亚以后，朱德熙开始编写教材，开始关注语法理论的问题，应该说保加利亚的汉语教学改变了朱德熙的研究方向，也改变了他的一生，不仅成就了作为语法学家的朱德熙，也成就了现代汉语的语法理论。从保加利亚回来后，朱德熙在中文系开设了《现代汉语语法》课，此后也一直关注对外汉语教学。由于有了亲身实践的体会，他曾多次提到语言理论与教材编写的关系，发表过一些重要的讲话。在北京语言学院语言教学研究所成立大会上，朱德熙说：

> 我觉得理论问题是要研究的，但是不要一开始就想出个理论来。理论是从实践里来的，我们如果能够编出一套很好的教材来，这里一定有理论。因为编教材要有原则，这些原则就是理论，并没有脱离实际的、空洞的理论。③

朱先生此言对我们今天的汉语教学来说，仍然具有很深刻的现实意义。

四、20世纪50年代不同汉语传播策略的交汇

中国政府在汉语传播上的两项国策"请进来""走出去"，看似两条平行的线，在1953年这一年开始有了交集。

4.1 邢公畹的汉语教学生涯

1953年，邢公畹被派往苏联任教，任期两年。行前，他专程到北大专修班取经。据

---

① 以上为笔者访谈郭锐教授的部分内容。
② 参见《东欧班工作总结（一九五二年七月）》，原件现藏于北京语言大学档案馆，笔者所见为何玲《清华大学东欧交换生中国语文专修班的几点史实》（《汉语国际教育学报》第二辑，北京：科学出版社，2017年）转录。
③ 朱德熙《在北京语言学院语言教学研究所成立大会上的讲话》（1984.11.21），见施光亨《他的功业在书上也在人们心中——纪念朱德熙先生逝世一周年》，《语言教学与研究》1993年第3期，第8页。

唐传寅回忆:"邢公畹外派苏联前,曾到北京大学中国语文专修班,与老师们一起研究教材编写的问题,熟悉对外汉语教学。"作为专家,他也给专修班教师讲座,李培元对此亦有谈及。① 说起在苏联的经历,邢公畹回忆:

> 1953年至1954年在莫斯科东方学院②,1954年至1956年在莫斯科大学任教授。课务很忙,除了由于教学的需要对现代汉语语法有所分析外,台语研究是无法进行的。1956年2月,苏联汉学家波兹德涅耶娃③在莫斯科大学举行博士论文答辩会,苏联高教部聘我为首席"论文评论员",1956年8月回国……④

本该在1955年夏季结束任期的邢公畹被苏方盛情挽留,延期一年。这说明,邢公畹的教学是成功的;北大专修班的教学理念经过邢公畹的传输,也首次得到了国外同行和学生的认可。邢公畹的汉语教学生涯并未随着他的回国而终止,1974年9月,南开大学中文系成立留学生教学小组时,邢公畹是为数不多的教师之一。此后邢公畹还结合教学实践,发表了多篇有关汉语教学的学术论文,内容涉及语音、词汇、语义、语法以及教学法等诸多方面。有学者因此认为:"作为语言学大师,邢先生在对外汉语教学领域的贡献主要在学术理论方面。"⑤这一说法有失公允。事实上,邢公畹在汉语教学方面的参与和贡献是全方位的,他不仅亲自走上汉语教学的一线课堂,而且还参与教师培养、教材编写、理论探讨和行政管理,是南开大学对外汉语教学事业的开拓者。据南开大学教授孙晖回忆:

> 早在70年代,在南开大学留学生教学小组,邢先生或亲手编著,或指导年轻教师编写诸如《语音讲义》《实用对比语法讲义》《方言调查讲义》《现代汉语修词讲义》等供留学生教学使用的教材。1979年9月南开大学第二汉语教研室成立,邢先生任主任,直到1985年第二汉语教研室升格为对外汉语教学中心、1993年汉教中心升格为汉语言文化学院,邢先生一直受聘顾问之职,对南开大学对外汉语教学事业在学科建设、教师培养、教材编著等方面都作出了杰出的贡献。

华学诚和王雪波也曾撰文,从对外汉语教学的角度对邢公畹的贡献作出了客观的

---

① 崔希亮主编《北京语言大学对外汉语教学名师访谈录·李培元卷》,北京:北京语言大学出版社,2010年,第5页。
② 应为莫斯科东方学学院之误。
③ 波兹德涅耶娃(Л. Д. Позднеева,1908—1974),苏联汉学家、翻译家,1952年荣获罗蒙诺索夫奖,1956年2月14日获得文学博士学位,参见 https://dic.academic.ru/dic.nsf/ruwiki/1549695,2021/8/25。另据史料记载,邢公畹曾协助华克生(Д. Н. Воскресенский,1926—2017)翻译并出版《儒林外史》,后者为苏俄时期汉学家、翻译家,莫斯科国立大学教授,曾获"中俄关系六十周年杰出贡献奖",参见 https://dic.academic.ru/dic.nsf/ruwiki/1455297,2021/8/25。
④ 《邢公畹先生自述》,《南开语言学刊》2004年第2期,第6页。
⑤ 李庚扬《刑公畹先生二三事》,载石锋、施向东主编《汉语教学谈——南开对外汉语教学及管理文集》,天津:南开大学出版社,2009年,第370页。

评价：

> 自1953年在苏联教授汉语始，到上个世纪八九十年代发表一系列研究论文止，邢先生与对外汉语教育事业有着长达四十多年的紧密联系。邢先生凭借语言学家的深厚功力，结合一线教学的体验，在深入思考的基础上所发表的一系列对外汉语教学研究论文，是基础研究与应用研究结合的典范，是"接地气"的真学问，可以称得上顶"天"立"地"。这些成果也是汉语国际教育学科的宝贵财富，值得深入学习，并在汉语国际教育实践中予以应用，发扬光大。①

说起邢公畹，书家多称其为语言学家、汉藏比较语言学家，而从以上事实来看，邢公畹同时也是汉语教育家。和朱德熙一样，他对汉语教学和现代汉语语法理论的关注，也始于汉语教育的三尺讲台。三年苏联汉语教学的薪火，不仅传到了南开大学，也泽被神州学人。他不仅是南开大学对外汉语教学事业的开拓者，也是当代中国对外汉语教育事业的奠基人之一，他的功绩不应被遗忘。

4.2 郭预衡、赵淑华赴匈牙利任教

1955年，根据中匈两国政府间的协议，教育部向匈牙利布达佩斯大学派去了北京师范大学中文系讲师郭预衡。行前，妻子赵淑华将北大专修班的教材放进了他的行囊，赵淑华说：

> 他去匈牙利之前，我曾让他带一份我们专修班的教材，以便到那里编教材做参考，还给他带了一本发表在《中国语文》上的《现代汉语语法讲话》单行本，这本书那时已在《中国语文》上连载完了，但还没正式出版。所以我们那时用的教材，应该还是参考咱们的教材改编的。

第二年，赵淑华前往匈牙利探亲，据她回忆：

> 1956年的暑期，他回北京休假。然后我作为随行家属跟他一起去了匈牙利（当时，出国教师都可以带家属），我爱人把我的情况介绍给了系里，他们决定聘我在大学承担一个班的课程，按讲师的待遇。……匈方对我们两人的工作都很满意，并向中国使馆提出让我们再留任两年。因为我爱人很想回国从事他的专业工作，就没有留下。②

不久前，我们访谈时，赵淑华又谦逊地补充：

---

① 华学诚、王雪波《邢公畹先生论对外汉语教学——为纪念邢公畹先生100周年诞辰而作》，《国际汉语教学研究》2014年第3期，第25页。
② 崔希亮主编《北京语言大学对外汉语教学名师访谈录·赵淑华卷》，北京：北京语言大学出版社，2011年，第5页。

当时匈方知道我的工作是教对外汉语,就让我承担了新的一年级班课程,我上课就是用的郭先生头一年编的教材。原来的一年级班升为二年级,还由郭先生教。另外,增加了给学习中国古典文学的研究生的课和作一些讲座。我觉得让我上一些课,有照顾的性质,不像郭先生是属于双方文化协定中聘请的。两年教学结束前,匈方提出希望我们二人继续工作两年。中国使馆也同意我们再留一期。但郭先生觉得离开国内太久,会影响他对自己专业的研究,没有同意。

事实上,教授、学者型的汉语专家固然有益于提升国外高校汉语教学的层次,而青年教师赵淑华的到来则令布达佩斯大学的师生们喜出望外,因为只有教学经验丰富的教师,才是域外汉语课堂最最需要的。郭预衡、赵淑华夫妇圆满地完成了布达佩斯大学汉语教学的任务,专修班的教师、教材和教学方法也第一次走出了国门,经受住了国外同行和学生的检阅和审视。

五、20世纪50年代汉语传播策略之总结

第一,20世纪50年代的汉语教学是政府主导下的国家行为。无论是地处首都北京的清华、北大两校的中国语文专修班,还是远在广西的南宁育才学校及桂林中国语文专修学校,以及外交人员服务处的汉语教学,都受到各级主管部门的直接领导。上到中央人民政府副主席刘少奇、政务院总理周恩来,下到教育部、外交部以及当时的广西省政府,都对此给予高度重视,当时教育部负责留学生工作的黄新民处长甚至说"有什么事可以直接给总理打电话"①。

第二,20世纪50年代的汉语教学是中国政府对外文化交流的重要组成部分。这一时期我国先后向朝鲜、保加利亚、苏联、波兰、德意志民主共和国、蒙古、捷克斯洛伐克、罗马尼亚、匈牙利、越南、埃及和伊拉克等12个国家派出汉语教师,所有派出教师都由赴任国的驻华大使馆直接负责管理。这些教师所到之处,不仅推广了汉语,传播了中华文化,还对促进中外文化交流、增进与赴任国人民的友谊起到了不可估量的作用。汉语教师的派出是共和国建立之初、对外关系刚刚起步之时,对外文化交流的重要内容之一,因而显得格外重要。

第三,20世纪50年代汉语教学的学术起点非常高。这一时期汉语教学,无论是教学理念、教学方法还是教材,都源自40年代赵元任主持的美国哈佛大学ASTP项目,

---

① 清华大学外国留学生工作办公室《紫荆花开——清华大学东欧交换生中国语文专修班纪念》(内部资料),2011年,第64页。

而有着悠久历史的苏联汉语教学也给予了丰富的滋养。这一时期从事汉语教学的,无论是国内的汉语教师,如专修班的邓懿、王还、杜荣、周祖谟等先生;还是根据政府协议外派的汉语教师,如朱德熙、叶丁易、邢公畹、赵瑞蕻、郭预衡、季镇淮、鲍正鹄、梁希彦等先生,都有着很高的学术造诣。这一时期培养的数十名青年教师,后来大都成为了对外汉语教学界或各自研究领域的知名学者。他们主持、参与编写的教材《汉语教科书》和《华语教材》都有着极强的生命力,无论是在适用范围、使用年限还是对学科的影响,在汉语教育史上都占有重要的地位。《华语教材》更是朱德熙语法研究的缘起,直接推动了朱先生对现代汉语语法理论的思考。中国语文专修班的教学实践是在当时国外信息相对闭塞的情形下,吸取东西方语言理论以及国内外先进汉语教学经验基础上的一次成功尝试,对后来对外汉语教学的发展产生了积极的影响,在中国以及世界汉语教育史上应该占有重要的一席。

崔希亮主编《汉语国际教育研究论集·语法卷》出版

北京语言大学崔希亮教授主编《汉语国际教育研究论集·语法卷》一书近日由商务印书馆出版。

语法在汉语国际教育中一直扮演着重要的角色,也是汉语语言学界最为关注的研究领域之一。近些年来,随着汉语国际教育事业的迅猛发展,大力开展面向汉语国际教育的语法研究已经成为大家的共识,研究成果不断涌现。认知语法、构式语法、韵律语法、语篇语法等语法理论和流派正潜移默化地推动着汉语语法研究向纵深发展,把这些理论自觉运用到汉语国际教育语法研究中的文章越来越多,学者们表现出明显的理论意识。本书上编是汉语语法教学研究,主要涉及理论语法的教学转换、对外汉语教学语法体系及研究框架的建设、对外汉语语法教学的方法及模式等问题;下编是汉语语法本体研究,从词到短语再到句式进行了全面探讨,具体包括实词研究、虚词研究、构式研究、特殊句式研究以及认知语言学的研究等。

新中国对外汉语教学初创时期的教学及其效果

——以1950年首批匈牙利来华交换生为例[①]

黎 敏

（北京外国语大学中文学院）

摘 要 1950年"清华大学东欧交换生中国语文专修班"成立，它存在的两年间是新中国对外汉语教学的初创时期。本研究以1950年来华的首批匈牙利交换生为主要考察对象，通过对部分当时的匈牙利交换生的访谈资料和目前掌握的专修班相关材料进行分析，从首批匈牙利交换生的学习背景、学习过程和学习效果三个方面，对初创时期新中国对外汉语教学的教学情况及其效果进行研究，以达到丰富对这一时期新中国对外汉语教学发展过程认识的目的。

关键词 清华大学东欧交换生中国语文专修班，匈牙利，对外汉语教学，汉语教育史

中华人民共和国成立后，为解决与东欧国家交往所需的人才问题，中国与东欧的波兰、捷克斯洛伐克、匈牙利、罗马尼亚、保加利亚五国分别签署了互派交换生协议，1950年9月，"清华大学东欧交换生中国语文专修班"正式成立，专门负责东欧来华交换生的汉语预科教学，这是新中国对外汉语教学的起点。1952年中国高等院校调整，专修班转入北京大学，北京大学为此成立了"北京大学留学生中国语文专修班"负责东欧交换生以及此后不断增多的其他国家留学生的汉语教学工作，直到1966年。因此，清华大学东欧交换生中国语文专修班（以下简称"专修班"）时期是新中国对外汉语教学的初创时期。此时来华的东欧交换生有着怎样的学习背景？其学习过程如何？取得了何种学习效果？这些是我们了解初创时期新中国对外汉语教学发展状况的窗口。以往对本时期对外汉语教学发展问题主要从"教"的角度进行探讨，但任何教学都是在教与学双方互动下进行的，

[①] 本文为世界汉语教学学会2021年全球中文教育主题学术活动资助项目"中匈建交后匈牙利汉语教学史研究"（项目编号：SH21Y07）的阶段性成果。

因此,本文侧重从学习者的角度对这一时期的对外汉语教学进行观察,并把1950年12月来华的匈牙利首批交换生作为主要分析对象,从三个方面具体探讨所关注的问题。

一、匈牙利交换生的学习背景

学习者的学习背景是考察有效教学的重要因素,①学习者自身已有的知识水平、家庭背景以及教授他们的教师特点和学习环境等都是学习者学习背景的构成因素,并对其学习效果构成影响。以下将从这三个方面对首批匈牙利交换生的学习背景进行观察和分析。

1.1 首批来华匈牙利交换生的背景

20世纪50年代是中匈关系发展较为稳定的时期。作为社会主义阵营相互协作的一种体现,1950年6月,中国与东欧五国签署互派交换生协议后,匈牙利交换生的选拔就在匈牙利劳动人民党的直接指导下展开。

根据《清华大学东欧交换生中国语文专修班暂行规程》规定,东欧交换生的入学条件为经东欧各国政府保送,由中央人民政府教育部核准,具有高中毕业以上文化水平并通晓俄文或英文者。② 这表明专修班不仅对交换生的知识背景有明确要求,而且在经过其本国政府保送和中国教育部核准程序的过滤后,交换生的政治背景也有了保证。

首先,在知识背景上,首批匈牙利交换生最为一致的是学历。因为他们都已经从匈牙利顶尖高校罗兰大学不同专业本科毕业,高恩德(Galla Endre,1926—2008)的专业是德语和匈牙利语,毕业后他留在该校德语系任助教;尤山度(Józsa Sándor,1928—)毕业于匈牙利语和历史学专业,在外地小城中学任教;戴伯纳(Tálas Barna,1928—2019)毕业于文学院哲学-心理学-政治经济学系,留在该校心理学院任教;梅维佳(Mészaros Vilma,1921—?)毕业于该校法文系并已经是罗兰大学的教师了。知识背景是他们与罗、保、波、捷赴华交换生的一个差别,因为其他几国交换生,有些刚刚高中毕业,有些是在校大学生,还有的是从事过反抗法西斯活动的革命者。首批交换生两年的汉语预科学习结束后,转入不同大学的不同专业开始专业学习。因为来华时其受教育程度不同,因此有些学生需要转入本科学习专业,而匈牙利的交换生则需转入不同大学的不同专业开始研究生学习。1952年9月,中央教育部"鉴于新中国各研究部还没有

---

① Kyriacou C, *Effective Teaching in Schools: Theory and Practice*, Starley Thomes Publishers, 1997, pp.5—7.
② 《清华大学东欧交换生中国语文专修班暂行规程》,清华大学档案,目录号:校办1,案卷号:52011。

上轨道,人民大学历史教研室只是对中国近代史方面一般问题的研究,没有专题指导。中国科学院中国近代史研究室不是研究部的性质,而是室内工作的助手,根据研究计划分头搜集资料进行研究,没有专人指导,无法满足研究生教学需要。同时建议今后一两年内暂停招收来华研究生"①。因此,到1956年叶桐(Juhász Ottó,1936—2019)、姑兰(Kalmár Éva,1938—　)这一批匈牙利交换生来华时,他们有的是大学在读本科生,有的是刚刚毕业的高中生。虽则如此,但学业优秀这一点仍是匈牙利对赴华交换生的基本要求,如1956年在塞格德大学读历史语言文学的叶桐就是因为成绩全优而入选赴华交换生。②

其次,在以政治面貌和出身为标准的政治背景上,首批匈牙利交换生来华时均已是匈牙利劳动人民党党员,这在此后也成为该国来华交换生的重要标准。无法一致的是学生的家庭背景,首批交换生中,有三位学生出身于工人家庭,只有梅维佳出身知识分子家庭,但她是西方马克思主义学派的创始人卢卡契·久尔吉(Szegedi Lukács György Bernát,1885—1971)的门生。这种政治背景特点在20世纪50年代匈牙利派来的交换生中具有延续性,比如叶桐出身于工人家庭,而姑兰的父亲则是匈牙利著名数学家卡尔玛·拉斯洛(Kalmár László,1905—1976)。1950年8月27日—9月2日,华罗庚率领中国代表团参加了在匈牙利举行的第一次数学会议,他在后来介绍匈牙利数学家的文章中,专门提到了姑兰的父亲卡尔玛·拉斯洛,说他是形式逻辑的工作者,也是马列主义专家。③

再次,在来华动因方面,首批匈牙利交换生均非自主选择,而是接受匈牙利劳动人民党中央的选派。1950年11月,毕业后刚在中学工作几个月的尤山度接到党中央干部局领导的电报,通知他在规定的日期到那里报到。他说:"我怀着激动的心情,按照规定的日期抵达布达佩斯。在当时无产阶级专政条件下,这样的一封电报类似于征召入伍通知书。"④但是,在12位被选者中,8人马上就拒绝了这个选派,因为当时朝鲜战争已经爆发,美国人要用原子弹消灭朝鲜的消息在匈牙利弥漫,很多人怕去中国。⑤ 在党中央大楼的走廊上,尤山度见到了后来与他一起来到中国的另外三位应选者。党中央的一位部长接见了他们,他们第一次知道将被派往遥远的、已为战云笼罩的中国。在经过一个星期的思考后,他们四位被选者"承担了这一使命"。⑥ 谈到当年接受这个使命

---

① 教育部档案,匈牙利留学生转为研究生的答复意见,98-1952-C-125.0002。
② 访谈材料。被访谈人:叶桐;访谈时间:2017年8月24日;访谈地点:布达佩斯 Astoria Costa 咖啡店;访谈人:黎敏。
③ 华罗庚《参加匈牙利的数学会的报告》,《科学通报》1950年第7期,第468页。
④ 尤山度《六十年关系回眸——一位81岁老人、匈牙利首批留华生的回忆》,北京外国语大学欧洲语言文化学院编《欧洲语言文化研究》(第5辑),北京:时事出版社,2009年,第269页。
⑤ 访谈材料。被访谈人:戴伯纳;访谈时间:2017年4月29日;访谈地点:戴伯纳宅;访谈人:黎敏。
⑥ 尤山度《六十年关系回眸——一位81岁老人、匈牙利首批留华生的回忆》,北京外国语大学欧洲语言文化学院编《欧洲语言文化研究》(第5辑),北京:时事出版社,2009年,第269页。

的原因时,尤山度说,当时朝鲜战争已经爆发,中国人民志愿军也已经奔赴朝鲜,因此母亲非常担心,但是一直出资供他上大学的舅舅则鼓励他去了解不同的生活。戴伯纳的父亲几年前去世,家里只有他一个孩子,如果去中国留学,母亲便可以得到来自教育部或者科学院的补助,他觉得这也是自己对母亲的一种帮助。① 从选派过程看,虽然赴华留学不是交换生们的主动选择,但是他们都具有各自的积极动机,而且拥有拒绝党的选派的自由。② 这种拥有一定自由度的选拔此后成为匈牙利选派赴华交换生的一种规制,而且随着中国政局渐趋稳定,两国交往更密切地展开,来华交换生的自愿性越来越强。1956年叶桐、姑兰等都是自愿服从选派,甚至自己报名参加选派而来。③

首批交换生对于遥远的中国所知不多。历史专业毕业的尤山度大学时学过一点儿中国古代史,但对近现代中国史一无所知,他脑海中的中国就是黄种人,很穷的国家,有自高自大的皇帝。④ 戴伯纳对中国的了解也限于他读过的几本有关中国解放战争的书中的内容。为了弥补这方面的不足,在赴中国之前,他们主动接触了1950年9月到达匈牙利的中国交换生,那是他们第一次近距离接触中国人,虽然闹出了在茶里放入朗姆酒和糖的笑话,⑤但是这表明在认识中国的意愿上,他们的态度是积极的。

学生自身的背景显示,首批来华匈牙利交换生的特点是他们的学历水平相对高于其他几个国家的交换生,而且有一定的工作经验,更为成熟,意识到当时中国面临的最大问题——战争威胁,虽然对中国了解有限,但不缺乏了解中国的热情。这种背景特点也使他们在此后的专修班学习、生活中相对个性较强,比如他们不像其他国家交换生那样乐于跟中国学生接触,因为相比跟孩子气的中国学生交往,他们更愿意跟老师们交往;⑥在生活中,他们也较为自我,比如梅维佳比其他女交换生年长,而且师出名门,已经做过教师,加上生活习惯特殊,专修班后来不得不给她专门安排了一间宿舍。⑦

1.2 初创时期的对外汉语教学师资

师资建设是新中国对外汉语教学初创时期面临的重要问题。二战时期,在哈佛大

---

① 访谈材料。被访谈人:戴伯纳;访谈时间:2017年4月29日;访谈地点:戴伯纳宅;访谈人:黎敏。
② 同上。
③ 访谈材料。被访谈人:叶桐;访谈时间:2017年8月24日;访谈地点:布达佩斯Astoria Costa咖啡店;访谈人:黎敏。
④ 访谈材料。被访谈人:尤山度;访谈时间:2017年3月2日;访谈地点:尤山度宅;访谈人:黎敏。
⑤ 尤山度《六十年关系回眸——一位81岁老人、匈牙利首批留华生的回忆》,北京外国语大学欧洲语言文化学院编《欧洲语言文化研究》(第5辑),北京:时事出版社,2009年,第269页。
⑥ 访谈材料。被访谈人:尤山度;访谈时间:2017年3月2日;访谈地点:尤山度宅;访谈人:黎敏。
⑦ 清华大学外国留学生工作办公室《熊毅访谈录》,清华大学外国留学生工作办公室《紫荆花开——清华大学东欧交换生中国语文专修班纪念》(内部资料),2011年,第87页。

学协助美国陆军专业训练计划(Army Specialized Training Program,简称 ASTP)举办的汉语培训班中,赵元任任负责人,邓懿是他的主要助教之一。清华专修班成立后,清华大学教务长兼专修班主任周培源任命邓懿负责专修班的具体教学工作。在邓懿的主持下,通过推荐和考试的方式开始了专修班的师资建设。关于教师的资质,1950 年,邓懿在呈送给教育部的关于专修班教学情况的报告中谈道,"助教必须具有相当的文化水平,操纯正国语,而能用英文达意者,同时须对语言有兴趣,对工作有热情,除非有兴趣,对工作感到枯燥无聊,就要影响学生的学习情绪了"①。这个标准表明,她非常重视教师的基本素养、语音标准、外语能力和工作态度。而教师的基本素养既表现为符合相应政治条件,又表现为接受过高等教育。② 按照这些标准,最初邓懿以口试形式对那些满足基本条件的被选者进行考试,考试内容包括"对教外国人有些什么看法""要做这个工作你想怎么做"等。③ 这样,陆续有在读或刚毕业的大学生充实教师队伍,如教师熊毅、傅惟慈,助教钟梫、冯忆罗。当然,那些满足基本师资标准且具有对外汉语教学经验的人是首选,如曾在燕京大学教过留学生的杜荣 1950 年秋首先入选,一年后,在英国教授过汉语、刚刚回国的王还也来到这里。随着第二批交换生的到来,师资缺口更大,教师改为由教育部从大学毕业生中选派,标准是出身和政治条件符合的中文系或外语系毕业生。④

对于教授东欧交换生汉语这项工作,邓懿说:当时是一穷二白,从零开始,"虽然在 ASTP 有两年经验,但教学对象不同、培养目标有异,还得另起炉灶"⑤。这意味着教学工作需要在摸索中展开。杜荣对当时经历的记述印证了这一点。首批交换生开始汉语学习后,学生学习差异逐渐加大,为此需要杜荣为学习好的学生另外成立一个班,但是教什么、怎么做,没有任何参考材料,只有自己摸索。⑥ 邓懿、杜荣是有过教授外国人汉语的经历的,那些刚入职的大学生对此则更是茫然。但是对于此项工作的重要性教师们有基本认识和认同。熊毅说当时虽然她并不理解这项工作,也不知道该怎么教,但她认为这项工作是国家的需要,有意义,对此有兴趣,⑦因此其工作态度非常积极。

由于师资、教学等筹备时间紧迫,新教师们来不及培训就投入教学中。为此,专修

---

① 邓懿《就东欧留学生的语文训练问题向教育部的报告》(1950),清华大学外国留学生工作办公室《紫荆花开——清华大学东欧交换生中国语文专修班纪念》,(内部资料),2011 年,第 51—52 页。
② 邓懿《难忘的岁月》,《北京大学学报》(对外汉语教学中心成立十周年纪念专刊),1994 年 10 月,第 2 页。
③ 清华大学外国留学生工作办公室《熊毅访谈录》,清华大学外国留学生工作办公室《紫荆花开——清华大学东欧交换生中国语文专修班纪念》(内部资料),2011 年,第 82 页。
④ 邓懿《难忘的岁月》,《北京大学学报》(对外汉语教学中心成立十周年纪念专刊),1994 年 10 月,第 3 页。
⑤ 同上,第 3、4 页。
⑥ 杜荣《对外汉语话沧桑》,《北京大学学报》(对外汉语教学中心成立十周年纪念专刊),1994 年 10 月,第 5 页。
⑦ 清华大学外国留学生工作办公室《熊毅访谈录》,清华大学外国留学生工作办公室《紫荆花开——清华大学东欧交换生中国语文专修班纪念》(内部资料),2011 年,第 82—84 页。

班采取了一套行之有效的方法,比如最初没有现成的教材,邓懿就主持编写,现编现教,对编出的教材大家讨论,每周她还通过教务会议讨论、布置教学任务;①在备课、上课、批改作业、考试等环节上,专修班都有具体的规定,还采取教师互相听课、听后讨论得失、互帮互学的方式提高业务能力。这些方法无疑有助于新手教师迅速成长。② 因此,初创时期的新中国对外汉语教学在师资水平上整体较弱,但是制度化的教学机制,带动了教师群体的业务能力提升和专业意识强化,使教学能够较快步入正轨。

1.3 专修班的教学环境

班级规模与气氛、师生关系是狭义教学环境中的重要因素,班级规模合理,气氛融洽,师生关系良好都有助于提升学习者的学习效果。

1.3.1 班级规模及气氛

按照《清华大学东欧交换生中国语文专修班暂行规程》,东欧交换生应在1950年秋季学期开学时报到入学。但因各种原因,从1950年12月到1951年2月,罗、匈、保、波四国首批交换生先后到达中国;到1951年9月和11月捷克斯洛伐克交换生分两批到达后,首批33名东欧交换生才齐聚清华大学。由于这个客观原因,1951年1月,罗、匈、保三国学生首先组成班级一起上大班讲授课,然后分成小组上练习课。波兰学生到达后,专修班专门为他们单独开课,帮助他们赶上其他学生的进度,直到9月他们才加入班级上课。捷克斯洛伐克学生分两种情况,一是为零基础的学生单独开课,二是让有汉语基础的学生加入班级学习。到了1952年春,首批交换生进入第三学期的学习,学生学习程度分化严重,已经无法再以一个班的形式学习。为此,专修班将班级调整为以国别为单位,由一名教师负责该班的全部课程。所以,在三个学期的学习中,首批交换生的班级规模总体处于"流动"状态,一方面这不利于他们适应教学环境,造成一些交换生的不满;但另一方面这也使不同的师生有更多的机会接触、了解,对班级整体融洽氛围的营造较为有利。为了便于了解学生的学习和生活情况,专修班还让每个国家的交换生分别组成小组,本国交换生内部问题由他们自己开会解决,与学习、生活相关的问题则由组长将问题反映给教师寻求解决。专修班的重要问题都召开组长会向他们通报、讨论,研究解决办法。③ 师生在意见沟通上民主而及时。

---

① 清华大学外国留学生工作办公室《熊毅访谈录》,清华大学外国留学生工作办公室《紫荆花开——清华大学东欧交换生中国语文专修班纪念》(内部资料),2011年,第84页。
② 邓懿《难忘的岁月》,《北京大学学报》(对外汉语教学中心成立十周年纪念专刊),1994年10月,第3页。
③ 清华大学外国留学生工作办公室《冯忆罗访谈录》,清华大学外国留学生工作办公室《紫荆花开——清华大学东欧交换生中国语文专修班纪念》(内部资料),2011年,第73页。

专修班对每个国家的交换生都非常重视,虽然他们到达中国的时间前后不一,但是他们到达时都受到中方教育部、清华大学领导的迎接,为之举办欢迎会并宴请新来的交换生。欢迎会的一种"规制"就是先期到达的交换生不仅参加欢迎会,而且要致欢迎辞。集体参观、游览也是专修班经常举行的活动,这些都对营造班级的融洽气氛极为有益。

1.3.2 师生关系

据尤山度回忆,他们在中国留学的五年中(包括在专修班的一年半时间),师生之间从未发生过不愉快的事情。① 从现有材料看,专修班的师生关系一直保持着融洽状态,这与双方对专修班教与学活动性质的认识不无关系。一方面交换生们都是经过各国政府部门选拔而来,他们明白自己的使命,有接纳和了解中国的内在动力;另一方面,教师们将专修班的工作视为一项伟大的工作,②说明他们对这项工作的重要意义有足够的认识。师生双方在对专修班教学的价值判断上达成共识,这有助于他们彼此在接纳、包容的基础上建立融洽关系。

在学习中,交换生们特别佩服那些教学理论和方法突出的教师,如邓懿;而邓懿经常请学生到家里做客,说明她也很重视与交换生们建立亲密的关系。在学习上有了困难,交换生们就去找熊毅、杜荣两位老师寻求帮助,老师们则常常利用业余时间辅导学生;生活上,助教冯忆罗、钟梫全身心投入,随时为学生解决问题。细心的冯忆罗还用自己的津贴购买一些小工艺品赠送给交换生们,让他们回国探亲时送给亲人,交换生们也从自己国家带回小礼品送给老师,比如匈牙利学生给老师带来特产萨拉米香肠。③ 教师的工作态度、对交换生表现出的善良友好也赢得了学生的信赖。时隔近70年后,尤山度还记得老师们到学生宿舍辅导学生的情境,他感到老师们非常耐心,很喜欢学生。这种情感一直保持了几十年,2010年专修班庆祝成立60周年时,当年的师生重聚清华大学,老师们对首批交换生记忆深刻,尤感亲切。④ 这些都是专修班师生关系良好的佐证。

从学习背景看,首批匈牙利交换生是匈牙利政府选派的第一批留华学生,国家的重视一方面带给他们对自我价值的肯定,另一方面也激励他们对本国的责任感,他们希望在中国的所学日后能在本国有所发挥,⑤这是其来华学习的重要动因,也是他们来华后对中国的学习和生活能够采取较为积极态度的一个原因。专修班的其他交换生也都由社会主义国家选拔而来,身份认同有助于拉近匈牙利交换生与他们的情感距离。而专

---

① 访谈材料。被访谈人:尤山度;访谈时间:2017年7月17日;访谈地点:尤山度宅;访谈人:黎敏。
② 清华大学外国留学生工作办公室《冯忆罗访谈录》,清华大学外国留学生工作办公室《紫荆花开——清华大学东欧交换生中国语文专修班纪念》(内部资料),2011年,第76页。
③ 同上,第73—77页。
④ 访谈材料。被访谈人:尤山度;访谈时间:2017年7月17日;访谈地点:尤山度宅;访谈人:黎敏。
⑤ 同上。

修班的教师们也经过了包括政治标准在内的选拔,他们中间有不少是刚刚毕业的大学生,年龄与匈牙利学生相仿,所以匈牙利交换生们更愿意与这些年轻的教师交往,他们之间建立了没有秘密的关系。① 总体上,匈牙利交换生的学习背景为他们获得良好学习效果提供了积极的条件。

二、首批匈牙利交换生的学习过程

对其学习过程的观察是了解匈牙利首批来华交换生获得相应学习效果的一个重要渠道。教师的工作态度与实际教学情况、师生的相互作用、专修班的管理策略以及学生的学习状态等是具体了解匈牙利首批交换生学习过程的几个重要方面。

2.1 教师的工作态度与实际教学情况

2.1.1 教师的工作态度

前文述及,专修班的师资标准中极为看重教师的工作态度。在实际教学展开后,教师们虽然业务能力有别,但对这项工作意义的认识、对教学目标的理解以及工作热情是一致的。当时教师们的日常教学任务繁重,"基础课每天讲授两小时,练习课两小时,大部分教师都是每周12节课,课后又不顾疲劳经常到学生宿舍进行辅导",为了提高业务能力,他们挤出时间学习语言学、汉语方面的知识,参加编写教材,设计练习等,②绝大多数时间都用在了教学以及改进教学上。比如担任助教工作的冯忆罗、钟梫,学期中他们除了帮助教学翻译外,还要负责交换生们的生活事务;到了假期,他们又承担起组织交换生赴外地参观等活动。在将近两年的时间里,他们没有休息日,也无暇访亲问友,交换生们提出的合理要求,无论大小,也无论是个人的还是集体的,他们都克服困难,尽力满足。确如教师们所言,他们"把整个身心和精力都投入这个看似渺小、实际上是很伟大的工作中去了"③。

如果说对教学的态度表现出教师们的敬业精神,那么对于专修班教学问题的积极思考、献计献策则表现出教师们的责任心。以邓懿为例,她在专修班的筹建和发展过程中倾注了不少心血。1950年7月她执笔撰写了《东欧留学生的语文训练问题向教育部

---

① 访谈材料。被访谈人:尤山度;访谈时间:2017年7月17日;访谈地点:尤山度宅;访谈人:黎敏。
② 杜荣《对外汉语话沧桑》,《北京大学学报》(对外汉语教学中心成立十周年纪念专刊),1994年10月,第6页。
③ 清华大学外国留学生工作办公室《冯忆罗访谈录》,清华大学外国留学生工作办公室《紫荆花开——清华大学东欧交换生中国语文专修班纪念》(内部资料),2011年,第76、77页。

的报告》,对教学内容、教学方法、教学条件等作了细致规划。1951年初,东欧交换生陆续到达后,根据学生母语背景不同、学习汉语的难度大等客观情况,邓懿作为教学主要指导者对教学计划进行修改并组织讨论,在此基础上1951年6月专修班推出了更符合东欧交换生两年汉语预科学习的计划,即《清华大学东欧交换生中国语文专修班两年教学计划草案(修正稿)》(以下简称"草案"),这个计划在此后的教学中得到遵循。邓懿在1952年7月撰写的《清华大学东欧交换生中国语文专修班工作总结》中,对近两年来专修班在教学上的探索工作进行了极为细致的梳理。特别值得一提的是,专修班还考虑到汉语预科教学与学生进入专业学习后的教学衔接问题,认为仅学习了三个学期汉语的首批交换生入系学习专业后恐怕会遇到语言上的困难,建议届时可以通过专家指导、中国同屋帮助或者由专修班教师专门准备人力代为解答这些学生语文方面的问题。① 这类设计是专修班教师对东欧交换生培养的整体性考虑,在处于探索时期的对外汉语教学如何与学生的专业学习合理衔接问题上,这样的责任心显得极为必要而可贵。

2.1.2 专修班的实际教学情况

由于缺少经验和参考,针对首批东欧交换生的汉语预科教学主要在探索中进行,这一特点在教学方法和教学内容上都有所体现。

在教学方法上,专修班结合学生的反馈及时反思和调整,体现了以学生为中心的特点。对匈牙利学生来说,汉语的语音、语法、汉字学习都存在困难,最初为了学生掌握标准的语音,专修班花了大量时间指导学生进行语音练习,要求学生每周听六小时录音,但实施之后,因学生深感单调而调整为口语练习加听录音。在汉字学习方面,起初为了降低难度,教材中汉字只在词汇中出现,课文则采用罗马字拼音,但教学中发现,学生依赖拼音太久会造成拼音转为汉字阶段的困难,因此教师们很快采取在课文中开始使用汉字的方式,尽量让学生多看多念汉字,但不要求会写,这样一方面可以使学生逐渐习惯汉字的结构、形状,一方面不会使他们因为专注于汉字学习而影响投诸语音、语法方面的学习时间,以分散难点的方式解决零起点的东欧交换生初学汉语的困难。② 从学生的情况看,一些人对学习汉语有畏难情绪,认为汉语太难,特别是年龄大的学生,对学好汉语缺乏信心;也有学生认为中国语法无系统,因此对教师的教学没信心。针对这些想法,专修班一方面采取说服的方式,鼓励有畏难情绪的学生要有勇气和决心去克服各

---

① 邓懿《清华大学东欧交换生中国语文专修班工作总结》(1952年7月),北京语言大学档案馆,北京语言大学图书馆研究馆员何玲转录。
② 同上。

种困难,通过肯定学生已经取得的成绩帮助他们树立信心;①另一方面从教学上作出调整,如针对语法问题,教师们通过加强语法解释系统化、重点解释语法难点等方法,②帮助学生克服语法学习的困难,并以良好的学习效果打消了学生对教师教学能力的疑虑。由于学生母语不同,会英语的人很少,俄语的掌握程度也参差不齐,这给最初的教学造成很大困难,比如教师在对语法、字词讲解时,需要用英语给学生讲,然后由英语好的匈牙利学生用匈语讲给其他匈牙利学生,这种方式引起一些学生的不满。为了克服这个困难,专修班从第二学期开始就更加注重采用直接法,尽量摆脱翻译,让学生熟悉借助汉语听课的方法。

在教学内容上,依据教学目标,专修班在对学生的需求分析的基础上进行设计。比如有学生希望从政治上多了解中国,这恰好与"通过中国语文的学习,使对中国政治文化及其他方面获得初步认识"③的专修班教学目标相一致,因此专修班一方面组织他们参观卢沟桥、与志愿军英模座谈,了解中国人民的抗日战争和抗美援朝战争;④另一方面在教材中加入关于中国革命的内容,到第三学期还加入了一些原作,如毛泽东的《论人民民主专政》、魏巍的《谁是最可爱的人》等,同时还将对这些教学材料的正确解读作为原则性问题加以重视,为交换生从政治上了解中国提供充分的资源。又如,有些学生重视专业学习,轻视语言学习,希望按照专业选读自己的研究材料,对此专修班认为本阶段东欧交换生的任务是了解中国,需要充实关于中国的一般知识,其专业问题可通过教师加强对课文思想内容的阐释和利用口语练习检查听课效果的方式予以解决。⑤ 这些处理方式说明学生的要求是在服从专修班教学目标基础上得到满足的,这为他们更扎实地打好汉语基础提供了条件。

从上述两方面情况看,交换生们在专修班的学习中有敬业而富有责任心的教师指导,学生反馈的教学问题则得到专修班的积极回应、调整和改进。在学习需求上构成了师生双向良性互动,及时发现问题并着手解决,师生双方均以积极的态度对待面临的困难和问题,这对形成有效教学极为有利。

---

① 《关于半年来的教学总结及本学期教学计划——班主任盛澄华同志在本学期第一次师生大会上的报告》(1951年9月11日),清华大学档案,目录号:校办1,案卷号:52001。
② 邓懿《清华大学东欧交换生中国语文专修班工作总结》(1952年7月),北京语言大学档案馆,北京语言大学图书馆研究馆员何玲转录。
③ 《清华大学东欧交换生中国语文专修班两年教学计划草案(修正稿)》(1951年6月),清华大学档案,目录号:校办1,案卷号:520011。
④ 清华大学外国留学生工作办公室《冯忆罗访谈》,清华大学外国留学生工作办公室《紫荆花开——清华大学东欧交换生中国语文专修班纪念》(内部资料),2011年,第77页。
⑤ 邓懿《清华大学东欧交换生中国语文专修班工作总结》(1952年7月),北京语言大学档案馆,北京语言大学图书馆研究馆员何玲转录。

2.2 专修班的管理策略

与教学一样,当时对于留学生的管理也是一个探索的过程,其内容涉及学习与生活两方面。

首先,在学习上,专修班极为关注学生对汉语学习的认识,因为这直接影响到他们学习的积极性以及对教学纪律的遵守。1951年9月召开了专修班师生大会,针对有些交换生认为来中国不完全为学习中文,通过翻译著作和现实生活都可以了解中国的想法,班主任盛澄华解释了现阶段学好包括听说读写在内的中国语文的重要性,强调这是"能和那一国家的人民真正获得思想上与情感上的交流,能通晓那一国语言是最有利的条件之一"①。以国家间交往的需要为切入点,对认识上有偏差的学生进行说服教育,这对由各国选拔出来的党员、团员交换生来说易于接受,他们明白自己的使命,也怀有学成之后服务于自己祖国的热情。比如尤山度就很清楚,在中匈交往已然展开的情况下,匈牙利懂汉语的人才奇缺,而他们这一代人大多抱有服务于国家的意愿,这是那个时代的特点,就像二战后匈牙利老百姓拥有义务参加布达佩斯重建的热情一样。②

其次,在纪律方面,首批交换生初到中国时,对中国高校的纪律要求并不了解,对纪律约束也不习惯,加上因水土不服生病,出勤情况不好,甚至影响到学习进度。③ 对于这些纪律问题,专修班先收集各国学生小组书面或口头提出的意见,先后五次召开教学问题讨论会,找出影响纪律的主要原因,他们发现学生因到达时间先后不一,进度不同,打乱了教学计划;教师与学生之间缺乏媒介语,借助俄语翻译常带来语法说明上的偏差,④引起学生在课堂上的讨论,课堂纪律难以控制等,⑤都是构成交换生纪律涣散的原因。为此,专修班召开师生大会,将目前存在的问题、问题的原因以及解决问题的方法传达给学生,明确以请假制度保障教学。会上还对匈牙利学生小组提出的定期公布学习成绩、进行学习友谊赛的建议予以肯定,⑥对个别纪律差的学生提出批评。从请假这个管理措施制定的过程看,专修班充分调动学生参与,尊重他们的想法,让制度

---

① 《关于半年来的教学总结及本学期教学计划——班主任盛澄华同志在本学期第一次师生大会上的报告》(1951年9月11日),清华大学档案,目录号:校办1,案卷号:52001。
② 访谈材料。被访谈人:尤山度;访谈时间:2017年7月17日;访谈地点:尤山度宅;访谈人:黎敏。
③ 邓懿《清华大学东欧交换生中国语文专修班工作总结》(1952年7月),北京语言大学档案馆,北京语言大学图书馆研究馆员何玲转录。
④ 《关于半年来的教学总结及本学期教学计划——班主任盛澄华同志在本学期第一次师生大会上的报告》(1951年9月11日),清华大学档案,目录号:校办1,案卷号:52001。
⑤ 邓懿《清华大学东欧交换生中国语文专修班工作总结》(1952年7月),北京语言大学档案馆,北京语言大学图书馆研究馆员何玲转录。
⑥ 《关于半年来的教学总结及本学期教学计划——班主任盛澄华同志在本学期第一次师生大会上的报告》(1951年9月11日),清华大学档案,目录号:校办1,案卷号:52001。

更容易被了解和贯彻。其实际效果是,虽然一些不习惯受纪律约束的学生认为请假是形式主义,但是此后因为教学逐步走上正轨,学习变得很紧张,除病假外学生很少缺勤。①

2.3 交换生的学习状态

学生的学习状态与其学习动机紧密相关。尤山度说,二战以后很多年轻人如果有机会去大学学习,大部分人都很认真。所以,他们来到专修班以后,每天上午上四节课,下午是练习和辅导,晚上主要还是学习、练习汉字等,学习强度很大,但他们从未对此抱怨。那时,清华大学每天晚上十点熄灯,熄灯后他们都自觉点着蜡烛继续学习。② 清华大学的中国学生曾对交换生们的刻苦精神记述说,交换生们碰到中国学生就尝试着用汉语跟他们谈话,要中国学生纠正自己的发音;他们身上常带着生字本,中国学生教一句,他们就认真记下来;他们每个人有一个固定的语伴,每天一个小时对他们进行辅导。③ 互助也是交换生们克服最初学习困难的一种方法,在课堂上,英语或俄语好的学生,帮助给其他同学翻译老师讲解的内容,当然这得益于融洽的班级氛围。

由于匈牙利交换生均已本科毕业且已经工作,他们来华的目的之一是搜集未来博士论文的资料,④所以相较其他国家交换生,他们从事专业研究的愿望较强。在教师到其宿舍为之进行汉语学习辅导时,他们更多谈的不是关于汉语的问题,没有起到汉语辅导的作用。对此,专修班以水平较差的学生为准,为交换生列出课外读物,有余力的学生在完成这些阅读任务之后,可以查阅自己专业方面的参考书,⑤这类措施为满足学生个性化的学习需求创造了条件。

与课堂教学相比,让交换生们能更真切了解中国的是专修班为他们组织的各类参观活动。专修班克服各种困难,组织他们参观了名胜古迹、工厂、农村,他们真实观察到新中国成立带来的社会变革。

首批匈牙利交换生在专修班的学习过程,既是他们适应中国的教学、管理方式的过程,也是他们倒逼新中国对外汉语教学迅速发展的过程,双方磨合的结果是匈牙利学生从更多角度体验了新中国的成长,加深了他们对中国的理解,新中国的对外汉语教学也在教学、教材、教法以及留学生管理制度等方面逐步完善。

---

① 邓懿《清华大学东欧交换生中国语文专修班工作总结》(1952 年 7 月),北京语言大学档案馆,北京语言大学图书馆研究馆员何玲转录。
② 访谈材料。被访谈人:尤山度;访谈时间:2017 年 7 月 17 日;访谈地点:尤山度宅;访谈人:黎敏。
③ 清华宣传通讯组《东欧同学在清华》,《光明日报》,1951 年 9 月 14 日。
④ 〔匈〕Kalmár Éva《北京回忆碎片》,匈中友好协会《北京的匈牙利狂想曲》(内部资料),2014 年,第 49 页。
⑤ 邓懿《清华大学东欧交换生中国语文专修班工作总结》(1952 年 7 月),北京语言大学档案馆,北京语言大学图书馆研究馆员何玲转录。

三、交换生的学习效果

学习效果是教学效果的直接反映,它包括即时性学习效果与长效性学习效果两方面,二者可以结合实际教学效果和学生的评价进行观察。

3.1 即时性学习效果

即时性学习效果主要包括两个方面,即教学目标的实现情况与学生取得的实际学习成绩。

1950年7月,邓懿《就东欧留学生的语文训练问题向教育部的报告》中将专修班的预期教学目标定为"在一年内掌握普通的中国语文解决一般生活问题"①。1951年6月修正后的"草案"中,第一学年的教学目标是"1.建立良好的发音基础;2.掌握1 500字左右的常用字汇;3.了解并运用基本的语法;4.能写清晰、正确的汉字;5.能以口语应付日常生活"②。1951年9月,班主任盛澄华对首批交换生半年来的学习情况作了总结。他说半年来的成绩体现在学生一般都打下了较好的发音基础;一些学习刻苦的学生已经开始用汉字写短文,成绩出色;试行政治课后,反映良好等方面。③ 具体来看,在语音方面,交换生们在第一学期每天用在听录音上的时间一度达到6小时,在高强度的训练下,第一学期结束时有5/6的学生语音达到了标准,其中匈牙利学生的情况仅次于最好的罗马尼亚学生。在汉字方面,因教学经验不足,启蒙阶段汉字出现少,学生接触汉字晚,所以第一学期结束时,首批交换生掌握汉字为1 200个。在第一学年结束时,首批交换生口语已经能应付日常生活,4/5学生能够用浅显文字表情达意。④ 由此看,第一学年的教学目标基本达到。

关于第二学年的教学目标,"草案"中规定:"1.加学2 000字左右的常用字汇;2.进一步掌握中国语法;3.能写通顺的文字;4.能作简单的口头报告与演讲;5.能使用字典、辞典等工具书阅读一般书报。"⑤教育部为专修班规定的是1950年9月—1952年9月

---

① 邓懿《就东欧留学生的语文训练问题向教育部的报告》(1950),清华大学外国留学生工作办公室《紫荆花开——清华大学东欧交换生中国语文专修班纪念》(内部资料),2011年,第53页。
② 清华大学东欧交换生中国语文专修班《清华大学东欧交换生中国语文专修班两年教学计划草案(修正稿)》(1951年6月),清华大学档案,目录号:校办1,案卷号:520011。
③ 《关于半年来的教学总结及本学期教学计划——班主任盛澄华同志在本学期第一次师生大会上的报告》(1951年9月11日),清华大学档案,目录号:校办1,案卷号:52001。
④ 邓懿《清华大学东欧交换生中国语文专修班工作总结》(1952年7月),北京语言大学档案馆,北京语言大学图书馆研究馆员何玲转录。
⑤ 清华大学东欧交换生中国语文专修班《清华大学东欧交换生中国语文专修班两年教学计划草案(修正稿)》(1951年6月),清华大学档案,目录号:校办1,案卷号:520011。

两年学习计划,但由于首批交换生到达的时间不一,专修班实际开课时间是 1951 年 1 月,因此,到 1952 年暑假前,首批交换生实际只学习了三个学期,此时,他们大都已经掌握 2 000 个汉字和 3 500 个词汇,口语能应付日常生活,4/5 的学生能用浅显通顺的文字表情达意,能够进行简单的报刊阅读并对教材中的理论文进行讨论,虽然没有对东欧学生适用的字典,但他们已经可以根据英汉、俄汉字典辅助学习了。当然,学生特点不同,对不同知识的掌握情况各有特点。如匈牙利学生中,梅维佳的年龄稍长,语音纠正困难,但是她的语法知识掌握得非常好,在 1951 年第一学期期末考试中,她的笔试成绩是匈牙利学生中最高的。上述这些即时性学习效果表明,专修班实现了既定的教学目标,为交换生们进入专业学习提供了必要的条件。

3.2　长效性学习效果

所谓长效性学习效果是指阶段性学习对学生此后的学习以及职业发展产生的影响。具体到首批交换生,长效性学习效果需要通过对他们在进入专业学习以及此后的社会性工作中所取得的成绩进行观察,这些是对其汉语预科学习效果以及它施以影响的学生的学习、研究兴趣的检验。

在结束专修班汉语预科学习后,交换生们进入不同大学开始了专业学习。与其他国家交换生进入本科学习不同,匈牙利交换生们都开始了研究生学习。高恩德、梅维佳就读于北京大学中文系;尤山度、戴伯纳先分别就读于北京大学历史系和经济系,1953 年二人分别转入中国人民大学革命史教研室和政治经济学教研室学习。在专业学习期间,有些人已经展露了自己的专业倾向,比如高恩德 1953 年初就开始跟翻译家孙用合作翻译裴多菲(Petöfi Sándor,1823—1849)的诗,1954 年 10 月他们合作翻译的《裴多菲诗选》由人民文学出版社出版,至 1962 年,该书共再版 6 次,出版十万多册。同时,在学期间他还撰写发表了《裴多菲的中国之路》(1952 年)、《裴多菲·山道尔》(1954 年)等文。受王瑶等北京大学名师影响,他对中国现代文学,特别是鲁迅研究产生浓厚兴趣,这些为他日后成为匈牙利鲁迅研究专家以及将中国现代文学介绍到匈牙利打下了坚实基础。1954 年,戴伯纳得到中国人民大学校长吴玉章的支持,获得独自赴天津、上海等地进行关于中国政治经济调查的机会,这次调查为他的硕士毕业论文《中国资本主义工商业的社会主义改造》提供了可靠的一手材料。

1955 年毕业回国后,戴伯纳、高恩德立刻被委派到匈牙利驻华使馆工作,尤山度则进入匈牙利外交部。在中匈两国交往中,特别是在中国重要领导人出席的与匈牙利有关的外事活动中,他们都担任过翻译,真正成为沟通两国关系的桥梁。1957 年以后,尤山度、高恩德先后回到罗兰大学中文系任教,他们是第一代以规范的现代汉语进行中文教学的匈牙利本土教师,他们的加入还拓展了该系的研究领域,使以往重视中国古代历史、文学、宗教研究的学脉延伸至中国近现代历史与中国现当代文学的研究。尤山度1966年以《中国与奥匈帝国》为题完成了他的博士论文,高恩德的《"五四"运动和中国新文学的开端》(1959年)、《中国的新诗》(1959年)、《匈牙利文学在中国》(1968年)等都可视为这种拓展研究学脉的标志性成果。1958年后,戴伯纳进入匈牙利科学院经济研究所专门从事中国经济问题研究。虽然从20世纪60年代初到70年代末近20年时间里,由于无法获得中国经济数字,他的研究陷于停顿,但到2017年时,他已经发表100多篇文章,出版了《中国经济和政策》《中国政治经济改革》等四部专著,这些成就奠定了他作为匈牙利中国问题顶级专家的地位。

3.3 交换生对在华留学经历的评价

学习者对学习经历的评价也是考察教学有效性的一个变量,对学习经历持何种评价一定程度上反映了学习者的学习体验与感受,积极的评价意味着学习者对学习过程的肯定、接纳,如果学习者的评价与教学目标一致,说明教学取得了预期的成效。

在"草案"中,除了语言上的教学目标以外,还包括"通过中国语文的学习,使对中国政治文化及其他方面获得初步认识,以加强东欧新民主主义国家与中国人民间在文化上、思想上及情意上的交流"①。关于"对中国政治文化及其他方面获得初步认识"这一目标,从前述匈牙利交换生在此后的学习以及工作经历、研究成果看,专修班的教学实现了这个目标。而"在文化上、思想上及情意上的交流"目标则可从交换生对这段学习生活的评价中进行观察。

对在中国的留学生活,戴伯纳评价那是"决定我一生命运和工作的阶段"②。高恩德认为"那是很幸福的时光,我在中国从未感到陌生,我习惯了那里的一切","你们国家那时还不富裕,对我们却照顾得无微不至"③。尤山度说一生中他最喜欢在中国的留学时代和后来在北京外国语大学任客座教授的时代,④他说到中国留学"彻底改变了我的人生",当时的老师都是非常优秀的教师,到1955年留学生活接近尾声时,"我已深感在中国生活就像在家一样"。⑤ 这些基调接近的表述说明他们对在中国的学习生活评价

---

① 清华大学东欧交换生中国语文专修班《清华大学东欧交换生中国语文专修班两年教学计划草案(修正稿)》(1951年6月),清华大学档案,目录号:校办1,案卷号:520011.
② 访谈资料。被访谈人:戴伯纳;访谈时间:2017年4月29日;访谈地点:戴伯纳宅;访谈人:黎敏。
③ 侯凤菁《匈牙利的汉学家》,《瞭望周刊》1987年第24期,第34页。
④ 访谈资料。被访谈人:尤山度;访谈时间:2017年3月2日;访谈地点:尤山度宅;访谈人:黎敏。
⑤ 尤山度《六十年关系回眸——一位81岁老人、匈牙利首批留华生的回忆》,北京外国语大学欧洲语言文化学院《欧洲语言文化研究》(第5辑),北京:时事出版社,2009年,第268、270页。

积极,充满感情。从这个意义上说,专修班的教学实现了"在文化上、思想上及情意上的交流"目标。

结　语

从以上对首批匈牙利交换生的学习背景、学习过程和学习效果的观察分析可以看到,师生意识形态一致的背景容易形成师生、生生的双向认同、宽容和理解,这为解决新中国对外汉语教学初期面临的各种困难提供了积极的条件;同时,教师倾力教学,学生刻苦学习,师生在教与学的总体目标上趋于一致,这是本时期教学效果能够令人满意的重要前提。经过这段基础性的汉语学习,专修班的教学实现了其教学目标,并成功地使由此获得的教学效果支撑了学习者此后的学习、工作、研究。在应对教学、管理中的各种问题中,新中国的对外汉语教学积累了宝贵的经验,为它此后逐步发展为一个独立学科奠定了基础。因此,在新中国对外汉语教学史上,清华专修班的教学具有特殊意义。

此外,谈及本时期对外汉语教学效果,不能忽视的是它在人才培养上的显著成效。1959年3月24日,费正清(John King Fairbank)在华盛顿举行的亚洲研究协会第十一届年会的主题发言中说,"事实上,美国的亚洲专家很少有深入亚洲生活的经验。其知识来自学习而非源于生活,常常是资料掺和着想象。我们在美国国内工作,生活于亚洲的现实之外,远离亚洲的日常情感和心灵视界",他认为,这样的欠缺使亚洲革命与西方学术之间接触不充分,造成相关研究的浅薄,"作为学者,我们通常不能洞悉、体验或感受亚洲人生活中的革命性变化。结果是,我们理解不了其激情的内涵及变化的价值,因此就不能解释它们"。[①] 与费正清所说的那个时代美国的亚洲研究学者相比,经过专修班的培养,首批东欧来华交换生显然获得了得天独厚的了解中国现实的机会,他们不仅在课堂上学习了中国革命、政治、文学、历史等知识,而且通过参观、听讲座等教学活动以及日常观察真实感受了新中国社会变化的内涵和价值,这些不仅拉近了他们与中国的距离,而且此时他们所获得的对中国的认知、感受,构成了他们从事中国研究、中国文学翻译以及中匈交往的理解基础。这些不仅是对新中国对外汉语教学发展初期教学有效性的一个诠释,而且也启发我们今天对通过对外汉语教学培养什么样的人才的思考。

---

① 〔美〕费正清《扑朔迷离:美国的亚洲研究》,朱政惠编《美国学者论美国中国学》,上海:上海辞书出版社,2009年,第81—82页。

清华大学东欧交换生中国语文专修班两年教学计划草案①
（修正稿）

1951年6月

说　明

我班于六月份连续举行五次教学问题讨论会,总结了半年来的教学经验,认为原订教学计划草案尚有加以修正的必要,时再拟定修正稿。

本稿修正处主要基于下列精神:

(一)贯彻语文教育与思想教育的结合。

(二)加强语文教育本身的整体观念(包括听、说、读、写)。

(三)订出更明确与具体的学习任务。

(四)修订第二学年语文课程与其他政治文化课程的比重。

第二学年的教学计划由于尚无经验。依然是很纲领性的,必须俟第一学年计划全部获得实施后,再做更具体的规定。

一九五一年六月

（一）实施总则

一、教学目标　培养东欧学员掌握中国语文的一般能力,包括听、说、读、写,并通过中国语文的学习,使对中国政治文化及其他方面获得初步认识,以加强东欧新民主主义

---

① 该草案目前所见凡四种:李滔主编《中华留学教育史录(1949年以后)》(简称"李滔版"),北京:高等教育出版社,2000年,第291—293页;程裕祯主编《新中国对外汉语教学发展史》(简称"汉办版"),第14—16页;清华大学外国留学生工作办公室《紫荆花开——清华大学东欧交换生中国语文专修班纪念》(简称"紫荆版"),未公开发行,第57—60页;清华大学校史研究室《清华大学史料选编》(第五卷上)(简称"清华校史版"),第406—410页。其中李滔版、汉办版、紫荆版内容相同,唯清华校史版为修正稿,内容有修改增益,本刊所采。

国家与中国人民间在文化上、思想上及情意上的交流。

二、教学原则　运用科学的观点与方法,力求理论与实际相结合。

三、实施步骤　第一年以打稳语文基础为中心工作,第二年除巩固并提高已有的语文能力外,应辅以政治科目及其他有关的文化科目。

(二)第一年教学实施方案

一、任务　在第一年内使学员逐步做到下列各项:

1. 建立良好的发音基础。
2. 掌握一千五百字左右的常用字汇。
3. 了解并运用基本的语法。
4. 能写清晰、正确的汉字。
5. 能以口语应付日常生活。
6. 能用浅显文字表情达意。
7. 略能使用字典。
8. 能阅读简易书报。

二、课程分配　第一学年课程设读本及语法、口语、造句及作文、书法练习四课,并辅以单授,其每周时数分配如下:

科目		读本及语法	口语	造句及作文	书法练习	单授
每周时数	第一学期	6	6	3	5	时数视需要而定
	第二学期	6	6	3	6	(同上)

注:此表原稿为竖排。

上列课程应以读本及语法为中心,其他课程围绕读本及语法作有机的配合。除语文课程外,每月作政治报告一次,计划另订。

三、教材及教法

1. 读本及语法

a. 本课程前两周介绍中国语文特点,并教罗马拼音字母、练习发音,此外为检查学生发音进步之情况,每月为学生灌音一次,以便纠正灌音中所发现的缺点及错误。

b. 读本文字,应逐步由浅入深,课本最初以汉字与罗马拼音并列,至相当阶段,除生字外,正文中全部摆脱罗马拼音,使学员习惯于阅读汉字。内容第一学期以日常生活为主,力求切合实际。第二学期以时事及中国一般情况的介绍为主,并以下列题材为重点:

(1) 中国人民的日常生活与习俗。
(2) 中国伟大的史实。

(3) 中国劳动人民的成就及革命事迹。

(4) 人民领袖及模范英雄的言行。

(5) 游记及景物的描述。

(6) 文艺杰作的介绍。

(7) 毛泽东思想选录。

c. 语法应结合课文,第一学期使学员对中国语法获得初步认识,第二学期继续作深入学习,教员由已习的材料中搜集例句,引导学院观察、比较、并找出规律,再反复练习运用。每达到一个相当阶段,应将已习语法要点,作总结叙述,并使之部分系统化,每课课文后附有练习。

2. 口语 配合读本及语法,由朗诵、正音逐渐发展到对话及简短的演说、报告等练习。

3. 造句及作文 配合读本及语法,目的在巩固已学习的字汇及语法,并发展活用能力。由简单造句逐步提高到写作短文。

4. 书法练习 以介绍中国书法特点入手,然后配合读本,练习书写。练习中应使学员注意文字形体的正确,书写的整洁与连贯。

5. 单授 由教师帮助个别学员,解决其在学习上的各种困难,特别着重照顾程度较差学员。

（三）第二学年教学计划纲领

一、任务 在第二学年内要求学员做到下列各项:

1. 加学两千字左右的常用字汇。

2. 进一步掌握中国语法。

3. 能写通顺的文字。

4. 能作简单的口头报告与演讲。

5. 能使用字典、辞典等工具书阅读一般书报。

二、课程配置与比重

1. 语文课程(60%)

a. 现代文选。

b. 文法与修辞。

c. 作文与演讲。

2. 政治与文化课程(40%)

a. 新民主主义革命运动简史。

b. 中国史地概要。

c.专题报告(包括国内形势、当前重要政策、新文学运动、毛泽东文艺思想及中国美术等)。

三、实施原则

1.课程概以直接讲授法进行,但须随时顾及学生语文水平,必要时得由助教采取各种方法协助。

2.政治及文化科目内容要能深入浅出,着重简明、扼要与全面。

3.语文课中之现代文选一科,须注意思想之正确及文字之纯洁与实用。

4.除语文课程外,其他课程配置的时间、先后、长短应具适当的灵活性。

——完——

清华大学档案,目录号 校办1,案卷号 520011

姜丽萍主编《汉语国际教育研究论集·教学卷》出版

北京语言大学姜丽萍教授主编《汉语国际教育研究论集·教学卷》近日由商务印书馆出版。

本书以当今汉语国际教育教学领域普遍关注的先进教学理论、教学模式、教学资源、测试、教师成长等为主要内容,选取近年来的部分代表性研究成果以及对未来发展有启示作用的论文结集成书。论集主要读者对象为需要了解汉语国际教育教学研究领域最新成果、研究动态的专家学者,希望提高教学理论水平、开阔视野、丰富教学实践经验的一线教师,以及想要了解该领域理论与实践相结合的代表性成果的研究生。本书对汉语国际教育领域的教学发展有积极的促进作用。

关于半年来的教学总结及本学期教学计划
—— 班主任盛澄华①同志在本学期第一次师生大会上的报告

(1951年9月11日)

同志们：

今天我的报告，仅限于教学问题，不在这个范围以内的问题，准备另外开会来谈。这个报告主要分两部分：半年来我班的教学总结，本学期的教学计划。

这个报告主要是根据上学期期终五次有关教学问题的讨论会所作的总结，并结合平时各学员小组口头或书面所提的意见，但可能仍不够全面，而且有些意见也许不一定恰当，希望同志们听了以后加以讨论，如有疑问或其他意见，可以再作补充或改正，关于报告的第一部分，想分四方面来讲：

1. 半年来的一些基本情况

① 我班上学期共有东欧四个国家的22个学员，他们是分六批到校的，最早的在十一月底，最晚的在二月底。由于先后不同，曾在教学进行上发生不少困难，尤其在教学进度上早到的不能不迁就晚来的，晚来的又须追赶早到的。教师方面则疲于补课，不能有充分时间去计划工作。

② 教师与学员间缺乏媒介语言。学员一般都懂俄文，教师懂俄文的很少。由于教学上须经过一道翻译，不仅很费周折，有时还不易正确。

③ 我们对工作缺乏经验，事前准备与估计不够，到后期较有改进。

④ 虽然如此，基本上还算完成了半年来的任务，也即教了近600左右的汉字、初步的语法，使同志们已开始能说一些中国话。

2. 主要收获

我们作最保守的估计，认为以下几点是可以肯定的：

① 学员一般都打下较好的发音基础。

---

① 盛澄华(1912—1970)，浙江萧山人。曾任复旦大学外文系教授、清华大学外国语言文学系教授及系主任，1952年随院校调整转入北京大学西方语言文学系。

② 有些学员学习一贯积极,富于钻研精神,已能开始用汉字写作短文,成绩是很出色的。

③ 教师在实践中取得了一定的经验,对今后改进工作有很大的帮助。

④ 后期试行政治课,反映良好,但可惜开始得太晚了。

3. 工作中的缺点

过去半年中,对这方面,同志们直接或间接向我们提了不少意见。这些意见基本上是正确的,是和我们在学期结束时检查与讨论教学情况所得的结论相符合的。关于上学期教学上的缺点,我们经过分析与讨论以后,主要归纳出这几点:

a. 教材内容与现实很有距离,缺乏政治性,不能反映新事物。

b. 教材全部采取会话形式,造成纯口语现象,并使文法解释上增加困难。

c. 未能及早摆脱罗马拼音,产生忽视汉字现象。

d. 文法介绍不够有系统,有些地方太枝节。

e. 选择基本词汇的标准不明确。

这些情况反映了我们还不够深入地研究了具体对象与条件来进行教学,这是我们今后在工作上特别值得注意的一点。

4. 几个需要明确的问题

(a) 学习任务

同志们的学习任务,根据教育部的指示和我们的了解,在现阶段首先是要学好中国语文,包括听、说、读、写。这一点我们在思想上是明确的,但过去半年中,在同志们方面,似乎看法还并未完全一致,有的同志认为到中国来,不完全为学习中文。这样说是完全正确的。但是如果认为当前首要任务并不是要把中文学好,那样提我们认为是不恰当的。

我们和各人民民主国家的文化交流是巩固与加强以苏联为首的进步与和平阵营中各兄弟国家之间的友谊所不可缺少的一环。要能和那一国家的人民真正获得思想上与情感上的交流,能通晓那一国语言是最有利的条件之一。有些同志认为从翻译的著作中,从现实生活中都可以了解中国,那也是对的,但那样总很难是全面的,也不可能是深入的。所以我愿意趁此机会再明确地来指出同志们当前的学习任务。

(b) 学习的进度问题

过去半年中,同志们一般认为我们的教学进度太慢,有的同志说:"好像赶鸭子一般",但教师们的意见则一直认为部分同志在学习上不够积极,有的常有缺课现象。

我觉得教学进度问题必须按照我们的实际情况来决定。我们不能凭空拟出一套好高的计划而结果不能实现,相反,我们订的教学计划如果已经赶不上客观形势,那就必须加以调整。

过去半年中教学进度较慢是有它客观的一些原因,其中之一,刚才已指出过,是由于同志们到校先后不一致而我们又没有办到几个同志就另开一班的主观条件。另一方面,部分同志学习上未能充分发扬积极性,这现象也确实存在。这一点值得师生双方的注意。一般说,教师们对待教学的态度都很认真,但认真还不是做好教学工作的全部条件,这里面还缺少什么,值得教师们虚心加以研究。

(c) 对学习中文"难""易"的估计问题

有的同志认为中文太难学,有的同志认为年龄较大,不一定能学好,信心不够。我的看法是学好哪一国文字都不容易,主要是当我们感觉某一种文字对我们有需要,那就可以有勇气和决心去克服各种困难。同志们在上学期去参观了人民大学,听过马克西玛娃教授关于中国同志学习俄文的介绍。俄文谁也承认并不容易学,而对于我们中国工农出身的干部来说,由于过去受教育的机会少,一般文化水平还低,学习上的困难尤其多,但是他们有信心把它学好,因此,也就学出成绩来,这是一个现成的例子。以同志们来说,过去半年的学习,总的说,成绩并不坏,再能多努力一把,一定可以达到更好的成绩。

过去半年中,同志中也有存在着另一种想法的,那就是把学习中文估计成太容易。认为无需全力以赴,也可以学好。确实,学会说一些中国话,一般说,并不是难事,更难的是掌握中国的文字。由于中国的文字已有三千年以上的历史,字汇丰富,用法巧妙,而且随时你会遇到成语与典故。而另一方面由于文法这门科学还没有很好的建立起来,因此特别增加了是[①]学习上的困难。所以如果把学习中文估计成太容易,以后要吃大亏的。

(d) 两年以后学习些什么?

这问题是半年来同志们经常所最关心的。有的同志说,你们订了两年计划,为什么不订三年的或四年的?必须说明这不在我们语文班的任务以内。我们的任务是在两年内使同志们打下中国语文的基础。至于以后,那要根据同志们各自不同的文化水平和研究范围转到不同的研究机关或学校去学习,而不是在我们这里。这一点我想是可以肯定的。

以上是我的报告的第一部分。

报告的第二部分要谈一谈本学期的教学计划。

我们吸取了过去半年来的教学经验,在上学期结束时,认为有必要重新修改原订的

---

① 此处"是"应为赘余。

两年计划。修正后的教学计划还在等待教育部的批示,因此今天要谈的只是根据计划的要点结合当前具体情况所布置的本学期的实施方针与步骤。

下面我预备分四方面来讲:

1. 本学期情况估计

(a)学员

本学期新来的学员,我们估计最多不会超过十三人。其中捷克同志四人已到校,其余可能在月底或下月初到校。为了避免发生去年先后参差不齐的情况,这次我们决定等一等,希望能在下月底或月初起正式授课。这批新来的学员,今后我们称为第一级学员,其中个别已学过中文而有一定的水平的可插入第二级听课。

上学期已到校学员我们称为第二级学员,其中除文采琳同志因当时到校最晚,以后长期住医院须从第一级学起以外,其余都将合在一起上课(包括旁听生张玛亚同志)。课业从本月十三日开始。

(b)教师

上学期原有四位,本学期又增聘两位。第一级教学由邓懿同志负责,杜荣及熊毅同志协助工作,第二级由王还同志负责,傅惟慈和焦庞颥同志协助工作。此外我们组织了一个翻译小组,由冯忆罗、钟梫、傅惟慈三位负责。

(c)教材

今年暑期曾把第一级教材全部加以改编,同时新编了第二级教材,并且根据了同志们的要求,把政治课教材编在一起。教材并未全部编成,拟先试教,看一看学员的反映再续编下去。将来打算再约请一些专家来对我们的教材提供意见,作进一步的修改。必须说明我们当前在这方面的工作做得还不是很理想的,我们必须不断在实践中吸取经验,逐步获得改进。

2. 如何进行本学期的教学

这里首先要指出当前一个特殊情况:虽然现在我们已有两级,实际这两级本学期都还是第一学年的课程。第一级今后可以按照两年计划进行,第二级由于过去少学了半年,因此必须争取在一年半中完成两年的学业,所以本学期负担较重,这点特别需要注意。

本学期课程两级都是每周廿小时。

第二级每周读本及语法六小时,口语六小时,造句及作文三小时,书法练习五小时。其中以读本及语法为中心课程,其他课程围绕读本及语法作有机配合。

第一级也以每周六小时的读本及语法为中心课程,但由于最初经过学习发音阶段以及一开始所学字汇有限,因此,除书法练习以外,口语与造句暂时不分,合起来称为练习。

其他为帮助成绩较差学员解决困难,两级都设有若干小时的单授。

第一级学员(即新到校学员)在本学期要争取达到下列目标:

(1)建立良好发音基础;

(2)至少掌握七百汉字的常用字汇;

(3)了解并运用最基本的语法;

(4)能写清晰正确的汉字;

(5)以口语应付日常生活;

(6)以浅近文字表情达意。

第二级学员(已学过半年的学员)在本学期要争取达到下列目标:

(1)新增九百个字汇;

(2)能阅读简易书报;

(3)能听懂简易演讲报告;

(4)能用中文作简短演讲或报告;

(5)能写成段简单文章;

(6)略能使用字典。

如何争取达到这些目标,也即有关每一种课程的性质、具体内容和学习方法将由各教师在第一堂上课时向同志们再作说明。

此外为了不断能改进我们的教材与教学方法,本学期我们组织了教学研讨会,由全体教师参加。这个会主要将为以后成立教研室创造条件。

关于本学期的教学情况我要说明的大致如此。

3.关于政治报告

同志们很关心这件事情,上学期我们虽经争取,却未能实现。本学期准备有计划的来做,打算从十月中起,由教育部约请校外有经验的同志来做下列几个报告:

(1)中国革命的历史特点,指出中国社会性质及其发展规律如何决定了中国革命的性质与任务。

(2)中国革命发展的过程及其主要经验。

(3)中国共产党与中国工人阶级。

这三个报告都是有关中国革命的一些基本问题。其他三个报告包括当前国家建设问题:

(1)政权建设,包括人民民主专政的国体与政体、少数民族及人民军队等问题。

(2)经济建设,包括旧中国的经济面貌,新中国成立以来经济建设上的伟大成就,此外同时要讲到我们的经济政策、土改问题、工商业问题、积累资金等问题。

(3)思想建设,包括解放前的文教面貌;解放以来所展开的大规模思想教育运动,当前的文教政策等问题。

这张支票开出去容易,兑现比较困难,但我们一定要尽力促使实现。

4.几件要促起注意的事情

(a)关于罗马拼音和国语

同志们必须弄清楚罗马拼音并不是我们中国的文字,而是为帮助学习汉字发音的工具。这种工具除了罗马拼音外还有拉丁拼音、注音字母等,当前各地都在试验,我们这里试用了罗马拼音教发音,从过去半年的经验看是有成绩的,因此本学期继续采用。上学期有些同志发音,尤其是四声感到很苦恼,其实能坚持的都得到很好的效果。

当前中国文字的发音各地距离还很大。我们国语的发音基本上就是北京地区的发音。把这一地区的发音称作国语,并不是由于全国各地大多数人都是这样发音,而是这样发音最能为全国大多数人所听懂。随着今后形势的发展,显然以后国语是会普及起来的,所以同志们应该先学国语,学了国语其他各地的口音只要多接触是很快可以听懂的。

(b)关于扩大字汇

这一点当前对第二级学员非常重要,因为要能阅读一般简易书报,光靠课文中的生字还是不够的。希望同志们能主动的在日常生活中随时注意记认汉字。我们从九月起替每间屋子订了《人民日报》,主要也是为了这个目的。同志们遇到了中国朋友时,可以随时以这一份报纸作为谈话与学习的资料。

(c)关于学习纪律

要作好一件事情必须要有计划;有了计划必须要能共同遵守与执行,学习当然不是例外。但是一般讲,过去半年中,有些同志对于学习纪律是不够自觉地遵守的。我们今后要订出请假制度,并且希望大家都能自觉地遵守。

上学期匈牙利小组的总结中曾向我们建议,主张把同志们的学习成绩定期在墙报上公布,这样可以引起友谊竞赛,鼓励学习。我们觉得这个意见可以提请大家考虑。

今天我的报告大致就到这里。现在请同志们分组加以讨论,并由每组推出代表发言。

清华大学档案,目录号 校办1,案卷号 52001

教育部关于选拔中文系在校学生
培养出国讲学教师的通知①

(1961年12月5日)

建国以来,根据对外文化交流的需要,我国每年都选派一批汉语教师到有关国家任教,效果良好,对促进双方文化交流起了显著的作用。随着我国国际地位的不断提高,对外文化活动有了进一步的发展,尤其是近两年来我国同亚洲、非洲、拉丁美洲各国友好往来日渐频繁。今后将会有更多获得民族独立的国家聘请我国的语文教师前往任教。但是,这些国家由于条件的限制,不能为我国派出的教师配备翻译,他们要求我国的教师,能够用外语讲授汉语。这就给我们选拔出国任教的教师提出了更高的要求,必须采取有效措施,才能适应新形势的需要。为此,我部研究,今后派遣教师出国任教,必须贯彻两条腿走路的方针,除每年选派一定数量的在职教师外,同时还要积极培养一批既有汉语专业知识又有一定外语水平的教师,使之固定下来,以备轮流出国任教。为了达到这个要求,经征得国家计划委员会的同意,我部决定从有关综合大学和师范院校中文系三、四、五年级学生(即1962、1963、1964年毕业生)中选拔160人,一面学习本专业,一面分别学习英、德、法、西班牙、阿拉伯等国语言。现将有关问题作如下通知:

(一)选拔学生的条件,在政治上必须符合中央组织部关于出国人员审查标准的规定;学业成绩优良,能讲普通话,学习外语有培养前途;身体健康。各校选拔的人数不作规定,请你们正确掌握审查的标准,根据实际可能进行选拔。选拔时,凡是符合上述条件者,经学校党委审查后,按附表要求开列名单于1月10日以前报部,以便汇总平衡,报国家计划委员会备案,毕业时参加国家统一分配,并列入我部培养出国教师的名额之内。

(二)对选拔符合条件的学生,根据各校设置外语专业的情况和出国讲学的需要,采取集中培养和分散培养相结合的办法,除1962年毕业生将来需要集中学习西班牙、阿拉伯语外,1963年、1964年的毕业生则留你校培养,并规定必须学习外语。对这些学生的培养要求和培养方法,由于缺少经验,还很难提出确切的意见,我们初步考虑:

---

① 选自何东昌主编《中华人民共和国重要教育文献》,海口:海南出版社,1998年,第1072页。

(1)在他们学习期间,仍以学习中国语言文学为主,打好中文基础,同时适当减少专门组课程,增加外语教学时数,要求他们毕业时外语即具有一定的基础,毕业后仍在原校继续培养,经过一二年专门训练,其所学外语在听、说、写、读等方面能达到较熟练的程度,以便使他们具有运用外语讲授汉语的能力。

(2)在培养期间,各校对他们政治上和业务上的成长,应给予足够的重视和关怀。首先,应当根据上述要求,制订切实可行的培养计划,采取有效措施,安排他们学习外语。同时,各校应切实做好思想工作,可以向选拔出来的学生说明我部意图,动员他们接受这项光荣任务,努力学好中文和外语。

(三)这些学生未毕业前仍按助学金待遇,毕业后作为我部储备出国讲学的教师,列入各校编制(计算师生比例时可将他们除外),留原校任教(1962年毕业的学生我部另作安排)。其工资待遇和生活福利以及职务的确定和提升,均和本校教师一样。经过培养以后,将根据需要,由我部派遣轮流出国,归国后仍回原校任教,以便积累出国讲学的经验。

以上各项,请你校根据实际情况研究执行,并将安排学生学习外语的情况和存在的问题,于1962年2月底以前报告我部。

附件:

选拔中文系学生培养出国讲学教师的名单(略)

根据教育部文件刊印

韦钰在1961—1964届出国汉语储备师资纪念座谈会上的讲话①

今天,我十分高兴来参加"1961—1964届出国汉语储备师资纪念座谈会"②。我代表教育部和国家对外汉语教学领导小组向你们表示热烈的祝贺和感谢,祝贺你们几十年来为培养各国汉语人才,促进中外文化交流,加强我国和各国人民的友谊所取得的丰硕成果,感谢你们为此付出的辛勤劳动。

我国有计划、有组织地培养对外汉语教学师资是从1961年开始的,当时周恩来总理亲自指示要建立这样一支队伍。1961—1964年一共培养出国汉语储备师资100多人。以后由于各方面的原因,部分同志离开了这个队伍,长期在这个岗位上工作的有80多人。从那时到现在已快40年了。这期间国家发生了重大的变化,对外汉语教学也有很大发展。这个群体中的大部分同志已经退休,还有一部分同志即将退休。在这个时候召开纪念座谈会,总结过去、展望未来,是很有意义的一件事,对我们今后对外汉语教师队伍的建设,进一步推动对外汉语教学工作,也一定会产生积极的推动作用。

六十年代初的这一决策,在我国对外汉语教学工作教学史上影响是深远的,不但在我国的"民间外交"战线上创建了一支新的生力军,而且为我国对外汉语教学事业的进一步发展打下了坚实的基础。在座的诸位老师,几十年来,足迹遍布世界五大洲,你们中的许多人以精湛的业务知识、高尚的职业道德、忘我的工作精神,向世界人民展示了新中国教师的形象,表现了中国人的美德。你们无论是在艰苦的亚、非、拉地区,还是在发达的欧美国家,都能克服工作上、生活上的种种困难,有的甚至冒着所在国政局动荡的艰险,毫不动摇,始终以推广汉语、弘扬中华文化为己任,辛勤地耕耘,严格地要求自己,不辱使命。你们正是通过一丝不苟的教学活动和与当地人民的广泛交往,不仅传播了中华文化,还把中国人民的精神风貌和中国人民的友谊带给了世界人民,受到了当地

---

① 选自赵永魁《汉风五大洲——共和国出国汉语师资自述录》,北京:人民日报出版社,2003年,第1—5页。

② 由国家汉办主持的"1961—1964届出国汉语储备师资纪念座谈会"于1999年7月29日至30日在北京大学召开,教育部副部长韦钰到会讲话,并向全国15所高校86名长期从事对外汉语教学工作的1961—1964年出国汉语储备师资颁发纪念铜牌。

政府和人民的好评。六十年代初国家培养的这一批出国汉语储备师资,在我国对外汉语教学事业的发展上,在配合国家各个时期外交工作的需要上,都作出了宝贵的贡献,功不可没。正如今天教育部将颁发给诸位的纪念碑上所镌刻的八个大字:"语出华夏,桥架五洲"。

在国内对外汉语教学学科发展中你们也作出了突出的贡献。特别是在对外汉语教学作为一个学科的建立方面,你们起到了开创的作用。你们与广大从事对外汉语教学的老师一道,认真探索、锲而不舍,使对外汉语教学这个学科逐步系统化、理论化。尽管这个学科现在还需要我们进一步去完善,但其学科梯队已经形成,为这个学科进一步发展奠定了牢固的基础。

自从我国改革开放以来,对外汉语教学获得了长足发展。教学规模逐年扩大,对外国人的汉语教学已从最初几所大学发展到300多所大学,来华留学生也从每年几百人发展到4万多人的规模,其中85%以上是学习汉语的学生。我们的教学已走上规范化的发展道路,既有非学历教育的短期汉语教学和长期汉语进修,也有本科、硕士、博士等学历教育。对外汉语教师作为国家第一支接受岗位资格认定的高校教师队伍,总体素质正在不断提高,对外汉语教学已经成为我国高等教育事业中一个重要的组成部分。所有这一切成绩的取得,无不浸透着在座诸位的心血和汗水。我可以毫不夸张地说,你们是这个领域内的开拓部队,在我国对外汉语教学的发展上占有重要的地位。

岁月悠悠,今天来参加会的不少同志在对外汉语教学战线上辛勤耕耘一辈子以后,已经光荣地离开了教师岗位,还有些同志不久也将离开这个岗位,但是老同志永远是宝贵的财富。你们有的在教学科研上有坚实的功底,有的在办学、管理上有丰富的经验,我们诚挚地希望大家仍然一如既往地关心我国对外汉语教学事业,关注对外汉语事业的发展。请你们做好顾问和参谋,毫无保留地把你们毕生积累的经验,传授给年轻的老师们。我们也欢迎大家在身体条件许可的情况下,适当地参加教学和国家汉办组织的有关活动,充分发挥你们的光和热,为对外汉语教学这一国家和民族的事业,继续作出贡献。

我国的对外汉语教学事业任重而道远,需要几代人忘我的努力、无私的奉献,才有可能把这项对我们国家和民族立于世界民族之林、具有深远影响的事业,不断地推向前进。参加今天纪念座谈会的也有我们年轻老师的代表,我愿借此机会向你们,并通过你们向全国从事对外汉语教学的年轻老师们表示问候,并提几点希望:一、要学习老教师的奉献精神。奉献精神就是把国家和民族的利益放在第一位。对外汉语教学既然是国家和民族的一项事业,这就要求从事这一事业的人们要有艰苦奋斗,不断开拓进取的精神,为发展对外汉语教学,为世界上更多的人掌握汉语、了解中华文化作出更大的贡献。二、青年教师要加强学习,不断地提高自己的政治思想觉悟和业务水平。要像许多老同志那样具有扎实的业务基础,广博的文化知识和较高的外语水平,这样才能做一个合格的对外汉语教师。我们大家知道,学生的水平取决于教学的水平,而教学的水平取决于教师的水平,因此教师水平的高低决定着教学质量,也决定着对外汉语教学的发展前途。三、青年教师要学习老教师的高尚品德,无论在国内工作还是在国外工作,都要为人师表,要做到威武不能屈、富贵不能淫。无论在艰苦的环境中,还是在优越的条件下,都要把国家和人民的利益放在首位,要表现出中华民族高尚的气节。这无论是过去还是今天,都是对外汉语教师最基本的要求。总之,我期望年轻教师要向老教师学习,面向未来,开创对外汉语教学的新局面。

1999 年 7 月 29 日

图 1　1961—1964 年国家出国汉语储备师资纪念牌①(林建明家人提供)

---

① 照片说明:林建明(1937—2020),男,福建武平人,1961 年 7 月毕业于复旦大学中文系,同年入选第一届出国汉语储备师资,原计划在北京外国语学院进修法语三年,学业尚未完成即于 1963 年 10 月赴任柬埔寨,是第一位外派的出国汉语储备师资。

附 1961—1964 年国家出国汉语储备师资颁牌名单

序号	年份	语种	姓名	单位
1	1961	阿拉伯语	施光亨	北京语言大学
2	1961	阿拉伯语	王绍新(女)	北京语言大学
3	1961	阿拉伯语	王文虎	四川大学
4	1961	阿拉伯语	杨石泉	北京语言大学
5	1961	阿拉伯语	张月池	北京语言大学
6	1961	法语	程棠	国家汉办
7	1961	法语	何子铨	暨南大学
8	1961	法语	李忆民	北京语言大学
9	1961	法语	林建明	三明大学
10	1961	法语	龙德成	北京语言大学
11	1961	西班牙语	白玉昆	北京语言大学
12	1961	西班牙语	冯芝润	北京语言大学
13	1961	西班牙语	李潍籀	北京语言大学
14	1961	西班牙语	武柏索	北京语言大学
15	1961	西班牙语	阎德早	北京语言大学
16	1961	英语	丁永寿	北京语言大学
17	1961	英语	李孝才	西安交通大学
18	1961	英语	李振杰	北京语言大学
19	1961	英语	李珠(女)	北京语言大学
20	1961	英语	刘珣	北京语言大学
21	1961	英语	吕必松	北京语言大学
22	1961	英语	邱衍庆	北京语言大学
23	1961	英语	谭敬训	北京语言大学
24	1961	英语	熊文华	北京语言大学
25	1961	英语	苑锡群	北京语言大学
26	1961	英语	张亚军	北京语言大学
27	1961	英语	朱庆祥	北京语言大学
28	1962	法语	邓恩明	北京语言大学
29	1962	法语	汪宗虎	北京语言大学
30	1962	法语	王晔(女)	北京外交人员服务局
31	1962	法语	王振礼	北京语言大学
32	1962	法语	杨立嘉	北京语言大学
33	1962	法语	杨增学	北京语言大学
34	1962	法语	张树昌	北京语言大学
35	1962	法语	赵永丰	北京语言大学
36	1962	西班牙语	邓崇谟	北京语言大学
37	1962	西班牙语	刘锡荣	北京语言大学
38	1962	西班牙语	潘广武	北京语言大学

续表

序号	年份	语种	姓名	单位
39	1962	西班牙语	张惠先	北京语言大学
40	1962	英语	黄政澄	北京语言大学
41	1962	英语	刘春雨	南开大学
42	1962	英语	区启超	北京语言大学
43	1962	英语	施宝义	北京外国语大学
44	1962	英语	王希增	北京语言大学
45	1962	英语	张德鑫	国家汉办
46	1962	英语	张龙虎	北京外国语大学
47	1962	英语	张孝忠	北京语言大学
48	1962	英语	张占一	北京语言大学
49	1963	法语	程裕祯	北京外国语大学
50	1963	法语	胡书经	北京语言大学
51	1963	法语	李德义	北京语言大学
52	1963	法语	刘社会	北京语言大学
53	1963	法语	马忠林	北京语言大学
54	1963	法语	潘文煊	杭州大学
55	1963	法语	钱林森	南京大学
56	1963	法语	孙伯芬	北京语言大学
57	1963	法语	王载源	南京大学
58	1963	法语	王钟华	北京语言大学
59	1963	法语	许光华	华东师范大学
60	1963	法语	阎纯德	北京语言大学
61	1963	法语	杨国章	北京语言大学
62	1963	英语	丁金国	烟台大学
63	1963	英语	李更新	北京语言大学
64	1963	英语	漆以凯	南京师范大学
65	1963	英语	孙晖	南京大学
66	1963	英语	万惠洲	北京语言大学
67	1963	英语	王志武	北京语言大学
68	1963	英语	张开信	北京语言大学
69	1963	英语	赵双之	天津师范大学
70	1963	英语	赵永新	北京语言大学
71	1963	英语	祝秉耀	北京语言大学
72	1964	阿拉伯语	郭志良	北京语言大学
73	1964	阿拉伯语	李芳杰	武汉大学
74	1964	阿拉伯语	李润新	北京语言大学
75	1964	阿拉伯语	刘英林	北京语言大学
76	1964	阿拉伯语	赵金铭	北京语言大学

续表

序号	年份	语种	姓名	单位
77	1964	法语	姜明宝	国家汉办
78	1964	法语	李国才	南京大学
79	1964	法语	杨涤非	吉林大学
80	1964	法语	朱旗	上海外国语大学
81	1964	西班牙语	贾甫田	南开大学
82	1964	西班牙语	李玉宝	北京语言大学
83	1964	西班牙语	张宏信	北京语言大学
84	1964	英语	红洲	同济大学
85	1964	英语	刘家业	北京语言大学
86	1964	英语	盛炎	北京语言大学

郑艳群主编《汉语国际教育研究论集·数据资源卷》出版

北京语言大学郑艳群教授主编《汉语国际教育研究论集·数据资源卷》一书近日由商务印书馆出版。

本书以面向汉语国际教育教学和研究的数据资源问题为主要内容,将近年来反映汉语国际教育的部分代表性研究成果以及对未来发展有启示作用的论文结集成书。收录的论文包括:(一)数据资源对学科发展的意义和作用;(二)数据资源的类型及建设和加工;(三)数据资源的管理和应用;(四)基于数字资源平台的教学创新。数据资源正在成为汉语国际教育发展的动力和保障。本书可以为汉语国际教育领域、外语教学领域专家学者提供参考,为汉语国际教育、语言学及应用语言学、课程与教学论专业研究生使用。

筚路蓝缕的对外汉语教学人
——北京语言大学赵淑华教授访谈*

受访人：赵淑华　　**访谈人**：黎敏

2020年8月28日下午和11月8日下午，我先后两次对赵淑华教授进行了访谈，对她在新中国对外汉语教学初创时期的教学以及几次重要的海外教学经历作了重点访谈。目的是通过她的经历，观察新中国对外汉语教学初创时期在教学、师资、教材等方面的建设情况以及在重要历史时期海外汉语教学的开拓情况，以此助益于对新中国对外汉语教学史的认识。赵淑华教授的经历从个体实践与观察视角反映和记录了这些珍贵的历史过程，可以丰富我们对新中国成立以来，复杂国际关系背景下展开的对外汉语教学的认识，这既是对外汉语人的个体经历，也是对外汉语教学发展史的珍贵记忆。

赵淑华简介：赵淑华，女，北京语言大学教授。1932年生于北京，1949年考入清华大学历史系，后转入中文系。1952年8月，调入清华大学东欧交换生中国语文专修班任教。1952年9月，院系调整，专修班并入北京大学，更名为北京大学留学生中国语文专修班。赵淑华随之调入北京大学并在该专修班担任外国留学生的汉语教学工作。1956—1957年她跟随丈夫郭预衡教授赴匈牙利罗兰大学任教；1980年及1981年两次赴美国斯坦福大学暑期班任教；1985—1987年在苏联莫斯科大学任教；1993年及1995—1999年在香港中文大学进行合作研究。她参加过一些富有影响力的教材的编写，如《汉语教科书》(1958)、《基础汉语》(1971)、《基础汉语课本》(1980)等。

图1　赵淑华①
（赵淑华提供）

20世纪80年代后，赵淑华除出国任教外，一直从事对国内外汉语教师的培训以及培养中国研究生的工作。主持完成了国家教委博士基金项目《现代汉语句型统计与研

---

* 本文为世界汉语教学学会2021年全球中文教育主题学术活动资助项目"中匈建交后匈牙利汉语教学史研究"（项目编号：SH21Y07）的阶段性成果。

① 1952年秋开始在北京大学留学生中国语文专修班执教的赵淑华。

究》的科研任务。1994年退休,享受国务院政府特殊津贴。

黎敏(以下简称"黎"):赵老师,您好!新中国的对外汉语教学开始于1950年成立的清华大学东欧交换生中国语文专修班(以下简称"清华专修班")。1952年,您被调入这个专修班任教,从此开始了您的对外汉语教学生涯,一直到1994年退休。所以,您经历了新中国对外汉语教学在教学理论、教材、师资等方面从起步到逐步发展、到繁荣兴旺这样一个完整的过程。而您作为亲历者和见证者,在这个过程中一定有过很多富有开拓性的教学实践,特别是在海外汉语教学中,也在特定历史时期接触了那里的人和事,留下了很珍贵的记忆。我想集中了解的就是您在新中国对外汉语教学初创时期的工作情况以及您在几次重要的海外汉语教学中的经历。1952年您大学三年级的时候从清华大学中文系调到清华专修班任教,当时有什么选拔条件吗?为什么选您到这个清华专修班呢?

赵淑华(以下简称"赵"):具体条件我也不很清楚,但是我想可能有一个原因是我的普通话说得比较标准吧。记得是1952年8月份暑假期间,我刚从江西参加土改工作回来。有一天,团委的同志把我找去,说组织上决定调我到东欧交换生中国语文专修班工作,休学两年,要我尽快去报到。问我意见,我表示希望只休学一年。团委的同志笑了笑说:"一年时间恐怕太短,到时候看情况吧。"我想,大概就得两年了,没想到竟是一辈子。

黎:那时候您是团员?

赵:是,抽调出来工作的都是党、团员,党、团员是应该听从组织分配的。

黎:去清华专修班工作,外语要求高吗?

赵:这要看工作性质决定。如果做翻译工作,恐怕需要外语好;如果做中文教师,那就没有硬性要求。

黎:您调去时,专修班有多少位教师呢?

赵:我刚去接触到的人不多。我记得当时有三位年纪较大的教师:邓懿、王还和杜荣。那时她们大概三十多或四十岁的样子。邓先生是在美国教过中文的,王先生在英国教过。她们二位都是随丈夫回国来的。还有一位熊毅老师,英语系毕业,大概比我大五六岁。然后就是从大学调来的未毕业的年轻人:钟梫(俄语)、张维(中文),我们三人年龄相仿。还有一些年轻老师和行政人员,我跟他们没有什么接触。

黎:您到清华专修班以后就开始教课了吗?

赵:没有。那时正是暑假。第一天由熊毅老师给我安排了工作。她让我写一篇短文,可能是为了编写课文或者上课做练习的材料。第二天我交给她。她看了点了点头,没说什么。也许觉得还靠谱吧,就让我继续再写。

黎:对于这样的小短文有没有编写要求?

赵:有,比如说不能超出多少词汇。熊老师给我一个词汇表,让我在这个词汇表的范围里编写,每篇小短文里只可以出现 10 到 15 个生词。我等于先写一个坯子一样的东西,然后再进一步修改。

黎:您什么时候开始上课了呢?

赵:一个多月后,随着院系调整,清华专修班迁到了北京大学,改名为北京大学外国留学生中国语文专修班(以下简称"北大专修班"),我也随之到了北大。很快我们接收了第一批朝鲜留学生,大约三十个人。当时北大专修班成立了三个教学小组:东欧一年级组,由邓懿先生主持;东欧二年级组,由王还先生主持;还有就是朝鲜组,由从中文系借调来的周祖谟教授主持。我被分配到朝鲜组上课。

黎:您在朝鲜组用什么教材?教什么课呢?

赵:朝鲜学生学习中文,在汉字和词汇方面比东欧国家的学生困难要小,所以根据这种情况,由周祖谟先生参考东欧组教材另外编写了一套教材,词汇量比较大,课文增加了一定的难度,进度也比较快。周先生一边上课,一边编教材。他每天上午上两节讲授课,我和另一位从北大中文系抽调来的杨玉秀老师除了要听周先生的大班课以外,还要分成小班,上两节复习和练习课。朝鲜学生以后都是学理工专业的,只需要学习一年中文就可以入系了。周先生在我们这儿工作了一学年又回了中文系。后来又从外语系调来了一位赵荣普副教授。

黎:东欧组的学生也是学一年中文就入系吗?

赵:东欧国家的学生一般都是要学文史专业的。他们需要学两年才能入系,所以有一个东欧二年级组。在二年级,他们还有一门古代汉语课。

黎:你们上课有翻译吗?

赵:开始的语音、语法阶段,讲授课是有翻译的,翻译老师是从北大东语系抽调来的唐传寅,他还兼做秘书工作,而且还有别的翻译任务。课堂翻译只有一个多月,以后就直接用中文讲课了。我们称之为"摆脱翻译"。那时唐老师的工作负担比较重。周先生每天写一课教材,早上来上课时交给唐老师。唐老师要为周先生的课做口译,下课以后才能开始翻译教材。如果下课以后和下午有别的事情或者开会,就只有晚上才能动手。翻译过程中,要是遇到问题,他还要到东语系去请教他的老师,译完再刻钢板。他刻朝鲜文部分,我和杨老师刻中文部分。有时我们会刻到深夜,来不及油印,只好第二天清早把工人师傅叫醒,我们和他一起突击印刷,到了八点钟,我们必须去上课,只好让师傅一人印完送到教室去。他从教室的门缝下面把教材塞进来,我们就赶快拿起发给学生。

黎：除了上课，你们还有别的任务吗？

赵：我们上午要听课和上课，下午除了教师们开会、学习或者集体备课之外，一般都会给学生安排集体的或个别的辅导。有时还有语言实践活动，比如分组带学生在学校里的商店、邮局、医院等处练习口语或者去礼堂看电影。晚上老师要到学生宿舍去帮助他们预习或解答问题。我们自己备课和改作业往往要到晚上九点以后，至于什么时候睡觉，那就要看你的工作效率了。

黎：这么紧张的工作节奏，老师们不觉得辛苦吗？

赵：学生非常用功，提高很快，成绩十分理想，这让人感到欣慰。所以即使是连轴转，我们每天也都是高高兴兴的，觉得这个工作非常有意义。后来又来了两批朝鲜学生。我和杨老师就算是有经验的教师了，1953年我们就各自担任一个班的讲授课，每个班再分配一个新来的教师上复习练习课。

黎：你们的课程安排还是大班讲、小班练吗？

赵：不，那时我们把每个班的学生人数减少一些，不必再分小班，一个班配备两个老师就够了。

黎：从1952年起，北京大学的留学生人数逐渐增加，国别也增多了。您除了朝鲜学生以外，还教过哪些国家的学生？

赵：1954年来了一批越南学生，我们的教学组也改名为朝越组了。领导鼓励我们教越南学生的老师也学一点儿越南语。于是，我们就组织了一个越南语学习班，由越南语翻译老师讲课。学生听说他们的老师同时在学越南语，都十分感动，师生关系更加亲密友好了。越南语不难，我们学习了将近一年。1955年又来了第二批越南学生，这时，我们就可以在课堂上进行一般的语音和语法对比了，省时省力，教学效果明显更好。我们的越南语对当时的教学还是有点儿贡献的。

黎：我注意到1951年6月6日《人民日报》发表《正确地使用祖国的语言，为语言的纯洁和健康而斗争》的社论，同时开始连载吕叔湘先生和朱德熙先生的《语法修辞讲话》。您在《对外汉语教学名师访谈录·赵淑华卷》（以下简称《访谈录》）中也谈到，当时差不多人人都在学语法。1956年《汉字简化方案》公布，1958年又公布了《汉语拼音方案》。应该说新中国的对外汉语教学是在新中国语言规范化这个大背景下发展的。这一定会对当时的教学、教材编写产生影响。从这个意义上说，你们是第一代对留学生进行规范现代汉语教学的教师。所以，你们的教学、教材探索的过程，也是应和新中国建设需要以及中国语言规范化发展需要的一个过程。这一点你们在教学和教材编写中也有体会吧？比如您参加的1958年版《汉语教科书》的编写。

赵：《汉语教科书》是在不断修改、完善理念的基础上编写的，它正式出版之前，我们历年都是用油印的教材。1958年编教材时，大家白天上课、辅导，晚上编教材。我们是大兵团作战，北大专修班几乎所有的老师都投入这项工作中了。我们先是一起收集素材，改写课文，然后分头负责编写练习、设计汉字表、制定词汇表等。全书的语法注释是由邓懿先生执笔写初稿，然后拿到小组讨论，再由她修改定稿。书稿完成后，送时代出版社。那时出版教材都突出集体的力量，所以《汉语教科书》出版时只在扉页注有"北京大学留学生中国语文专修班编"几个字。在这套教材中，我们已经按照《汉语拼音方案》来教语音了。汉字也按照已经公布的《汉字简化方案》来设计了。比如，当时已经简化的字有"学、写、这、备、国、汉、动"等，我们采用了；而未简化的汉字还有，比如"書、習"等，我们也仍然使用繁体字。有些汉字的偏旁还没有简化，所以教材中还是用没简化的汉字偏旁，比如"嗎、說、們、給"等。

黎：可以说《汉语教科书》是汉语拼音方案以及汉字简化成果的反映，也体现了新中国在这方面的探索过程。在语法方面，1952年到1953年，《中国语文》上连载了《语法讲话》①，1956年发表了《暂拟汉语教学语法系统》。② 它们对你们的教材编写有影响吗？

赵：对我们来说，这是非常重要的两部著作，虽然到1961年和1984年才正式出版，但是50年代它们在杂志上连载时，我们已经注意参考它们对一些语法规律的分析和说明了。结合对外汉语教学的特点，我们从中汲取了不少有益的理论和方法。当然在我们接受这些成果的同时，也设法避免了不同观点解释上相互矛盾的问题，而我们自己，在对一些语法现象的表述上必须能够自圆其说。那时，《中国语文》和《语文学习》等杂志上发表了很多很好的论文，同时也有很多重要的语法著作陆续出版，我们也都不断地汲取养分来完善我们的语法教学。

黎：就是说《汉语教科书》是1958年以前多轮教学中不断改进、完善的成果。

赵：是的。邓懿先生曾说过"我们每次修改教材都是在堵漏洞"。她觉得学生出现病句的原因跟我们对某个语法现象解释得不到位、不缜密有关。所以，每次修改教材时，我们就要把这些漏洞堵上，防止学生再因此出现语法错误。

黎：每次修改的时候，除了语法以外，词汇、课文内容等方面也有调整吗？

---

① 中国科学院语言研究所语法小组编写的《语法讲话》，1952年7月—1953年11月在《中国语文》杂志上连载。修订后由丁声树、吕叔湘、李荣、孙德宣、管燮初、傅婧、黄盛璋、陈治文八人署名，书名改为《现代汉语语法讲话》，1961年由商务印书馆出版。

② 《暂拟汉语教学语法系统》是语法学界和语文教学界在1954—1956年间共同讨论研究制订的，经教育部批准，它作为编写中小学语法教材和进行中小学语法教学的依据。作为教学语法的一种体系在中小学一直沿用到1988年。1984年以人民教育出版社中学语文室的名义由人民教育出版社出版，书名改为《中学教学语法系统提要（试用）》。

赵：当然也会有调整。

黎：《汉语教科书》中从第28课开始就有短文形式的课文了，这些短文是老师们自编的，还是直接使用原文？

赵：《汉语教科书》是基础阶段的教材。一般来说，基础阶段教材的课文都是老师自编或改写过的，可能到短文阶段后期有一两篇原著。过去我们用过的教材里曾经选过《毛泽东选集》里的《为人民服务》或者是《纪念白求恩》、朱德的《母亲的回忆》以及鲁迅的《立论》《一件小事》。原文比较难，而且我们对每课的生词量是有限制的，比如说开始阶段的课文里只有15个左右的生词，到最后最多30多个。有的作家又有自己的语言风格，并不适合直接拿来做基础阶段的课文。

黎：改写的主要目的就是让语言更规范一点儿？

赵：是的，而且也要控制在学生学过的语法知识范围里，尽量不给他们太多结构复杂的句子，特别是在大量阅读材料中。

黎：一般你们的短文选什么内容呢？

赵：材料范围还是很广的，比如寓言、神话传说、历史故事、风景名胜，还会介绍一个城市、工厂、农村、大学等。

黎：课文里出现的政治内容，会不会让学生有被灌输、洗脑之感？

赵：那个时候都是东欧和朝鲜、越南的学生，后来还有蒙古国的学生，都是来自社会主义国家的，他们完全能接受。60年代以后，很多学生来自不同制度的国家，我们就会尽量考虑课文内容要使学生都能够接受，特别是教材到外国发行的时候。

黎：编写1958年那套教材的时候就有这样的考虑了吗？

赵：那时候这方面考虑得还不是很多。

黎：那到什么时候注意不同学习者的接受问题这个意识就比较强了？

赵：1971年我们编写《基础汉语》和《汉语读本》的时候就比较注意了。

黎：已经有了1958年版的《汉语教科书》，为什么又有编写新教材的想法了？您是怎么参与到新教材的编写工作中的？当时的情况请您介绍一下。

赵：《汉语教科书》用到60年代。其实，60年代以及后来我们曾经针对不同的教学要求编过好几套教材，比如为理工专业学生编写的侧重口语、减少语法教学的教材，等等。只是这些教材都没有正式出版发行。想出版新教材有这样一个背景，1959年我教完了第二届蒙古国的学生后，就参加了北大专修班教师第三批下放劳动，去北京郊区农村锻炼一年。那时，北大专修班已经准备迁到北京外国语学院（今北京外国语大学，以下简称"外院"）。1960年，我下放回来就直接到了外院，教了一年苏联学生。1961年暑期北大专修班全部迁入外院。1962年，我们独立建校为"北京外国留学生高等预备学校",1964 年定名为"北京语言学院"(今北京语言大学,以下简称"北语")。这期间我教了两年法国学生和一些多国别学生的混合班。60 年代后期,北语被撤销了,全体教师都去了五七干校。那时,留学生都不来了,但是国外还有很多人想学汉语,希望我们国家赶快编出一套新的教材发行到国外去。1971 年,我和一些老师被调回到北京参加编写新的教材《基础汉语》和《汉语读本》。这是由外经贸部领导提出,由我们学校的教师和北京大学一位教师、南开大学两位教师合作编写。编写后,请朱德熙、王力等专家审定。王还先生和我负责写语法注释和词语例解;练习、汉字练习、制定词汇总表等都由不同的老师负责。当时,周总理对这套教材的指示是"速编、速印、速运"。时间紧迫,我们每天工作三段时间:上午、下午和晚上,每两周休息一天。很快,《基础汉语》于 1971 年出版,《汉语课本》1972 年出版了。到了改革开放以后,我们的思路就更开阔了。

黎:编完这两套教材后,您又回干校了?

赵:没有。1972 年,北语复校。1973 年秋恢复接收留学生,开始上课,全体教师都回到了北京。我和五位老师又被借调到北方交通大学,教坦桑尼亚和赞比亚的学生。那时,我们国家正帮助他们修建坦赞铁路,由北方交通大学帮助他们培养这方面的技术人员。在入系学习专业前的预备期里,学生们先要学习汉语。我们跟北方交大的老师一起完成了这项任务,半年多后,才又回到学校。之后的三四年,我教了日本进修生班,还有多国别学生的混合班。我教过的一个班里曾有英国的、科威特的、日本的、澳大利亚的、丹麦的六七个国家的学生。

黎:70 年代还有一套教材《基础汉语课本》,您也参加编写了吗?

赵:参加了。那时我们成立了一个编辑研究部,简称"编研部",就是后来的"语言教学研究所"。70 年代后期,我被调到这个部参加编写新教材,就是《基础汉语课本》。编者有八九个人,我还是负责写语法注释和词语例解。1980 年这套教材由外文出版社出版。从 80 年代初到 1994 年退休,我除了出国任教,就一直在这个研究所工作,带了两届中国硕士生,主持了国家教委博士基金科研项目《现代汉语句型统计与研究》,组织编辑了一部供机器翻译使用的电子词典,等等。还有一项工作就是培训国内外对外汉语教师。那时,我们研究所每年都举办几期对外汉语教师培训班,每期一至两个月。设置的课程有"语音教学""语法教学""词汇教学""教学法"等,我在培训班中主要上"语法教学"课。参加培训的教师有三种情况:一是国外的汉语教师,有的国家会组织一个中文教师团来,一个团 20 多人,比如菲律宾、新加坡;也有的国家就来一两位,几个国家的老师安排一个班。这些外国教师有的汉语水平很高,有的则口语表达还有困难。二是国内的汉语教师,这些教师来自国内接收留学生的大学,每个大学派两三位青年教师来参加暑期培训。三是校内的新教师,有时,新学年开始的时候会有一批应届本硕博毕业生入职,就为这些新教师举办专门的培训班,要求他们先在班里学习一个多月,通过考试、试讲后,才能上岗。

黎:从您1952年开始投身对外汉语教学以来,您当过助教、主讲教师,还参与了教材编写、教学研究和人才培养,可以说您见证了新中国对外汉语教学从无到有的整个发展过程。从50年代到70年代,我们的对外汉语教学的一个特点是学生的生源都跟新中国的外交政策、国际关系的发展状态密切相关。比如抗美援朝战争爆发,大批朝鲜学生来华学习;中国援建坦赞铁路,咱们就有专门为他们开设的汉语预科班。而您都见证和参与了这些工作。在汉语学习"请进来"的同时,新中国对外汉语教学初创时期就已经开始了汉语教学"走出去"。受当时外交政策影响,新中国派往海外执教的汉语教师最早是去东欧社会主义国家。1952年,朱德熙先生受中国政府派遣到保加利亚教授汉语;1955年,郭预衡先生由中国政府派往匈牙利执教,您在1956年随任,跟郭先生一起在匈牙利罗兰大学教汉语,你们是新中国第一批"走出去"教汉语的教师。所以我想了解一些这方面的情况,比如当时外派教师的条件是什么呢?

赵:具体条件我不清楚。

黎:当时外派教师赴任之前有没有相应的培训?

赵:那时好像没有。也许听过一两次报告,讲讲外事纪律什么的。

黎:郭先生到了罗兰大学东亚系后,他的教学是怎么安排的呢?

赵:郭先生到了系里,开始只教一个班的中文课。他一边编教材,一边上课。后来,东亚系了解到他的专长是研究古典文学,就让他也辅导系里学习中国古典文学和古代文献等专业的高年级学生和研究生。有时,郭先生会根据学生共同感兴趣的问题给他们讲课或者组织讨论。

黎:您比郭先生晚一年到了罗兰大学,之后也很快开始教汉语了?

赵:我去以后,罗兰大学了解到我在国内教汉语的情况以后,就让我在东亚系担任新开的一年级班的中文课,按讲师的待遇。所以我不属于两国文化交流协定派出的教师。

黎:您在那里用什么教材呢?跟郭先生之间在教学方面有什么样的分工?

赵:我用的就是郭先生编的教材。我去之前,郭先生原来教的那个班升入二年级,还由郭先生教。不过,他很多时间都用在了辅导高年级的专业课方面了。

黎:当时东亚系还有其他的匈牙利中文教师吗?

赵:好像没有其他的中文教师,至少我们没见过,只有中文系主任陈国[①]会中文。

黎:北大专修班一开始上课的时候,班上有翻译老师。在匈牙利教学的时候,有吗?

---

① 陈国(Csongor Barnabás,1923—2018),匈牙利汉学家,1950—1962年在匈牙利罗兰大学东亚系任讲师;1963—1983年担任东亚系主任。从事语音史、文学史和文学作品翻译,曾翻译《水浒传》《西游记》等中国名著。

赵:没有,我去教基本就是用直接法。

黎:你们在那里执教期间,正赶上一个重大事件,就是1956年10月的匈牙利事件,这对你们的教学有影响吗?

赵:事件发生后,系主任陈国就告诉我们学校停课了,所以一直到事件平息之后,过了一段时间才恢复上课。教学按原计划进行,只是进度加快了,我们想尽量把失去的时间多补回来一些。学生们情绪比较稳定,学习也更加努力,他们也希望多学一些,学得快一些,很配合我们的安排。不过,有的学生离开了匈牙利。

黎:您有当时在那里执教时的照片吗?

赵:没有。我们一直没有照相机。本想在那里工作一段时间以后买一个,但后来发生了十月事件,商店都不开门了,再后来又缺货了。我倒是有一张去匈牙利之前的照片。因为我们要去任教,所以匈牙利驻华使馆请我们吃午餐,教育部派车,由一位司长带我们去赴宴。吃完饭,我们去照相馆照了这张照片。

图2 郭预衡、赵淑华夫妇①(赵淑华提供)

黎:郭先生是中匈建交后,教育部委派的第一任赴匈牙利教授汉语的教师,也是中匈交往史上第一位由中国政府派往匈牙利的汉语教师,意义不凡,所以中匈双方都很重视。这是一个开端,你们的工作为中匈文化教育交流打下了基础。比如郭先生的教学让当时的匈牙利学生在中国古典文学、古代文献、现代文学等方面受益不浅。您在《访谈录》里说匈方对你们的工作很满意,向中国使馆提出让你们延任两年,大使也同意。但是,因为郭先生想回国从事专业工作,所以没有继续留任。② 说明你们在那里的工作得到了他们的认可。应该说你们在匈牙利的工作不仅对那里的汉语教学具有开拓性的意义,而且对匈牙利汉学、中匈交流史都具有一定的意义。

从《访谈录》里,我了解到您还去过其他国家从事汉语教学,比如您1981年被派到美国斯坦福大学教授暑期班的课程。③ 结合当时的背景,这也非常有意义。1979年1月1日,中美正式建交,时任副总理的邓小平于当月对美国进行访问,其间他与卡特总统签订了两国政府间包括教育交流在内为期五年的合作协议。由此,中美间

---

① 1955年郭预衡教授赴匈牙利罗兰大学教授汉语之前,郭预衡与赵淑华夫妇二人的合影。
② 崔希亮主编《对外汉语教学名师访谈录·赵淑华卷》,北京:北京语言大学出版社,2011年,第5页。
③ 同上,第9页。

的教育交流开始恢复。从这时起,很多中国大学开始和美国大学建立合作关系。也是在这种背景下,您所在的北语开始跟斯坦福大学展开教育交流,而您是中美建交后第一任赴斯坦福大学进行暑期班教学的专业对外汉语教师。您能谈谈在那里任教的情况吗?

赵:那时美国有的大学有所谓的第三学期,两个多月,即暑假,往往利用此时间开设速成的语言课。80年代我们学校和斯坦福大学有学术交流的活动,他们提出请我校教师去教暑期班的中文。1981年和1982年我去斯坦福教了两期。当时是校际交流,不是教育部派出,当然也要得到教育部批准。以前教育部派出的都是储备师资,我不是储备师资。不过,以后陆续派出的中文教师都不限于储备师资了。

黎:您在斯坦福大学教中文的时候,教学方法上跟50年代在北大专修班采用的方法一样吗?比如有没有跟您合作的教师,他用英语讲,您用汉语练?

赵:我到了斯坦福大学以后,亚洲语言系的系主任王靖宇(华裔,来自台湾)让我主持暑期一年级的中文教学,并且给我配备了一男一女两个助教,他们都是美国人。用什么教材,怎样安排课时,都由我决定。那时,正好我们学校编好的《基础汉语课本》已经正式出版,我也带了一套,包括录音磁带,作为礼物赠送给他们。他们非常高兴,就复印了这套教材发给学生。两个助教都有一定的汉语口语能力,发音也不错。我就安排由我大班上讲练课,然后分小班由他们上练习课。他们每天都会听两节我的课。这样安排,系主任也很满意。

黎:您上课用汉语直接讲吗?

赵:在国外,学生一开始就听汉语会有很大困难,对这个情况,我是有心理准备的。其实,我们在国内上课,有时也需要用一点儿英语。60年代初,我曾经在外语学院薄冰先生任教的英文夜校插班,读了一年毕业班的课程。再加上我们教材中的语法注释有英文译文,估计上起课来不会吃力。另外,去美国之前,我也用英语写了一些教案。所以到了那里,一开始上课就比较顺利。

黎:您做了充分的准备,所以效果一定很好。

赵:还可以吧。暑期班结束以前,系主任王靖宇给中国教育部外事局领导写信说:"……淑华女士今年暑假在我系主持一年级现代汉语课,表现十分优异。学生学到很多东西,他们都非常满意。我们也以能结识这样一位杰出的老师而引以为荣。"他在给我们学校领导的信中说我"工作很认真,很能干",学生对我"赞不绝口"。

黎:评价很高啊!三个月之后,暑期班结束了,您就回到北语了?

赵:是的。不过,他们又向我们大学提出第二年仍请我去教他们的暑期班,而且还希望从我校多请一位教师。我们学校当然很愿意。但是当时有一个规定,派出国任教的教师,任期满了就要回国工作,不能连续出国。学校为此向教育部申请,希望教育部能同意接受斯坦福大学方面的邀请,维持两校刚刚建立起来的这种交流关系,教育部同意了。第二年,我就和另一位老师一起去了斯坦福大学。

黎:您这第一战很重要,正是中美关系发生历史性转变的时候。"破冰"的意义还是很大的。

赵:当时我们学校也非常重视与斯坦福大学的这次交流活动,希望通过我们的教学能很好地把这种交流延续下去。

黎:您的下一次这类"破冰"行动就是1985—1987年赴莫斯科大学任教了。当时中苏关系还没有完全恢复正常化,按照俄罗斯学者尤·米·加列诺维奇(Ю. М. Галенович)的说法就是:"1983—1984年间,苏中关系正常化问题还没有得以解决。但主要的是情况没有向坏的方面发展。"①在这种背景下,1982年2月,苏联高等和中等专业教育部副部长索芬斯基(Н. Н. Софинский)约见中国驻苏大使,提出了恢复两国教育交流的建议。他建议双方每年互换为期10个月的语言进修生10名。也就是说,在中苏关系的缓和中,语言教育交流起了重要的桥梁作用,而您就是在此时中国派遣的第一批赴苏汉语教师,并且您是在苏联顶尖学府任教。从这个意义上讲,自1967年中苏教育交流中断近20年后,您赴莫斯科大学教汉语又是一次"破冰"行动。另外,在1987年您结束在莫斯科大学的工作回国后,1988年4月在北京举行了中苏教育合作小组第一次例会,商定了《中苏1988—1990年教育合作计划》,其内容包括互派语言教师长期任教。此后,两国教育代表团开始互访,教育交流才逐渐有规模地展开。您的工作先于这个计划的实施,所以,真正具有"破冰"的意义。当时的工作情况怎么样?

赵:我去的是莫斯科大学语文系,这个系很大,相当于那时我们的一个学院。我在的应用语言学教研室相当于一个系,有一千多学生。主任是苏联著名语言学家、汉学家尤里·弗拉基米尔·罗日杰斯特文斯基(Юрий Владимирович Рождественский, 1926—1999)。我到大学不久,有一天教研室派人来通知我,说是要我和学生们见面,让我即刻就去。我以为只是见见面,给学生讲讲教学计划和要求什么的,没想到,我一进教室,发现满屋子都是人,连靠墙的通道都坐满了。教研室主任给大家简单地介绍了一下,就让我上台讲课了。我毫无准备,也没有教材。好在我对语音语法的教学还都比较熟悉。我设法调动学生的积极性,让他们了解我的要求,很快适应我的安排。也许是因为有那么多人听课,学生也想表现一下自己,每个人都非常积极认真,课堂气氛十分活跃。真没想到这节课还能上得如此成功。后来听说那天

---

① 〔俄〕尤·米·加列诺维奇《勃列日涅夫与毛泽东,戈尔巴乔夫与邓小平》,成都:四川人民出版社,1999年,第159页。

听课的大都是语文系的老师和一些部门的领导。

黎：您是两国关系缓和后第一个去那里执教的中国老师，估计当时在那里引起了不小的轰动。大家好奇、期待还可能有些怀疑。

赵：也许吧。在此之前，在商量使用什么教材的问题上，我和教研室的苏联同事有过几次讨论。他们建议用他们编的教材，我建议用我们编的《基础汉语课本》。我没看过他们的教材，不知道教材的内容怎么样。我顾虑的是教材里如果有些内容不适合讲，我该怎么处理呢？我也跟大使馆汇报了我的思想，大使馆支持我使用我们的教材。所以我就去说服他们，他们最终同意了，但要求也要发一本他们编写的教材给学生参考，我当然没有意见。接着就是想办法买到《基础汉语课本》这套教材。他们到苏中友好协会、国际书店等好多地方都去问了，但是都没有这套书。我只好向咱们的教育部求助，教育部派人到北京各个书店收集这套教材，终于凑齐了十套，不过有英译本，还有法译本。一个半月后，教育部委托一批留苏学生把将近100本的教材带过来了。我很激动，学生也高兴得不得了。教研室主任罗日杰斯特文斯基教授建议我把这些书赠送给教研室，我很同意，就在每套教材首页写上了赠言。他本来想举行一个赠书仪式，但因为他要去外地讲学，学生还等着用书，所以仪式没有举行。但他们认为这些书很珍贵，只能借给学生，不能发给学生。学生学完一年再还给教研室，下一批学生来再借用。

黎：那时您教的学生有多少？他们都是初学汉语吗？

赵：他们都是一年级学生，一共七个人。不过这七个人是从七十多个申请学中文的学生中经过两次选拔挑选出来的。他们非常用功，成绩都达到了最高分五分。有一个学生曾经对我说："赵老师，我有的时候晚上已经躺到床上了，忽然想起你要求我们每天至少要念三遍课文，就马上起来，读完了才睡觉。"

黎：您在莫斯科大学任教期间只教这一个班的学生吗？

赵：开始是，但是过了不久，教研室又组织了一个二年级班，学生是高年级的和研究生，有十个人。他们以前都学过一点儿中文，但水平参差不齐。我花了不少精力。后来我就向教研室主任罗日杰斯特文斯基教授提出：我想每周给这个班的学生安排两次辅导，每次两小时。一次给程度高的学生增加口语练习，一次给程度低的学生补课。他听了非常高兴，立刻同意了。他对我的工作十分满意，也给了我很多帮助。

黎：比如说什么方面的帮助呢？

赵：他专门派了他的一个研究生照顾我的生活。另外，我曾向他们提出希望有一个固定的教室。但他们的教室是全系统一安排的，牵一发而动全身，学期中间无法变动。他告诉我第二个学期他来想办法解决。可是，没过几天教研室就决定把一个会议室腾出来,作为我的固定教室。会议室的装潢非常好,还有紫红色的天鹅绒窗帘,四周的墙上挂着卫国战争中教研室牺牲的英雄照片。我很满意,学生自然更高兴!第二学期系里就给我安排了一个固定教室。另外,复印机那时还不普遍,我的教学资料都是可以随到随印的,不必像其他老师需按顺序等候。

黎:说明他们很重视中国老师。您在莫斯科大学的任期是多长时间呢?

赵:按照两国的协定,工作一年以后,我就可以结束任期回国了。但是他们希望我再延期一年,罗日杰斯特文斯基教授为了这件事费了不少力。第二学期结束时,他要去其他城市讲学,临行前,听说我同意延任了,只是要回国休假,他特别高兴,给我留下一封信,感谢我同意留任,并对我的工作给予了充分肯定。

黎:看来,在莫斯科大学这次"破冰"行动您又成功了!我在那本《访谈录》里看到在您结束任期离开莫斯科大学的时候,教研室的主任和副主任给您写了鉴定和一封感谢信,说您是一位非常优秀的教育工作者,是本专业的行家。"学术上,她精通汉语语法及汉语教学法。在汉语语法方面,她知识渊博,造诣很深",并且说"赵淑华善于育人,在这方面有非常好的才能……因而受到学生们的尊敬","赵淑华也得到了教研室同志们的敬重,这是由于她有高尚的品格和高水平的业务能力"。特别是这一点:"您所作出的榜样,对我们来说是非常重要的。在我们这个多民族的国家里,您的榜样就像兄弟文苑中的一朵花。"①这个评价放在当时中苏关系尚处于缓和期的背景下,意味很深。从某种意义上说,您是以一位汉语教师的身份,在中苏需要摒弃前嫌的时候发挥了非常积极的作用。所以,对外汉语教学因为教学对象的特点,它的意义已经超越了普通的语言教学。从您的教学经历可以看到您这一代对外汉语教学人对国家、对事业的责任感和奉献精神,值得我们这些后辈敬仰、学习!感谢您接受我的访谈和耐心细致的解答!

---

① 崔希亮主编《对外汉语教学名师访谈录·赵淑华卷》,北京:北京语言大学出版社,2011年,扉页及第16页。

新中国首批东欧交换生的留学经历访谈(一)*

受访人:〔罗马尼亚〕罗明 〔罗马尼亚〕萨安娜 **访谈人**:黎敏

第一次见到罗明、萨安娜夫妇是在 Tulcea 的多瑙河游船上,当时就被他们二人字正腔圆的汉语普通话发音、贴切的遣词用句、丰富的见识所吸引。在查阅了大量资料后,我对他们在 20 世纪 50 年代留华学习汉语的经历产生了浓厚兴趣。后来他们一位成为驻华大使,一位成为汉学家,作为这些成就的基础——他们娴熟的汉语、对中国的深度理解等"功夫"是如何炼成的?他们留华的动因、经历、感受等都吸引着我对他们做深度了解。通过邮件我向萨安娜教授提出访谈他们夫妇的请求,她欣然接受。2017 年 7 月 7 日—9 日,我连续三天在他们的宅邸对两位一生奉献于中罗两国交往的前辈进行了访谈。期间,他们还非常热情地带我参观了他们赴华前的培训地、离开罗马尼亚赴华时的火车站以及罗明大使中学时代的故居等地。

罗明、萨安娜简介:罗明(Romulus Ioan Budura),1931 年生于罗马尼亚,1950—1952 年在清华大学东欧交换生中国语文专修班学习,1952—1956 年在北京大学中国语言文学系学习。1954—1974 年,任罗马尼亚外交部高级中文翻译。1990—1995 年任罗马尼亚驻华大使。他是罗马尼亚远东问题、中国政治与社会问题、中罗关系问题专家。著作有《我怎样认识了周恩来》(1998)、《中罗关系 1880—1974 年》(2005)、《罗马尼亚的独立外交政策与中罗关系 1954—1975》(2005)、《中国——崛起的强国》(2008)、《罗中关系 1975—1981》(2015)等。曾将法国汉学家谢和耐的《中国社会史》(1985)译为罗文,还校订过《红楼

图 1 罗明、萨安娜夫妇①(黎敏摄)

---

* 本文为世界汉语教学学会 2021 年全球中文教育主题学术活动资助项目"中匈建交后匈牙利汉语教学史研究"(项目编号:SH21Y07)的阶段性成果。

① 2016 年 6 月罗明先生和萨安娜教授夫妇于罗马尼亚 Tulcea 的多瑙河畔。

梦》罗文译本。2015年获得国际儒学联合会颁发的"国际儒学研究成就奖"。

萨安娜(Anna Eva Budura),1931年生于罗马尼亚的锡比乌。1950—1952年入清华大学东欧交换生中国语文专修班,1952—1956年在北京大学历史系学习。1956—1959年、1961—1964年、1990—1995年三次随丈夫罗明在罗马尼亚驻华使馆工作。1966—1989年在罗共中央历史与社会政治研究所从事历史研究,主要研究方向为中国近现代史。她编辑的研究所内部材料《中国革命及与共产国际的关系1920—1927》(1968)是罗马尼亚第一部由北京大学历史系毕业生编辑的中国近代史资料。1983年她以《中国人民的抗日战争(1931—1945)》为题,完成了她的博士论文,获得罗马尼亚第一个中国历史研究的博士学位。她撰写了《二万五千里长征》(1974)、《中国共产党建立的历史环境》(1979)、《张骞和班超开辟通往欧洲之路》(1984)、《中国抗日战争统一战线的形成》(1988)、《中国对第二次世界大战作出的贡献》(2005)等100多篇研究文章。她撰写的关于周恩来总理的传记被收录进《独立·不结盟·和平——20世纪历史进程的几个重大关头》(1989),独立撰写了《象征之国——从孔子到毛泽东》(1999)、《龙之胜利——在第二次世界大战中的中国》(2007)、《神州:众神之地》(2008)、《中国外交——历史和精神根源》(2008,2018年第三版)、《中国茶文化》(2011)、《中国历史人物传》(2014)。她曾主持《罗马尼亚人民史》的汉译,于1981年由商务印书馆出版。除了在罗马尼亚获得1986年"文化贡献"奖章等多种重要奖项外,2015年她获得国际儒学联合会颁发的"国际儒学研究成就奖";2017年获得第十一届中华图书特殊贡献奖。

黎敏(以下简称"黎"):罗明大使、萨安娜教授你们好!1950年6月,中国政府接受了波兰、捷克斯洛伐克两国关于互派交换生的建议,并主动向罗马尼亚、匈牙利、保加利亚三国提出互派交换生的建议。这个建议很快得到罗、匈、保三国的回应和接受。这年9月,清华大学东欧交换生中国语文专修班(以下简称"专修班")成立。我注意到,你们五位罗马尼亚交换生是首先到达中国的东欧交换生。能不能谈谈当时罗马尼亚选派赴华交换生的情况?

罗明(以下简称"罗"):我们当时去中国学习汉语是根据周恩来总理给罗马尼亚工人党总书记格奥尔基·乔治乌·德治(Gheorghe Gheorghiu-Dej)写的一封信,他也给匈牙利、保加利亚等几个国家写了信。他认为中华人民共和国成立了,就必然需要跟我们这些国家建立友好的关系,这就需要国家之间、领导人之间的交往,这种交往的前提就是彼此语言相通。所以,这个项目的目的就是培养一批年轻人,为国家之间的了解、理解、合作服务。所以,可以说当时派遣我们去中国学习汉语和专业知识是一个政治性的决定,是国家行为,不是为了个人的事业。

黎:就是说你们是因为两国交往需要而赴华学习汉语的。

罗、萨安娜(以下简称"萨"):对。

萨:所以,我们感到很荣幸,也感到这个任务很重,需要我们非常努力地学习。

黎:这样的想法是当时就有的,还是后来到了中国以后才有的呢?

罗:去中国以前我们心里已经有了这种想法。20世纪40年代,国际主义的思想流行于罗马尼亚,虽然当时我们是中学生,但我们是共青团员,这样的思想对我们影响很大。

萨:二战以后,我们罗马尼亚人有一种理想,就是在罗马尼亚的土地上建立一个新世界,这个新世界对劳动人民、对以前生活穷苦、没有条件学习的人更有益。我们希望自己能为建立这样的新世界做一些事情,国家挑选我们出国留学,说明我们是被需要的人物,很光荣。

黎:说到国家挑选,第一批罗马尼亚五位交换生是怎么被挑选出来的?有什么样的选拔条件呢?

罗:我们都是团员,另外社会身份也是一个重要的考虑因素,比如我,我出身于铁路工人的家庭,爷爷奶奶都是农民,我4岁的时候,爸爸当了火车司机,他工作非常认真、努力,后来来到布加勒斯特,成了铁路部门的局长。那时,罗马尼亚铁路工人是社会主义运动的支持者,所以,我从小就受到我爸爸的影响,倾向社会主义。1950年的时候,我刚从铁路工人子弟中学毕业,我们班40多人中,有12人被选拔出来准备派往苏联和其他人民民主国家留学,我就是这12人中的一个,因为我在班里的学习成绩一直是前三名。

黎:优秀学生。萨安娜老师的情况是不是也跟罗明老师一样?

萨:我跟他的情况不太一样。我出生在锡比乌,是匈牙利族。我父亲是个裁缝,在我很小的时候就去世了。爸爸去世后,因为我们还不起银行的贷款,所以银行就把我们的房子收回了。这样,我妈妈带着我和三个姐姐曾经一度流落街头,我妈妈靠做零工养活我们姊妹几个。我12岁就开始靠做给人家补袜子一类的零活贴补生活。妈妈看到我这么小就不得不开始挣钱,有时候心疼得掉眼泪,我就说:"妈妈,您别哭,我愿意做这些事情。"

黎:您很乐观。

萨:我继承了我妈妈的乐观,我们家虽然生活艰苦,但是一家人都很乐观,经常在一起开玩笑,妈妈也常常一边做活,一边唱歌。她特别支持我们读书。我是在德国天主教修女办的幼儿园、小学接受的初级教育;中学是在天主教修女给穷孩子办的学校上的。那时,罗马尼亚没有专门为少数民族办的学校,所以我只能在教会办的学校学习,直到1948年教会学校都被取消了,我才转到克鲁日的一个中学学习。我非常喜欢读书,14岁的时候,因为家里穷,所以我从中午十二点到差一刻两点去学校对面的餐馆做服务员,结束这里的工作后,我就飞跑着去学校上课,有时候妈妈给我准备的午餐我都来不及吃,这样一直学习到六点。到了克鲁日后,那里有个图书馆,我经常是第一个进去,最后一个出来的,读书让我非常高兴,我认为学习是一个了不起的事。因为我勤劳、用功,所以老师很喜欢我。

黎:其他三位罗马尼亚交换生是什么样的情况呢?

萨:廖宁(Leonin Vasilescu)的父亲原来是个地下党员,江冬妮(Toni Radian Herscu)和郭玛丽(Maria Comanescu)的家里都是干部。

黎:你们还记得得知被派往中国留学这个消息时的情况吗?

罗:1950年的夏天,两千多名被选拔出来的学生集中到布加勒斯特进行培训,这两千多人是准备经过培训后再选拔出一千人,然后派往不同社会主义国家进行不同专业的学习,包括艺术方面。所以,出身是一个考虑因素,但是不绝对,因为工人家庭出身的年轻人可能不会弹钢琴、跳舞一类的。过了一段时间,培训班里的同学陆陆续续被派到基辅、莫斯科、列宁格勒等地,但我的去向还没有消息。终于有一天我决定自己去党支部问问,他们知道了我的名字后,说:"你赶快去教育部吧。"到了教育部,他们问我准备学什么语言?我会讲匈牙利语,也会讲德语,所以我说这两种语言都可以,可是他们说:"你学汉语吧。"这是我没想到的,所以我跟他们说我要跟我的父母商量一下。回到家,我跟父母说了以后,他们似乎早就知道的似的,没有表现出吃惊的样子,而且非常赞同我去中国留学。这样我就成了第一批赴中国留学的成员。

萨:我中学将要毕业的时候,克鲁日县委会和劳动青年团组成的委员会找到我,我那时候经常参加学校的活动,所以他们知道我。我被请进了一个办公室,他们说:"你就要毕业了,以后想学什么?"因为当时我是克鲁日师范学校的学生,对儿童心理学很感兴趣,特别希望能通过学习儿童心理学帮助那些聋哑儿童。我告诉他们我的想法,但他们问我:"你想去外国学习吗?"我简直不敢相信自己的耳朵,说:"什么?去外国学习?"他们说:"对啊,你想学的专业苏联也有,你可以去苏联学习。你先回家想一想,跟父母商量商量。"那时,我母亲也已经去世了,我是孤儿了,他们知道这个情况后,让我跟姐姐们商量一下,而且要保证毕业考试能取得优异成绩。我高兴得不得了,那天夜里根本睡不着,就看着窗外的星星、月亮,对我来说,去国外学习是根本不能想象的事情。姐姐们知道了这件事都说:"你真是太好运气了!"我特别努力地复习,很好地完成了毕业考试。7月15号左右,我收到了通知,党组织出路费让我去布加勒斯特参加培训。那是我第一次出远门,姐姐们特别担心,嘱咐我到了以后马上给她们写信。好在培训的地点离布加勒斯特火车站不远,那里原来是国王的马厩,马厩旁边有非常好的宿舍楼,参加培训的学生就住在那里。

罗:一会儿我开车带你去看看那个地方。

黎:那太麻烦您了!

罗:不麻烦。

萨:到了培训班,我们就开始上俄文课,每天还有各种各样的活动。我做梦也想不到会有这么好的机会。可是,到了培训班快要结束时,原来准备派到苏联留学的学生现在只能去一半的人,其他人只能去匈牙利、捷克斯洛伐克、保加利亚。负责人问我想去哪里,我说:"哪里都可以。"那时必须有一个人去保加利亚,我说:"那我就去保加利亚吧。"但过了几天,负责人又找我,问我:"你看你去中国怎么样?"原来,他们挑好了五个人去中国,但是后来有个姑娘不愿意去了,所以负责人找到了我。我说:"那更好了!"我从没想到过没出过远门的我一下子就能去遥远的中国。

黎:那时候你们对中国有什么样的了解呢?

萨:我还是知道一些,因为我喜欢看书,匈文这方面的材料比较多。锡比乌有个博物馆,那里有一些旅行家写的书,里面有一些关于中国的记录、图片。而且在我家,我的三姐买过一个戳子,上面刻着狮子和汉字,这是我唯一看到过的中国的东西。总的印象就是中国很大,文明灿烂。所以去中国对我来说就像打开了一扇新世界的门。

罗:1945年以后,罗马尼亚的报纸上关于中国革命、解放战争的报道就多起来了。我在中学通过历史和地理课了解了一些中国方面的知识,当然比较简单。所以,当他们告诉我要派我去中国学汉语的时候,我还没有理解这意味着什么。

黎:1950年6月,你们即将前往中国的时候,朝鲜战争爆发了,战火随时可能蔓延到中国。当时你们对这个情况有没有考虑?

萨:我对这个情况没有什么印象。有这么好的机会学习,还有奖学金,我非常高兴!因为学习对我来说是一件非常了不起的事情。

罗:我的家里也没有任何顾虑。相反,我们很积极地为去中国做准备。大概是9月底的时候,第一批中国派来的五位交换生到达了布加勒斯特。我们也参加了去车站欢迎他们的仪式,然后送他们到宿舍。

黎:那是你们第一次跟中国人接触吧?

罗:对。因为我在中学的时候在团组织中负责文艺活动,所以过了一段时间,我就邀请那五位中国朋友到铁路工人俱乐部看我们的演出,他们特别高兴,他们想讲几句表示感谢的话,但是他们不会罗语,所以我就替他们讲了几句,大家都热烈鼓掌,这样我们就建立了密切的关系。后来,我又邀请他们到我家吃饭。当时,萨安娜还没加入,我们四个要去中国的学生也参加了,还有我的母亲、弟弟。当时,中国驻罗马尼亚大使①也举办了一次招待会,邀请我们参加,罗马尼亚领导人也出席了那次招待会。

黎:说明两国都非常重视。

罗:对。所以 1950 年 11 月 15 日我们从布加勒斯特火车北站出发的时候,罗马尼亚政府的官员、中国驻罗马尼亚大使等都去火车站为我们送行。我们乘火车先到莫斯科。在莫斯科,其他去苏联的学生都去了不同的学校,只有我们五个人被安排在 Metropol Hotel Moscow 旅馆。那天晚上,罗马尼亚使馆的两位秘书邀请我们在 Metropol 吃饭,这年的 2 月毛泽东主席率领的代表团就是在这里举行了欢迎斯大林的宴会。

黎:有意义! 你们跟新中国的联系更紧密了。那你们是什么时候到达中国的? 当时的情况如何呢?

罗:我们从莫斯科坐上了开往中国的列车,11 月 26 日到达满洲里。中方对我们的接待非常好,在这方面,萨安娜有更深的体会。

萨:到满洲里车站接我们的是外交部的代表张联女士。她一下子就发现了一个问题:我们穿得太少了。当时罗马尼亚发给每个留学生一套衣服,负责这项工作的人根本不知道中国的情况,觉得我们不需要太厚的衣服。到了满洲里以后,我们就穿着这些"凉快"的衣服站在零下 30 摄氏度的车站里,特别是我们女同学都穿着裙子。张联马上跟北京联系,结果我们一到北京就拿到了厚厚的棉衣、靴子、手套、帽子等。

罗:特别要指出的是,在从满洲里到北京的火车上,为了保证我们的安全,除了一位铁路工作人员照顾我们,每天到我们的包厢一、二、三、四、五清点人数以外,车厢的走廊上还有一个士兵。

黎:是啊,你们是从东北满洲里过来,那时朝鲜战争正在进行,东北地区尤其紧张,所以安全防范非常必要。到了北京以后的情况呢?

罗:1950 年 11 月 30 日,我们罗马尼亚五位学生第一批到达北京,当时其他国家的学生还没有到。在北京火车站,就是前门那里的老北京站,有很多人在站台上迎接我们,中国方面有教育部、全国学联、共青团的代表,罗方有大使馆的参赞和秘书。此外,还有很多年轻的学生。气氛热烈。到达北京后的最初三天,我们被安排住在蔡元培的故居。中国教育部还专门为我们举行了欢迎宴会,罗马尼亚驻华使馆参赞也参加了。领导们讲话中都希望我们能为中罗两国关系的发展作贡献,我们每个留学生也

---

① 当时担任中国驻罗马尼亚大使的是王幼平。

都发言表态。尽管我那时候没完全意识到这个事情的历史意义,但是,这是头一批罗马尼亚人专门到中国学汉语。

黎:罗马尼亚历史上这是第一次?

罗:对,第一次。所以我讲话的时候就说"我们一定要成为罗马尼亚和中国之间往来的支柱"。我们的参赞给我翻译,他后来告诉我,他把"支柱"的意思改了,翻译成"桥梁"。感受这样一个重要的历史时机,我们都特别高兴。这里要强调指出,我之前跟中国从来没有过关系,除了在布加勒斯特的学生和大使馆的工作人员,我没有见到过其他中国朋友们。尽管如此,到了中国以后,我对中国好像并不陌生,好像是早就认识、熟悉这里似的。

黎:萨安娜老师也是这种感觉吗?

萨:对。我们刚到,中方就为我们安排了丰富的活动,希望我们尽快熟悉、适应新的环境。他们给我们安排在欧美同学会吃饭,那儿有可口的西餐,还带我们参观了故宫。在故宫我看到很多以前只能在书本上看到的精美的艺术品。所有这些都让我从这时开始意识到我们是两国关系发展所需要的人才,我们要好好学习,为国家服务。

黎:你们什么时候到达的清华大学?那时在清华大学吃住等方面的生活条件怎么样?

罗:大概四五天之后,我们就到了清华大学。我们男同学就被安排在明斋走廊的第二间屋子里,我和廖宁同屋。屋子比较小,比较简陋,但是我觉得很方便。因为没有暖气,冬天比较冷。清华大学在工字厅为我们这些留学生专门安排了一个食堂,是合乎欧洲人一般的标准的。

萨:我们女同学住在清华学堂楼梯左边的一间房子,那里原来是教堂。我们进去的时候,那里到处都是厚厚的一层土,好像50年没人擦过了。我们就自己动手把床、桌子、地板擦得干干净净,把这里看成我们的家。因为我们住的那个房间很大,冬天格外冷,那时清华大学只有早上半小时和晚上半小时暖气能供暖,所以学校方面很照顾我们女留学生,给我们宿舍配了炉子,而且有一个工友专门帮我们烧炉子取暖。

黎:你们没有跟中国学生住在一起吧?

罗:开始的时候没有,我和另外一个罗马尼亚的学生廖宁住在一个房间里。明斋的头五个房间是留学生居住的,其余的房间都住的是中国年轻人。每天早上七点起床后,大家到水房洗漱都是在一起的。

萨:1951年下半学年,我们从清华学堂的房子搬到女学生宿舍,开始跟中国的女同学住在一起。在清华学堂住的时候,我们一个房间住四个人,因为那个房间很大,我们罗马尼亚三个女同学还有匈牙利的一个女同学。搬到中国女学生宿舍的时候,我们每个宿舍有两个人,一个留学生和一个中国同屋。这样,我们可以天天练习汉语,不懂的时候,中国学生就给我们解释,因为我们根本没有词典可以借助,虽然有英汉词典,但是我们的英文也没有那么好,所以有中国同屋的帮助,对我们来说非常有利,而且我们还能真正地了解怎么跟中国人交往,我后来跟我的同屋成了特别好的朋友。

黎:你们是什么时候开始上汉语课的?还记得上课的一些情况吗?

萨:1951年年初的时候,我们开始上课,那时匈牙利、保加利亚的学生已经到了,我们一起上课,邓懿老师给我们讲课,冯忆罗老师做翻译。3月,波兰学生到了,老师们就单独给他们上课,帮助他们赶上我们小组的水平。捷克斯洛伐克的学生9月才到,他们中一部分学过汉语的学生参加到我们的小组上课;没有基础的学生就单独一个小组上课。我们的教材都是油印的,是老师们白天编好,晚上亲手刻好,早上工人印好后直接送到教室,所以我们拿到这些教材的时候,常常上面的油墨还没干呢。我还要告诉你一件事,我还保留着当时的这些个教材,我认为这很有历史意义,这是新中国,也可能是现代中国教外国人汉语的第一份教材,以后应该放在博物馆里。

黎:您的这个想法非常好!如果能放在博物馆里是很有意义的,让人们了解这段特殊的历史。除了教材,学习上还有哪些给你们留下深刻印象的事情呢?

罗:我们每天早上八点到十二点上课;十二点到下午两点吃饭、睡午觉;两点到三点我自己学习,听录音;下午三点到五点我练习汉字;五点到六点在操场做体育活动;六点到七点半的样子,吃晚饭;晚上再学习课本的内容。我印象很深的就是老师们非常重视我们的发音,在这方面花了很多时间,而且非常严格。

黎:能举个例子吗?比如在语音训练方面,老师们怎么严格?

萨:我有记日记的习惯,我的日记里记着,考试的时候要录音,然后熊毅老师总结说"你们的发音还是不够标准",她告诉我们哪些发音不标准。不过,那时我们心里觉得我们这次考试比上次考试好多了,老师就说:"你们别骄傲,你们的发音还可以更好。"然后我们就继续每天听录音,还不断地跟着老师念,这样的练习方法当时觉得有些机械,但是效果很好,我们都打下了很好的语音基础。后来我教我的学生学汉语的时候,也特别重视语音,因为我知道学好一种语言,发音是非常重要的。

黎:在语音练习方面,罗明大使是出了名的,非常用功,所以您的发音非常出色,我看的材料里说您曾经"骗过"了朱德总司令的耳朵,他以为您是生长在中国的罗马尼亚人的后裔。①

罗:关于这个故事一会儿我给你讲。其实,不只是我,他们也都很用功。而且因为老师对语音要求严格,所以我认为我们那一批学汉语的留学生发音是比较准确的,后来

---

① 〔罗〕罗明《为中罗友谊而歌》,北京大学国际合作部《燕园流云》,北京:北京大学出版社,2010年,第7页。

对发音没有那么重视了,留学生的发音就有了各种毛病。

萨:对我们东欧学生来说,学习汉字也不容易,特别那时候我们学的还是繁体字。罗明每天要练习两个小时,一个汉字写六遍、八遍。我呢,每天熄灯以后把当天新学的汉字写在墙上,第二天早上看看写得对不对,能不能认识。

黎:我有一个疑问,当时你们都青春年少,是比较贪玩的年龄,但是通过刚才你们的介绍可以看出,那时候的学习强度很大,这对你们来说,是不是有一个难以适应的过程?

萨:没有,我们那时候根本没有这样的过程,甚至在晚上十点学校熄灯以后,我们还拿着书到厕所里头看。我们大家都是这样的。

罗:还有一点呢,我们罗马尼亚五个学生都是中学毕业,而不是大学毕业,因此,我们尊重这样的规定。

萨:对,你知道为什么吗?因为那个时候我们中学的纪律性很强,我们穿着校服,校服上有号码,如果我们在街上有什么问题,人们很容易就能知道我们是哪个学校的学生,他们就可以报告给学校。我们校服上有白色的领子,每天晚上都要洗,因为学校一发现谁的领子是脏的,就马上让他回去,不让进学校。所以我们习惯了遵守规定,认为纪律就是纪律。其他国家的留学生有不少是大学毕业,有的已经是老师了,有的人就喜欢抱怨,比如宿舍啊,吃的啊。他们说对我们罗马尼亚学生来说什么都很好,我们也确实是这样想。我最近给布加勒斯特大学中文系学生讲座,我给他们介绍1950年我们到中国以后怎么认识中国和中国人。那时,虽然我们那么年轻,但是我们知道中国大概有一百年的战争,在这样的情况下,我们如果提出什么特殊的要求,那是不应该的,因为当时中国面临的问题很多。

罗:我可以补充几句。我觉得萨安娜老师刚才讲的这些都很有道理,是合乎事实的。但是很重要的一点是我们是作为中国人民的朋友去中国的。所以,我们觉得一些不方便、别扭的小事都不用在意。

黎:你们对中国的理解应该是建立在对中国的了解基础上,刚才谈到,在来中国之前,你们对中国的了解还不够丰富,所以,来中国以后,你们通过什么方式建立了对中国的了解?

罗:我们主要是通过学习和实践了解中国的情况的。在学习内容上,中国方面的考虑很周到,他们主要是根据我们以后的工作任务来设计我们的学习内容,比如汉语教哪些词汇,课文的内容是什么。我们大概到了第二年的时候就开始读毛泽东的《论人民民主专政》《新民主主义论》《中国革命与中国共产党》和鲁迅的《故乡》等。我们还有很多机会接触中国现实,当时的运动很多,我们也像中国学生一样参与。我记得1950年12月,我们刚到清华大学不久的一个晚上,我们屋子的门外有很多人说话,声音比较大,很热闹,我就出去看看,那些中国学生就邀请我,那时我还不会讲汉语,但是我知道他们邀请我参加,我就叫上同屋廖宁,我们跟着中国学生去了清华大学靠近体育场的一个广场。那里有很多学生,清华大学的团书记站在体育馆的阳台上讲话,学生们都很激动,热烈鼓掌。我们跟周围的人谈话,慢慢明白了中国准备派志愿军帮助朝鲜。我们都在那里拥抱,表示社会主义阵营要协作,要打倒美帝国主义,协助朝鲜获得解放。当时是冬天,五点钟天就黑了,但是我们到当天夜间十一点多钟一直在那里。我站在中国学生中间,我不觉得我和他们有什么区别。那个时候,如果有人要让我去当志愿军,我一定会去的。

黎:当时中国有很多运动,这些运动你们参加吗?是你们自己主动参加的,还是学校组织你们参加的?

罗:有些运动我们男同学是自己去的。

萨:我们女同学主要是 Ira 带我们去。Ira 是教学助理冯忆罗,我们那时很喜欢她,给她取了一个东欧女孩子的名字。中国方面管理我们留学生的人很聪明,比如那个时候在进行土改,本来他们想带我们去农村亲自看看。后来 Ira 告诉我们,领导觉得我们去到那里不安全,因为那个时候中华人民共和国刚成立,还有很多不稳定的因素。所以领导决定请一个参加土改的干部来给我们讲土改怎么进行。这个干部给我们举了很多例子,地主对革命的态度不同,政府就会用不同的方法对待他们。所以,过了那么长时间以后我还记得,我那时就了解到具体问题具体分析的政策。

罗:总的来说,周恩来总理和中国教育部都很重视,负责我们专修班工作的周培源等教授都特别注意我们这一批人怎样学中文、怎样熟悉中国的情况等。因为除了学汉语之外,像刚才萨安娜介绍的有人给我们作报告,介绍各种各样中国的政治、经济、文化问题。另外一点,他们也让我们去外边的一些地方参观访问,比如我们参观了卢沟桥。我们在那里待了一天,和老百姓、农民一起吃饭,看他们居住的条件,听他们讲抗日战争。1951 年七月、八月,我们去南方,到上海的一些工厂,跟工人打交道,听他们介绍情况,跟他们交朋友;我们也去了上海的复旦大学还有其他的学校,跟中国学生们见面、谈话。再后来去了杭州,在西湖旁边听有关西湖的一些故事。因此我们那一年半的生活,不是仅限于学习汉语。当时支配我们整个学习情况的思想里边有让我们熟悉中国、跟中国人打交道、成为朋友的思想。所以这一年半的时间内,他们完全达到了他们的目标。另外,每星期六,他们也邀请我们去青年宫等地方,在那里跳舞、看电影。所以我们从任何角度,都没有根据对他们的工作提出意见。

萨:对我们的培养计划做得非常聪明,除了语言以外,还包括各个方面。专修班组织我们看过几次梅兰芳表演的京剧,比如《贵妃醉酒》,还有戴爱莲的舞蹈,我现在还记得那些表演；他们还组织我们去参观故宫、颐和园、天坛等，虽然我们什么都不懂，但是每次给我们介绍这些地方的都是高水平的专家。而且为我们组织这些活动，他们背后要花费很多精力。比如说有一次去长城，中国方面派了一个团长和六个士兵陪着我们。我的日记上都记着呢。那时候我们是糊里糊涂的小孩，后来我在使馆工作，参加外交部组织的一些活动，我才体会到每次活动有多少细节需要考虑，连厕所是不是干净、洗澡水是不是热这样的细节问题都需要考虑。所以，当时中国方面给我们组织的这些活动非常不容易！

黎：我想到了一个问题，刚才罗明大使说你们从第二年开始学习毛泽东的《新民主主义论》等，那时你们的汉语程度能理解这些文章吗？

罗：那个时候，按照我们国内的教学制度，我们得学马克思主义、列宁主义，学有关罗马尼亚建设政策、方针等许多知识。所以，我们大概每个月两次去大使馆，在参赞的指导之下学习马克思主义、列宁主义还有其他的一些理论知识。所以我们对这些政治思想学说、概念都有一定的理解，上有关《新民主主义论》这些课程的时候，我们脑子里也有一些能协助我们更深刻地懂得这些内容的知识。

黎：我看一些材料上说是你们这些留学生们希望了解更多的政治方面的内容。

罗：我看是两方面的要求，是学生的要求，也是教育部的要求。这是中国领导的一种想法，他们从一开始就强调学语言是我们的最重要的任务，但是同时要让我们熟悉中国的情况、中国的历史，要跟中国人打交道、成为朋友。这本来就是他们培养方案的组成部分。

黎：专修班的汉语学习结束后，你们就转入专业学习了，当时怎么选择专业和大学呢？

萨：我们在清华大学专修班毕业后，罗马尼亚教育部就告诉我们两个人学习历史，两个人学习中国文学，一个人学习经济学。

黎：是根据你们自己的意愿选专业吗？

罗：是根据罗马尼亚教育部、组织部的需要。那是1952年夏天，罗马尼亚驻华大使请我到使馆院子里去，我们坐在一个石桌旁，他问我要学什么，我本来受家庭影响，想学电器化还有什么跟机械有关系的专业。大使说"那不行，那不行"。然后大使用了大概四十多分钟的时间说服我学中国语言文学。后来我才明白他建议我选这个专业的原因，因为作为一个外交官，既然他们学历史，我首先要掌握的是什么呢？语言，还有文学史、文化，每一个外交官必得熟悉的知识除了那个国家的经济情况以外，那就是文化、精神生活这一类的知识。所以，最后我不得不接受。在我们五个人中，他们也考虑到我在学语言方面成绩比较好，所以让我来学语言文学这个专业。

萨：我和郭玛丽被分配在北大学历史，江冬妮和罗明在北大中文系学习。能学历史我非常高兴。那个时候我们没想到要反对,因为我们认为我们对世界有一定的责任,社会给我们条件,它需要什么专业,那我们就学习什么专业,那个时候能学习这是最重要的一件事,也从来没有被人逼着学习这种想法。我们另外一个男同学学经济学专业,因为中国人民大学那个专业最好,所以他去了那里。

黎:就是说当时你们被安排到在某一领域专业最强的中国高校中学习了。

萨、罗:对,对。

萨:而且我们遇到了专业水平很高的老师,比如我们历史系有翦伯赞、周一良、邵循正、邓广铭、齐思和、张芝联这些史学研究者,邵循正老师给我们讲中国近代史和外国资本输入中国史,周一良老师讲中国通史和亚洲史,张芝联老师讲世界近代史,邓广铭老师讲中国通史,齐思和老师讲世界古代史,这些内容开阔了我的思路和研究视野,给我的史学研究打下了很好的基础。

图2 1982年12月,萨安娜在博士论文答辩中(萨安娜提供)

罗:你知道,我们教育部当时有很明确的想法,把我们派到中国去本来是要解决两国外交之间的事务问题,还有对外贸易的关系、文化交流的关系等。所以,从北大毕业后,我和萨安娜就被分配到外交部;另外那位男同学就去了外贸部;江冬妮被分配到布加勒斯特大学,她在那里设立了中文系。郭玛丽去了对外文化关系协会。

黎:这些部门都是跟中国进行交流的重要部门,你们非常及时地填补了罗马尼亚汉语人才的缺口。

罗:是的。其实因为人才极缺,在我还没毕业的时候,从1954年9月开始我已经一边在北大学习,一边在罗马尼亚驻华使馆工作了。那时候,罗马尼亚外交部要求我每星期一、二、三在北大学习,四、五、六去使馆从事文化方面的工作。这其中就有一个我刚才想给你讲的故事。1955年12月21日—30日,朱德元帅率领的中国共产党代表团来到布加勒斯特参加罗马尼亚工人党第二次代表大会并对罗马尼亚进行友好访问,一同来访的还有聂荣臻元帅、刘澜涛、师哲等。这是一件非常重要的事情,罗马尼亚党和国家领导人非常重视,专门把我从中国调回,全程陪同朱德元帅一行,因为当时罗马尼亚没有会说汉语的人才。他们到达雅西的时候是21日一早,天还没亮。罗马尼亚方面在站台上为他们举行了隆重的群众欢迎大会。在欢迎大会上,罗方代表致欢迎词之后,朱德元帅发表了讲话。我是第一次为这样的高层领导当翻译,有些紧张,而且朱德元帅是四川口音,所以他说的一些词我听不懂。幸好他作的是书面发言,就是他有稿子,而且稿子的字很大。我站在他身后伸着脖子看着他的讲稿翻译,终于顺利完成了现场翻译。

黎:看着稿子也需要有很好的汉语基础才能成功完成现场翻译,这说明您的汉语基础打得很好!这当然是你们刻苦努力学习的结果,取得这样的结果跟当时老师们的教学有什么样的关系吗?

罗:我们的老师都是第一流的。

萨:对,是第一流的。而且他们的责任感高到不能再高,因为他们认为培养出来第一批懂中文的外国留学生,是他们一个光荣的任务。

罗:我们一直保持了非常好的关系。我后来当过大使,以这样一种身份邀请他们到使馆来,举行一个宴会,那离我们毕业已经过了30年吧,我们在一起都觉得很舒服,好像是得到了一种证明,证明他们对我们所做的教学工作还是很成功的。

萨:那时老师们给我们这些母语背景复杂的学生进行汉语教学非常不容易,我们都非常尊敬和喜欢他们,跟他们有着比跟其他老师更深的感情。20世纪80年代,我们和这些老师再次相聚的时候,他们也说跟我们第一批东欧交换生感情最深。我想是因为他们为我们付出了太多太多!那时候他们白天上课,编写教材,晚上还要来我们的宿舍辅导我们,回去后还要刻写教材让我们第二天能用上,工作非常紧张,但他们从来没有流露过疲惫、不悦,全身心投入这个有意义的工作。①

黎:现在,离你们第一次踏上中国的土地已经过去了将近70年,你们如何评价那段留学

---

① 在这次访谈之后,我跟萨安娜教授一直保持着联系,她热心地牵线搭桥,为我跟罗马尼亚国际广播电台中文频道的苏燕女士建立联系。苏燕女士于2020年对萨安娜教授进行了采访,采访中谈到当年的老师们时,萨安娜教授深情地说:"我这一生都感激这些中国老师,他们不仅识渊博而且在教学过程中体现出对年轻一代的极端负责的精神。六年在清华、北大的学习,为我们将来作为历史学家和汉学家的生涯打下了坚实的基础,每当我回忆起这六年美好的学习生活时光时,令人尊敬的老师们的音容笑貌总是浮现在我眼前。"苏燕《耄耋之年,只争朝夕——汉学家萨安娜女士接受罗马尼亚国际广播电台中文频道采访》,Radio România Internațional,"友谊纽带"栏目,2020-11-19 16:21:00。在此感谢苏燕女士的帮助!

中国的经历?

罗:我们感到非常满意。我们完成了我们国家交给我们的任务,就是成为两国关系的桥梁,我们一生的活动、生活都证明当时的这个计划是正确的。我们一直按照这个目标去做,结果合乎我们当时的期望。

萨:罗明准备写他的回忆录,选题目的时候他说:"题目叫'一个好运的人'怎么样?"确实,我们运气非常好,从满洲里火车站踏上中国的第一步一直到现在,我认为我是一个好运气的人,能在中国学习,吸收中国的文明,塑造了我自己的性格和治学特点。每当我们跟罗马尼亚人说我们在中国学习过,我们会说汉语而且了解中国,人们就马上表现出敬佩的态度,所以我们的中国知识给了我们一种勇气。在中国的留学经历给我一生的工作、历史研究奠定了基础,也是我形成对中国独特本质认识的条件,这些认识让我能正确欣赏具有唯一性的中国文化的价值,不断产生研究它的动力。

黎:你们年轻的时候就带着使命来到刚刚成立的新中国,加上后来因在罗马尼亚驻华使馆工作,在中国有过 17 年的生活经历,所以你们对中国的研究很大意义上是源自你们在中国的生活、体验;而精通中文的优势,又使你们能通过第一手的中文文献获得研究材料,这些都有助于你们从中国的立场对所研究的问题进行观察,从而形成对问题的独到见解。比如,罗明大使说过:"中国文化具有非常明显的特质,需要亲临其境、在一些行家的点拨下才能领悟和吸收。"①这个观点没有亲自到过中国的人,没有在中国长期进行观察的人是很难得出的,也是很难理解的。在访谈你们之前,我读过不少介绍你们的文章,了解到你们对中罗两国友好关系付出的努力和你们对中国历史文化理性、精湛的研究,内心充满崇敬。感谢你们接受我的访谈!

---

① 丁超《半个世纪的汉学历程——罗马尼亚汉学家罗明夫妇访谈录》,《国际汉学》2004 年第 2 期,第 279 页。

新中国首批东欧交换生的留学经历访谈(二)*

受访人：〔匈牙利〕尤山度　　**访谈人**：黎敏

2014年至2017年我在匈牙利罗兰大学孔子学院工作期间,因为工作的缘故和尤山度先生有过数面之缘,被他一口字正腔圆的汉语吸引。后来我了解到1950年新中国成立了清华大学东欧交换生中国语文专修班,尤山度先生是第一批来华的匈牙利交换生之一,此外还有戴伯纳(Tálas Barna)、高恩德(Galla Endre)、梅维佳(Mészáros Vilma)。我对他们的这段经历产生了极大兴趣。他们的留华生活是在新中国对外汉语教学初创,中匈关系初建、社会主义阵营之间的合作初步展开的时代大背景下度过的,这使他们的这段经历有了不同寻常的意义,是丰富我们对这个时期对外汉语教学的发展情况,乃至这段历史认识的独特角度。2017年2月8日在中国驻匈牙利使馆举办的春节招待会上,我再次遇见89岁高龄的尤山度先生,我跟他提出访谈请求,他欣然接受了。我先后两次对他进行访谈。

尤山度简介：尤山度,1928年生于匈牙利Vas州的Mersevát。1950年毕业于罗兰大学匈牙利语文学和历史系。1950年参加中国博士班奖学金项目,被派往中国留学,1955年完成中国人民大学硕士课程回国。1955年至1957年在匈牙利外交部工作。此后在匈牙利罗兰大学东亚系教授现代汉语以及近现代中国历史。1973—1976年,他来华任匈牙利驻华使馆文化参赞。1984年曾在北京语言学院(今北京语言

图1　尤山度①(尤山度提供)

---

* 本文为世界汉语教学学会2021年全球中文教育主题学术活动资助项目"中匈建交后匈牙利汉语教学史研究"(项目编号:SH21Y07)的阶段性成果。

2020年我开始整理2017年两次对尤山度先生的访谈材料。恰逢新冠疫情肆虐,世界各地的人们往来不便,加上匈牙利的国际通讯费用昂贵,我与尤山度先生的联系、沟通很多时候是在Regina Kovacs女士和唐婧女士的帮助下才得以实现的。特别是在这篇文稿写成之后,我发送给尤山度先生,征求他对稿件的意见,由于年逾90的尤山度先生不便操作电脑,Regina Kovacs女士牺牲了不少时间帮助他将修改建议输入文稿中。如果这篇文稿有些许意义,那么首先要感谢尤山度先生,其次也要对Regina Kovacs女士和唐婧女士的无私帮助表示衷心的感谢!

① 2021年6月93岁高龄的尤山度先生,摄于在布达佩斯的家中。

大学)进行为期三个月的研究考察。1988—1991年在北京外国语学院(今北京外国语大学)匈牙利语系任客座教授,教授匈牙利语和匈牙利历史。著有《中国与奥匈帝国关系史》等专著以及几十篇介绍、研究中国的文章。他的译作有《毛泽东诗词21首》、艾芜的《山野》、茅盾的《春蚕》、溥仪的《我的前半生》等。

黎敏(以下简称"黎"):尤山度先生,您好!我了解到,您是1950年成立的清华大学东欧交换生中国语文专修班的首批匈牙利交换生,所以想了解一些当时你们在中国留学的经历。您是大学毕业以后去中国留学的吧?当时去中国留学有什么条件呢?什么样的人才能被选拔去中国留学呢?

尤山度(以下简称"尤"):是有条件,需要文科生,当时最重要的条件就是工农出身,但不一定很机械地坚持这个条件。比如说梅维佳的爸爸是个知识分子,但高恩德、戴伯纳和我都是工人家庭出身。

黎:我看到高恩德教授的妻子冒寿福在《回忆高恩德》这篇文章中说他出身于工人家庭,靠着优秀的学习成绩获得奖学金和助学金完成了他的中学和大学学业。[①] 所以,学习好也是一个被选条件吧?

尤:学习好是一定的。当时我们四个人都已经大学毕业。高恩德从罗兰大学德语系和匈语系毕业,戴伯纳从罗兰大学文学院哲学-心理学-政治经济学系毕业,梅维佳法语专业毕业,他们都留在罗兰大学任教。我1950年从罗兰大学匈牙利语-历史专业毕业,那时候我最大的愿望就是在我的老家附近当一名中学老师。我很小的时候,想当路德教的牧师,小学的时候想当小学老师,因为当时非常喜欢小学老师。不过,大学毕业后,我在久尔的一个技术中学当匈文和历史老师。我不喜欢布达佩斯,因为我上大学的时候,这里到处被炸得破破烂烂,王宫被炸毁了,多瑙河上没有桥,只有临时的桥,原来的桥都在二战的时候被德军炸毁了。你很难想象当时的情况,那时我们国家很穷,一般的学生也很穷,特别是我。我上大学四年根本没钱,因为爸爸妈妈是退休的铁路工人,父亲的退休金非常低。但是我有一个舅舅,我住在他家一个很小的房间,我没有书桌,只有一个可以睡觉的地方,所以我的学习条件非常差。因为有舅舅的帮助,所以我吃饭没有什么问题,但是每月除了月票和每个星期去洗澡(那个时候在房子里没有洗澡间)这些钱以外,我一分钱也没有。所以我每天就是去大学、回家,根本没有钱游览布达佩斯。我不愿意留在布达佩斯,穷是一个非常重要的原因。

---

① 〔匈牙利〕冒寿福《回忆高恩德》,匈中友好协会编《北京的匈牙利狂想曲》(内部资料),2014年,第20页。

黎：在被派往中国留学之前，您想到过要去中国吗？对中国了解吗？

尤：在被派往中国之前我从来没想到过要去中国。我大学的时候学过中国历史，但是那时主要讲中国古代史，中国近代史和现代史我一点儿也不知道。给我的印象就是中国是很穷的国家，还知道世界上最有权力的就是中国皇帝。那时候我没见过中国人，也没看过中国电影，很不了解中国，只知道中国人是黄种人，喜欢喝茶。

黎：那您是怎样知道要被派往中国留学的呢？

尤：在那所技术中学工作几个月后，匈牙利的劳动人民党中央干部局发来电报①，请我去党中央干部局。当时，这种来自党中央的电报就像征召入伍的通知书。我很激动地按时到达了在布达佩斯的党中央办公大楼。在走廊里，我第一次见到另外三位以后跟我命运相同的人高恩德、戴伯纳和梅维佳。虽然我们都毕业于罗兰大学，但是因为是不同的专业，所以在此之前我们互相并不认识。后来，党中央干部局的人请我们进了一个办公室，在那里一位部长接见了我们。那是一间宽大的办公室，墙上挂着一张很大的世界地图，地图上有一块大的红色标记，还有一块黄色的标记。那位部长告诉我们，黄色的那块地方就是派我们去留学的地方，那就是中国，红色的地方就是苏联。部长给我们一个星期的考虑时间。我们四个人经过考虑都接受了这个使命。

黎：被选中的人都同意去中国了？是不是不能拒绝呢？

尤：据我所知，被通知去中国留学的是五个人，我们四个人同意了，另一个人因为离不开他妻子，所以没同意去。②

黎：那时你们四位都是党员吗？

尤：不，他们三个都是党员，我不是党员。但是临到去中国的时候我也入党了。

黎：1950年，中华人民共和国刚刚成立一年，你们去之前，朝鲜战争刚刚爆发，在这样的背景下，得知您要去中国留学，您身边的人支持吗？他们是什么态度？

尤：1950年6月，我们从报纸上看到朝鲜爆发战争，匈牙利在朝鲜战场上建立了拉科奇医疗队。当时的报纸上也有很多关于中国的报道，赞美的比较多。1950年10月2日，中国政府决定派中国人民志愿军进入朝鲜，协助朝鲜民主主义人民共和国军队作战。所以听说我要去中国留学，我母亲非常难过。不过，我的一个舅舅在巴黎工作过，他鼓励我去中国，他说："你可以看看不同的生活。"

---

① 匈牙利劳动人民党是当时匈牙利共产党的名称。
② 关于当时匈牙利被推荐入选交换生的人数，戴伯纳说有12人，但其中7人很快拒绝了，另外1人后来也拒绝了。

黎：中国对你们来说那么陌生，所以出发之前大学或者什么部门有没有什么培训？我知道罗马尼亚的交换生在远赴中国前有专门的培训。

尤：匈牙利没有专门的培训。但是我们几个人自己有意识地创造机会多了解中国。1950年9月的时候，五名中国派到匈牙利的交换生来到罗兰大学，贾淑敏就在其中，她后来成为北京外国语大学匈牙利语专业的创始人、第一任匈牙利语教研室主任。我们马上邀请他们到我们的学生宿舍喝下午茶。我们准备了三明治、甜点还有茶。虽然对中国了解不多，但是我们知道中国人喜欢喝茶。我们按照匈牙利人喝茶的习惯，往红茶里加了糖，还倒了不少朗姆酒，以表示我们的热情。但是，这些中国学生都没表现出喜欢的样子。后来我们了解到，中国人不太喝红茶，至少当时是这样，他们喜欢喝绿茶，而且不加糖，更不加朗姆酒了。这就是我们真实接触中国人的开始。

黎：知道你们将赴中国留学，中国使馆有没有给你们提供了解中国的机会？

尤：有。我们临去中国之前，中国驻匈牙利大使黄镇亲自宴请了我们，这是我平生第一次品尝地道的中餐。有鱼翅、虾、海参、豆腐等，非常丰盛。不过那时我吃不惯中餐。特别是马上就要出发了，心里还是有点儿紧张。我记得那天夜里我梦见了原子弹。

黎：看来您是在忐忑之中踏上了前往中国的旅途。当时你们是怎么去中国的？有没有人接你们？

尤：我们坐火车，经过莫斯科，15天后到达北京。但是，到了北京没有人接我们，因为当时中国的教育部没有收到我们到达的电报。幸好在满洲里的时候，当地已经根据教育部的规定给了我们不少钱，所以我们有钱。我们叫了三轮车去北京饭店。我们只说"Hotel Peking"，三轮车夫就把我们拉到了北京饭店。那时北京饭店只有三层楼。正巧那时候在北京饭店有一个匈牙利代表团，这样我们就通过他们跟匈牙利使馆联系上了，使馆告诉中国教育部，教育部就派人来接我们了。

黎：刚到北京时，看到的是什么样的北京？

尤：说实话，那时北京的建筑让我感觉像吉普赛人生活的地方，虽然当时布达佩斯也很破旧，但是北京更厉害一些，而且风沙很大，卫生很差，房子都是小平房，没有公共设施，没有排水设施，居民们夜晚的排泄物都是早上拿出来倒进粪车里，然后直接去浇地了。街上的公共汽车很小，而且非常破旧，十几个人挤在车里，没有汽油，你想象不到，是烧木炭发电，然后以20迈的速度走。著名的古迹，比如故宫，破坏严重，年久失修。不过，虽然当时的北京很脏、很破，但是明显看得出来古老文化的影响很大。

黎：最初你们适应这里的生活吗？

尤：不适应，常常拉肚子。

黎：你们到清华大学以后住在哪儿？吃饭的问题怎么解决？

尤：我们的宿舍在清华大学的明斋。最初外国留学生两人一间宿舍，我跟高恩德是同屋。我们知道我们的生活水平比中国学生高，他们一个宿舍人数很多。1952年4月开始，我们跟中国学生同屋，也就是一个房间有一个留学生和一个中国学生。开始的时候，教室和宿舍都没有暖气，我们来的时候是冬天，所以非常冷。好在很快中方就发给我们样子、颜色完全一样的棉袄、棉裤，它们都非常厚，我们经常开玩笑说我们的棉裤可以自己站着。但是我们都特别喜欢，因为穿上棉衣就不冷了。后来每间留学生宿舍配了一个炉子。不过，北京的变化很快，1953年我去中国人民大学读研究生，那里已经有暖气了，一点儿也不冷，街上的公共汽车是捷克斯柯达（ŠKODA）的车，也有自行车了。在吃的方面，清华大学有专门为我们留学生办的食堂，尽管他们做各种菜，但是我还是不太喜欢。后来，我认识了一个中国作曲家刘炽，他让我知道去很小的饭馆可以吃到好吃的菜。

黎：我看过的材料里说你们当时学习非常紧张，每天上午上四节课，下午有辅导课和自习，晚上有时候老师还要去你们的宿舍辅导。当时你们有没有觉得这样的学习强度太大？

尤：没有。我们是国家第一批派出到中国的学生，都是很有水平的人，国家很重视。那时候，二战刚结束，很多人都有一种开始新生活的热情，比如在匈牙利，老百姓们免费地工作，希望国家能尽快恢复。现在布达佩斯的桥、城堡等都是战后重新修建的。我们就是在这样的气氛中。50年代可以说是两国关系的第一个繁荣时期，这有各种各样的原因，主要的原因就是资本主义国家的封锁，中国外交的活动范围是非常窄的，所以很快就发展了和苏联以及东欧人民民主国家的政治、贸易、文化和教育关系。但是，当时这些东欧国家几乎没有能胜任两国交往的语言人才。比方我们的国家没有一个人懂现代汉语，虽然从1926年起，那时的Pazmany Peter大学，也就是现在的罗兰大学就有了东亚系，但是它主要是研究古文的，教授们可以看《论语》《孟子》《史记》等古代文献，但是不说汉语。这也是传统西欧汉学的特点，他们关注中国古代的文化，而不是现代文化。我们也受此影响，罗兰大学原来的中文教研室也是这样。

黎：所以你们内心里有学成之后要为国家做一些事情的想法？

尤：那当然。所以我们很多人自己想学习。晚上我们学习，练习汉字，十点钟全校熄灯，全清华大学都是黑的，根本没有电，我们就都点着蜡烛学习。罗马尼亚的罗明（Budura Romulus Loan)是模范生,早上六点半,我们还没起,他就已经在楼梯上"中央""飞机"地练习起来了。

黎:说到罗明先生,我在访谈他和萨安娜(Budura Anna Eva)老师以及戴伯纳先生的时候发现,你们这批东欧交换生的发音、语法、词汇等方面都学得特别好,时隔几十年都依然没忘,说明当时的基础打得很好。

尤:是的。我们的老师非常重视发音和声调,而且非常严格。我们每个周末都有考试,就是念这一周的课文,用录音机录下来,我们犯了多少个发音、声调错误,老师都记下来,然后算入我们的考试成绩。晚上,老师们还到学生宿舍教我们发音,非常耐心。我30年以后才有机会到中国去研究当时北京的汉语教学法,我听了很多课,我的第一个印象就是,不一定每一个老师都非常正确地讲普通话。因为学生多了,就没有那么多的老师,所以外地的老师很多,他们根本不重视发音和声调。我跟当时的负责老师谈了这个问题。我给你讲一个小故事:我们在清华大学百年校庆的时候有一个比较大规模的庆祝会,罗明发言,因为我们当中他的发音是最好的,在中国待的时间也很长,他做了一个非常好的讲话。在我旁边坐的是熊毅老师。罗明讲完了,熊毅老师说了一句话,非常能表现老师的这个特点,她说:"他的讲话非常好,但是还是犯了三个声调错误。"

黎:您记性真好!还记得当年老师的名字。

尤:那当然。我的第一个老师是邓懿,是优秀的教师,我的中文名字就是她取的。熊毅老师也是我那时非常喜欢的一个老师,她比我小一两岁,当时刚从北京大学毕业就来教我们了。我们当时觉得我们都已经大学毕业了,在匈牙利的时候都是老师了,所以中国的学生对我们来说是孩子,就不能跟他们像一个大人一样谈话,但是助教、讲师,都是我们的朋友,因为我们觉得他们的思想,他们的文化水平都和我们差不多,我们之间没有秘密,关系非常好,老师们都喜欢我们。30年后我们在北京大学相聚的时候,大家见面激动地拥抱,非常高兴!他们说跟第一批交换生的关系最密切,感情特别深。

黎:当时专修班的同学之间关系怎么样?

尤:我们匈牙利的几个学生之间关系很好,一起玩儿,一起喝酒,虽然已经大学毕业了,但是到了清华大学还像小学生一样,经常在教室里面闹。匈牙利学生中唯一的女生是梅维佳,她总是丢三落四的,汉字也写得很不好,我们就跟她开各种玩笑。这种亲密的关系我们一直保持了一辈子。可惜梅维佳去世得比较早,2008年的时候,高恩德也去世了,我写了一篇文章《永别了高恩德》。我们跟其他国家的学生关系也很好,比如虽然我们都有中文名字,但是我们彼此之间常常用爱称,像罗明,我们就叫他 Romi,我的是 Sani。

黎:那时每年都会有一些重要的庆祝活动,比如国庆节、劳动节等,你们参加过吗?

尤:参加过,五一、十一我们几个国家的留学生都在天安门的观礼台上。

黎:有这些重要活动的时候,学校也会要求留学生参加,那你们自己愿意参加吗?

尤:一般地说每一个人都很愿意参加。因为说到底我们也是党员。

黎:我看到当时你们在卢沟桥、颐和园这类地方照的照片,那时专修班是不是为你们组织了不少这类参观活动?

尤:是的,有不少活动,比如坐着吉普车去参观合作社、参观长城等,当时的路坑洼不平,尘土飞扬,所以印象不太好,当然长城还是非常好,非常伟大。给我印象比较深的是1951年夏天,我们去上海、南京、杭州参观工厂、合作社还有名胜古迹。我们觉得还是南方更漂亮,因为北方有土有沙。那时我们跟普通的老百姓可以完全自由地交谈,而且我们已经开始能听懂老百姓的话了,以前我们只能听懂老师的话。因为语言进步了,我们就可以到处问,很自由地聊,所以都是很好的印象。在上海,我们被安排在一个很大的旅馆里,每个人有一套房间,有可口可乐,我们在那儿第一次喝了可口可乐。在杭州参观灵隐寺的经历也很有意思。去那里的路上我们的车后边有一大卡车穿灰色服装的"普通人"也游览了这里。第一座大殿是他们来参观,第二座大殿也是他们,第三座还是,我们一直跟他们打招呼。后来按照当时的习惯就是有音乐就开始跳舞,有一个比较高的男人请我跳舞,一开始跳舞我就摸到了他腰上的枪。所以我就知道他们是穿民服的军人,他们在保护我们。那时,虽然街上还有要饭、要钱的孩子,但是除了这个以外,不管到什么地方去,中国人都很客气,没有什么不好的印象。

黎:专修班的学习结束后,你们就进入不同大学开始专业学习了。我看到的材料里说,有些学生去了北京大学,有些学生去了中国人民大学,有些则去了中央美术学院。当时去哪所大学是你们自己选择吗?

尤:不是,是中国的教育部安排。因为我要求学习中国的近现代史,教育部认为中国人民大学是学习这个专业的最好的地方,所以我就去了中国人民大学。戴伯纳也是这样,他要学习政治经济学,所以去了中国人民大学的政治经济教研室。高恩德学现代文学,他和梅维佳去了北京大学中文系。在王瑶教授的指导下,他研究五四新文学,特别是鲁迅。

黎:当时给你们配备的老师都是最好的,对吗?

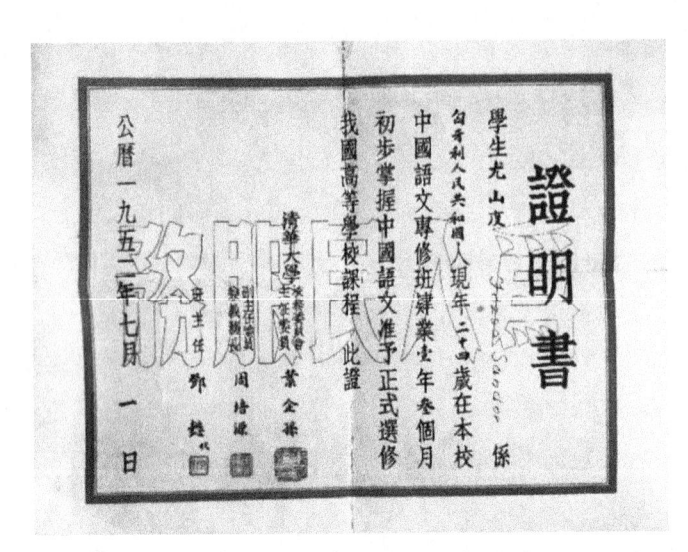

图 2　清华大学东欧交换生中国语文专修班学生尤山度的结业证明书①（尤山度提供）

尤：非常好，最好的老师。我的导师何干之教授也是，他写了党史，经常辅导我，他们还为我安排了一个辅导员，也是助教——彦奇。我每一次想和老师见面，他就马上见我，对我非常重视。我们是中国人民大学的第一批外国研究生。在何干之教授的指导下，我还用汉语写了一万字的毕业论文。到现在我还保留着中国人民大学的校徽、毕业证，你可以看看（尤山度先生给我展示他保留的这些物品）。

黎：还有成绩单呢，成绩都是优等和良。校长是吴玉璋。

尤：对对，很有名的，吴老。

黎：现在，离您留学中国已经过去快 70 年了，回首那段经历，您觉得它对您的一生有什么影响？

尤：那当然影响了我的整个生活。我是学习历史的，特别是学习中国革命史的，我希望回国后在科学院历史研究所工作，因为我是学生的时候就已经参加了匈牙利历史研究院的一些工作，毕业以前，我很注意收集材料什么的，所以我在中国的时候跟匈牙利的历史研究所一直有联系。我每年夏天回来的时候，研究所的副院长都接见我。我也写了一篇关于中国历史的文章，发表在当时有名的历史杂志上，所以我一直准备当一个历史研究者。历史研究所的老教授和几个年轻人也非常热情地欢迎我，因为我给他们讲了很多中国的情况。但过了几个月，外交部请我到那里去工作，因为非常需要人，我只好去了。

---

① 1952 年 7 月，清华大学东欧交换生中国语文专修班结业时，由校长叶企孙、教务长周培源及班主任邓懿签发的结业证明书。因首批交换生在 1951 年 1 月才正式开课，他们的学习时间未满中国教育部规定的两年，因此这张证明书上注明"肄业"。

黎：戴伯纳先生和高恩德先生不是都已经去外交部了吗？

尤：戴伯纳一毕业就留在匈牙利驻华使馆，高恩德1956年也被派到北京当外交官。

黎：为什么外交部已经有他们两个人了，还需要人呢？

尤：因为国内没有懂汉语的人，但还有很多跟中国有关的重要工作。比如1956年1月中国国家副主席朱德率领中国代表团访问匈牙利，1957年1月中国总理周恩来率领的中国党政代表团访问匈牙利，这几次重要的活动都是由我来担任翻译。平时，外交部每天出一个小报，上面都有我的文章，主要是关于中国的政治、文化方面的问题。当然那个时候我主要靠《人民日报》上的信息，不全是自己的意思。所以那时因为会说汉语的人很少，非常需要这方面的人才。后来，我离开了外交部。1957年我开始在罗兰大学中文系教现代汉语和近代中国历史，我还是更喜欢当老师。1959年高恩德从匈牙利驻华使馆回国后也来到罗兰大学。后来为了培养通晓中国的年轻汉学家，我和他一起把中国商务印书馆出版的《基础汉语课本》中的语法解释翻译成匈牙利语，用这套四册书作为中文系学生的教材，一直用到90年代。除了教学以外，我还做一些研究，比如《中国与奥匈帝国关系史》等。我也翻译了一些中国的文学作品，比如这本《毛泽东诗词21首》，朱德访问匈牙利的时候，社会主义工人党第一书记卡达尔·亚诺什（Kádár János，1912—1989）亲自把匈牙利语版本的《毛泽东诗词21首》交给朱德，并请他转交给毛泽东。还有这本溥仪的《我的前半生》，溥仪的弟弟溥杰为我翻译的《我的前半生》匈牙利语版第三版题了字。1973—1976年，我被派到匈牙利驻华使馆做参赞；1988—1991年我到北京外国语学院匈牙利语系当客座教授。所以你看，我的大部分时间都没离开过汉语。在中国留学的五年成为我此后工作和研究的基础，所以这是我最难忘的时光。

黎：20世纪50年代，你们这些匈牙利的赴华留学生对匈牙利汉语教学有什么影响呢？

尤：我们把现代汉语带到了中文系，刚才我说过，以前，匈牙利汉学、汉语教学都不重视现代汉语和近现代中国研究，所以那时候匈牙利没有人会说汉语。但是我们开始在中文系讲现代汉语，我们翻译的中国现代汉语的教材用了很长时间，这影响了匈牙利新一代的汉学家。

黎：你们研究的问题以及翻译的中国文学作品也主要来自中国近现代包括当代，从这个意义上是不是可以说，你们拓展了匈牙利汉学研究的范围？

尤：可以这样说。

黎：从您的介绍中我了解了新中国成立初期对留学生的培养情况，也了解到你们对新中国的观察和感受，这是从个体经历的角度丰富我们对这段历史、对当时的对外汉语教学以及中国的留学生培养情况的认识。感谢您耐心而精彩的介绍。

1961—1964 年教育部出国汉语储备师资访谈（一）*

受访人：程裕祯　　访谈人：施正宇　彭乐梅　陈韬瑞

本文是教育部出国汉语储备师资系列访谈之一。2020 年 10 月 19 日（星期一），一个阳光明媚的秋日，下午（15：30—16：30）我们坐在人民日报社内小花园的亭子里，向程裕祯先生提出了此次系列访谈的第一个问题。程先生是一位治学严谨的学者，也是一位拥有家国情怀的诗人。作为 1963 届的法语师资，他两次被派往国外任教，并曾在北京外国语学院（现北京外国语大学，简称"北外"）从事教学，发表了一些有影响的专业著述。作为汉语教学的学科带头人，程先生是原国家汉办依靠的主要专家之一，并为学科修史做了有益的尝试。在行政工作方面，程先生作为 20 世纪 70 年代教育部外事司的主要负责人，为当时北京语言学院（现北京语言大学，简称"北语"）复校付出了自己的心血；作为 90 年代北外国际交流学院的主要领导，程先生还为该校海外汉学研究中心的创建作出了突出贡献。访谈归来，在整理文稿的过程中，我们又通过微信与程先生进行了将近一年的沟通。这不仅激活了他脑海深处的记忆，极大地丰富了访谈内容；同时也让我们深深地感受到了先生严谨的工作作风和诚笃的人生态度。

程裕祯简介：程裕祯，男，汉族，生于 1939 年 3 月 5 日，山西太谷人，北京外国语大学教授，诗人。1963 年毕业于北京大学（简称"北大"）中文系文学专业，同年被选为出国汉语储备师资，进入北京外国语学院学习法语。曾任北京外国语大学中文学院（国际交流学院）院长，兼海外汉学研究中心和国际汉语教学信息中心主任，世界汉语教学学会理事、中国对外汉语教学学会常务理事，受聘为国家教委对外汉语教师资格审查组及对外汉语教学学术评审组成员（1997—1999 年）。

图 1　程裕祯（程裕祯提供）

---

* 本文为教育部中外语言文化合作中心、世界汉语教学学会 2021 年国际中文教育研究课题重点项目"建国初期汉语教育史研究（1950—1966）"（项目编号：21YH01B）的阶段性成果。

外派经历

时间	国别、院校	工作内容
1967年3月—1968年5月	老挝中老友谊学校	汉语教学
1993年10月—1995年1月	意大利那不勒斯东方大学汉学系	汉语教学

施正宇(以下简称"施"):程先生,您好!能否请您先介绍一下个人情况?

程裕祯(以下简称"程"):我家曾是一户晋商,颇有一些产业,但后来败落了。父亲早年在太原谋生,抗日战争爆发后,回到太谷老家务农。我是在回到太谷以后的1939年出生的。我的求学经历比较顺利。1948年太谷解放,土改时被划为中农,因为土地自耕,没有骡马,没有雇人,否则就可能划为富农,那要想读到北大就难了。1946年我开始在村里的小学读书,1952年毕业,所以小学阶段经历了新旧社会转换。小学毕业,正好赶上新成立的太谷中学招生,就考进去读初中。由于哥哥与我同时都在县城读书,需要大笔费用,父亲就卖掉老宅的外院和一部分土地,他的意思就是叫我们兄弟俩继续读书,不要中途辍学。这一点,我始终认为父亲是很伟大的,一般农民以土地为生存之本,是做不到这一点的。我的曾祖是国子监生,没有参加科举考试,选择经商。祖父是乡间秀才,父亲就没有读书,所以他知道读书的重要性,而土地和房产并不重要。1955年我初中毕业,又赶上山西省工农速成中学增设高中部,我就考了进去,一年后整体转入太原第十中学,1958年高中毕业。这一年我又赶上保送上大学的政策,条件是"政治合格(家庭出身清白),成绩优秀"。山西省教育厅分给太原十中一个北大中文系的名额。那时社会风清气正,教育厅厅长的女儿与我同班,厅里不截留,学校不照顾,而是给了我这个没有背景的农村孩子。可能是我平常写点儿小诗,兼班主任的语文老师比较欣赏,学校领导就决定让我入选,但要写一篇作文交北大招生人员审阅。记得我写的是《记一次勤工俭学》,大约过了几天就通知我录取了,所以我的求学过程是顺利的。村里的干部总结说我是"步步高":村里读小学,县城读初中,省城读高中,京城读大学,是全村读北大的第一人。1963年我从北大中文系毕业,被教育部选为出国储备汉语师资,开启了这一生对外汉语教学的旅程。

施:父亲的坚持,自身的努力,民风的淳朴,机遇的可遇而不可求,几种因素合力,把您一路送到了北大和北外。您是1963年入选出国汉语储备师资的,在当时的历史条件下,出国关乎外事与外交,是非常敏感的,能够入选出国师资的老师都是需要满足一定的选拔条件的,您当时是如何入选出国汉语储备师资的呢?

程:具体的细节我也不太清楚。当时的政治条件很重要,如家庭社会关系,甚至比较亲密的朋友,都不应该有任何政治问题。除此之外,学习成绩也很重要。我记得这个决定是由中文系总支做出来的,是年级党支部书记通知我入选出国储备师资队伍的。

施:您想到过当汉语老师出国教书吗?

程:没有!我从来没想到会做这个工作,原以为毕业以后可以去当个作家,或者诗人。

施:那个年代都是接受国家分配,您是怎么想的呢?

程:对,我们那个年代都是"服从分配,到祖国最需要的地方去",所以我二话没说,就走上了这条道路。

施:通知你们以后,要做什么准备吗?

程:不用做什么准备,开学直接去北外报到就可以了。因为我们已经不是第一届学生了,北外对这个项目流程是很熟悉的,给我们单独编班,配备了专门教师,就开课了。北外主要是负责英语、法语和西班牙语的培训,而阿拉伯语的培训在北大。我们语种不同,系别不同,班级也不同。

施:您当时对这项工作是怎么理解的?领导有没有跟你们谈过?

程:当时教育部的对外司派了一个同志,叫宋临芳,特地到学校来跟我们介绍情况,说我们是国家专门培养的,编制在教育部,先学三年外语,学完以后,要储备到相应的大学,国家什么时候需要,就什么时候把我们派出去教汉语。

施:您能谈谈在北外的学习经历吗?

程:我们当时学外语,年龄普遍较大,平均二十三四岁了。我们班里最大的潘文煊比我大六岁。对于我们来说,学习发音比较困难,法语语法的性数格搭配也比较复杂,我们经常搭配错误,闹出不少笑话,比如还出现过"我是我父亲"这样的错误,老师也会觉得教我们更吃力一些。尽管困难重重,但是大家都坚持学下来了。

施:您还记得跟您一起入选出国汉语储备师资的北大同学吗?

程:我们法语班的有赵永魁、阎纯德、钱林森、刘社会和我,一共五个人。别的语种也有,如英语班的万惠洲、丁金国等。

施:您还记得当年的老师吗?

程:好像一共有六位,一是孟心杰[①],后调去中国人民公安大学。二是张放[②],一直在北

[①] 孟心杰(1937—),男,汉族,江苏江阴人,中国人民公安大学教授,专业技术二级警监。1960年7月毕业于北京外国语学院并留校任教。1982年4月调至国际政治学院(今中国人民公安大学),曾任法语教研室主任、外语系教师党支部书记。曾在联合国教科文组织大会秘书处任翻译审校。参见包国良《华士镇志》,北京:方志出版社,2009年。

[②] 张放(1937—),男,北京外国语大学教授。1960年毕业于北京外国语学院法语系,曾任北京外国语大学法语系副主任、《法语学习》杂志主编、中国法国文学研究会理事、中国法国文化研究协会会员、中国翻译家协会会员。参见中华人民共和国人事部《新中国留学归国学人大词典》,武汉:湖北教育出版社,1993年,第773页;昇天、戈德《中华人物辞海·当代文化卷》(1),北京:中国国际广播出版社,1997年,第399页。

外任教。三是林姓华侨,后来调走了。四是唐姓老先生①,据说是原国民党驻法使馆人员,结果也不明。最后两位是汪家荣②和他的夫人史美珍③,后调到北京第二外国语学院去了。

施:您这一届没有完成学业吗?

程:课程基本上完了,剩了个尾巴,没有考试。

施:您是什么时候被派去老挝任教的?之前了解老挝吗?

程:大约是1966年10月或者11月,我和胡书经就接到了教育部指令,要被派到老挝去任教。去老挝之前对老挝一无所知。看了地图,才知道了大概的方位。出发之前,我们被告知此行要经过越南中部的清化,穿越越老战略公路,而当时越南正处在抗美救国战争之中,老挝也不能幸免。我们的目的地川圹省康开市,曾经是中立派富马政府的临时首都,后来成为老挝解放区的一个重要城市,每天都会遭受美国飞机的狂轰滥炸和老挝右派势力的恣意侵扰。据当时联合国的资料显示,老挝是世界上25个最不发达的国家之一,没有铁路,没有电灯,也没有什么工业,农业也是刀耕火种。

施:这么危险,您怕不怕呀?

程:我们那时没什么想法,国家需要就去了,没有怕不怕的问题。现在想想,这反映了我们这一代人的精神状态。我们是满怀热情和雄心壮志出国工作的,并不在乎环境的恶劣和凶险。

施:那您和胡老师一路顺利吗?

程:我们乘坐火车从广西凭祥出发,经友谊关进入越南境内,车窗外的情景与国内迥然不同,到处是烧焦的房屋、破损的路桥和弹坑遍布的田野,我这才意识到战争就在眼前。我们到河内稍事休整后,便乘坐越南人民军的军车,沿着隐蔽的越老公路前往老挝。我们不懂越语,年轻的军车司机不会法语,一路上我们只能用手势交谈,有话无话相对一笑。美军飞机频繁轰炸,我们只好昼伏夜行,沿途栖息于简陋的兵站和军库。说实话,外面永远是漆黑一团,分不清哪里是山哪里是水,也不知道哪里是悬崖哪里是沟壑。我们俩就蜷缩在驾驶室里,随车左右摇晃。老胡一路困顿疲乏,很

---

① 经询问胡书经教授并查阅相关资料核实,唐姓老先生名唐祖培(1906—2000),巴黎大学法学博士,民国时期驻法使馆外交官,1949年起义,1950年回国,1951年起任教于北京外国语学院法文系,教授,北京大学法律系客座教授。

② 汪家荣,男,北京第二外国语学院副教授。曾任北外党委副书记,1981年10月调北京第二外国语学院任教。参见段建国、杜江《二外四十年(1964—2004)》,北京:中国青年出版社,2004年。

③ 史美珍(1936—),女,浙江宁波人。1959年毕业于北京外国语学院法语系并留校任教。1984年10月至1986年6月任教于巴黎东方语言与文化学院,1987年9月调入北京第二外国语学院旅游教育出版社,编审。参见常殿元《北京第二外国语学院志(中国旅游学院)》,北京:旅游教育出版社,1994年。

快就进入梦乡,仿佛婴儿安睡于摇篮里,不时发出几声呼噜。

施:哈哈,胡老师太可爱了!

程:我不习惯这种颠簸,了无睡意,越发觉得夜色中潜藏着无限危机,似乎车轮总是飞奔在万丈沟壑之间。

施:我在手机上查了一下地图,没能找到老挝的康开,看来是一个很不起眼的地方。

程:是的,康开市当时还不及我老家侯城镇的规模。

施:您这一路走了多久啊?

程:七天七夜。

施:那人不要散架了!

程:可不是嘛!好在我们的军车司机轻车熟路,他可能已经习惯了硝烟,总是白天酣睡,夜间精神,最后总算平安抵达目的地。但第二年我先行回国,却差一点儿跌入万丈沟壑,葬身谷底。

施:啊?

程:1968年5月,我回国休假。这次我依然是搭乘军车,原路经越南返回祖国。军车司机是一个年纪轻轻的越南小战士,看模样很是机灵,却生性风流。军车进入越南后,小战士可能觉得轻车熟路,白天忙着和兵站里寂寞的女兵打情骂俏,不再好好休息。一天夜里,军车行至深山密林,小战士开着开着就有了困意,双眼一闭一合的,不停地打盹儿。我在一旁顾不上睡觉,左顾右盼,突然觉得军车偏离了山间小路,驶向沟壑,情急之中,我用不久前学会的越语大喊:"同志,你睡着了!"小司机猛然惊醒,下意识地往左打了一下方向盘,才化险为夷,捡回了两条性命。小司机吓得不轻,一再向我表达歉意和谢意,而我却早已一身冷汗涔涔,不知是该谢他还是该骂他!

施:您的这段经历简直就是美国越战大片的情节。

程:比电影可惊险多了。

施:老中友谊学校是一所什么样的学校呢?

程:老中友谊学校是由老挝佛教协会创办的,德高望重的会长马哈坎丹法师亲自担任校长。他同情中国革命,推崇马列主义,崇拜毛泽东,所以才会邀请中国老师。学生都是出身贫苦、来自老挝各地的和尚,年龄都在二十多岁。他们深受校长的影响,也对中国怀有深厚的感情,学习都很用功,也很主动,常常用刚刚学到的汉语词语跟老师交流。学生们一早一晚都要自习,朗朗的读书声传入耳畔,让我们觉得自己所做的一切都是值得的。

施:学校周边的环境如何呢?

程:老挝是热带雨林气候,风景秀丽,空气纯净,如果没有飞机轰炸,还是不错的。因为战争的缘故,学校建在了一条隐秘的小山沟里,四周丛林密布,遮天蔽日,坡高路陡。出了山沟的谷口,便是一片错落有致的梯田。翻越后面的山梁,穿过林中的小路,就可到达中国驻老挝代表团的驻地。

施:学校上课用什么教材呢?

程:没有教材。我和老胡一边编教材一边上课,几乎是流水作业。

施:您刚才说过,老挝那时还没有电。

程:是啊,我们俩每晚要么编写新的课文,要么批改学生的作业,共享摇曳的烛光。

施:呵呵,您平常上课用法语吗?

程:不用。老挝虽然是法国的殖民地,但法语只是上层社会的交际用语,我们的学生都来自底层,说的都是母语。

施:那刚开始上课的时候怎么交流呢?

程:代表团为我们聘请了一位翻译,是当地的华侨,年龄较我们略长,名叫高日华。

施:学校的基本设施如何呢?

程:我们的教室是学生们专门在半山坡上搭建的茅草屋,树干做柱子和房梁,茅草围墙,房顶透空,一眼可以望到蓝天白云;课桌和椅子都是就地取材,用木头做成的。我们的宿舍就搭建在教室后面的山坡上,里外两间,里间就寝,外间会客。

施:桌椅床板也是就地取材吗?

程:是的,唯一值得炫耀的室内陈设就是特意从老挝残破的首相府运来的旧沙发。

施:茅草房里的旧沙发,这个情景需要脑补一下。

程:我们还有一个特殊待遇,就是日常的饮用、洗漱用水都是学生从山沟外面挑来的。

施:那您和胡老师怎么吃饭呢?

程:我们的厨房和餐厅在山沟的底部,也是茅草屋,学校聘请了一位姓赖的年轻华侨给我们做饭。老挝相对原始落后,生活环境也比较艰苦。他们的饮食跟我们完全不同,一般家庭竹筒烧饭,手抓而食,蔬菜基本生吃,肉类也是烹而不调。我和胡老师都是北方人,喜欢吃馒头和炒菜,但老挝只有大米和紫薯,因此我们隔三差五就要翻越两个山头去代表团驻地背回国内供应的面粉。民以食为天,我们还在山沟的谷口开出了一块不大不小的农田,亲手种植各种蔬菜。我们还养过一只小狗,叫柯西金,是当时苏共领导人的名字。因为毛黑,所以后来又叫它小黑。

施:哈哈,听起来很像现在城里人周末度假的农家小院。

程:呵呵,你要是知道我们昼夜需要对付的两个敌人就不这么想了。

施:美国人吗?

程:白天的美国飞机,夜晚的老挝蚊子。

施：都是飞行器哈！

程：美国在越战中使用的是B52轰炸机,机身硕大,载重也多,投放的是杀伤力极大的重型炸弹和子母弹。有趣的是,老挝的蚊子,形状也像极了B52,翅膀硕大,飞速极快,偷袭的技巧绝不亚于美国的飞机。

施：哈哈！被蚊子偷袭也就认了,美国的飞机怎么对付呢？

程：是的,老挝的蚊子虽大,并无险情,顶多是被咬几口。美国的飞机却总是来势凶猛,常常给当地军民带来财产损失和人员伤亡,柯西金也被炸死了。① 学校为此在山沟的尽头挖了一个防空洞,以防万一。中国驻老挝代表团给我们每人配了一大一小两支枪,我们把大的冲锋枪挂在床头,小的驳壳枪放在枕头底下。有一天,我正在上课,远处传来一阵嗡嗡的声响,凭经验,我们知道美国人又来轰炸了。还没等我们作出反应,敌机就向学校所在的山沟俯冲而来。

施：他们知道山沟里有学校吗？

程：学校周围经常有特务,这次显然是掌握了确切的情报,把学校当成轰炸目标了。他们几乎是贴着树梢低空飞行,疯狂扫射,然后迅速拉高,腾空而去。马哈坎丹法师和学生们迅速地钻进了防空洞,并大声呼喊："库胡（胡老师）！库程（程老师）！"

施：天哪！在这么危险的环境下教汉语,也是古今中外绝无仅有了。

程：根据以往的经验,美机盘旋之后,还会俯冲回来。我和老胡书生意气,觉得这是打击敌人的大好机会,便飞速跑回宿舍,拿起了冲锋枪。就在这时,美军飞机好像约好了似的也俯冲过来。我们俩说时迟那时快,拿起武器对着空中就扣动了扳机,几梭子弹横空出世,感觉那叫一个痛快,心中充满了丛林战士参加世界革命的壮志豪情。当然,没能打着飞机,我们也觉得非常懊恼,为没有苦练杀敌本领而懊悔不已。

施：您的这段描述让我想起了美国电影《第一滴血》。

程：事后,我们洋洋得意地向驻老挝代表团的领导进行了汇报,却遭到了团长朱英参赞的严厉批评:你们做事如此莽撞,死伤倒在其次,成为美国扩大事态的借口,后果不堪设想！你们负得起这个责吗？说实话,当时我们并不服气,自己的英雄壮举换来了一顿批评,心里觉得十分委屈。真正意识到自己的错误是很多年以后的事了。

---

① 另据胡书经回忆当时的情景："我们上着上着课就挨轰炸。可以看到飞机的影子照在云彩上,越来越大,很恐怖,然后就是轰炸,所有的树叶都被炸光。后来见多了,就不在乎了。结果有一次一个勤务员把没有爆炸过的铁球当铅球扔,球忽然爆炸了,勤务员当场就被炸死了。还有一个女秘书在一次上山时被火箭炸死了。还有就是特务多。他们一身军人打扮,能说法语,我们还挺高兴,跟他们聊。实际上他们是去我们那儿刺探情况的,他们一走,我们那儿回头就被轰炸。有一次,我们下雨时用来接洗澡水的铁桶被打得像筛子一样,晾着的衣服也被打得全是洞,我们养的一条叫小黑的小狗也被炸死了。"见徐京梅《光荣的使命——胡书经老师采访录》,《北京语言大学校报》2008年12月10日第2版。

施：您后来又回老挝了吗？

程：没有，我本来是回国休假的，但休假结束后，国家又决定停止派出。因此我在老挝只待了一年。

图 2　程裕祯在老挝康开①（程裕祯提供）

施：回国以后，您做了哪些工作呢？

程：1968 年 10 月，"工人、解放军宣传队"（简称"工宣队""军宣队"）进入高校，我又奉令去了北大，储备在外国留学生办公室。要是没有之后的工作变动，我应该是在北大对外汉语教育学院工作的，是你的同事。

施：唉，我好像错过了很多……

程：就这样，直到 1972 年前，我都在北大。当时因为运动，北大没有招收外国留学生。由于我不属于任何派系，就被调到校机关宣传组，后来担任党委办公室秘书。由于工作劳累，经常熬夜，我的健康受到了影响，因此我又回到留学生办公室开始编写教材，为接收留学生作准备。

施：那您怎么又离开了呢？

程：回到留学生办公室不久，我就被借调到国务院科教组。1971 年 10 月，联合国教科文组织恢复了中国的席位，中央要派政府代表团与会，要求北大选派一名既懂法语又能起草文件的人，负责起草代表团团长的大会发言稿，于是他们就想到了我。当

---

① 左起程裕祯、新华社记者张国良、翻译高日华和胡书经。

时一共三个人一起承担这项工作,除了我,还有北大历史系毕业的王通讯和外交部国际司的李道豫。我是主笔,三人讨论,李道豫负责外交把关。起草完毕后,上报国务院。出发前,代表团临时增加我为代表团成员,担任中文秘书。在巴黎我们一共待了两个月。我的主要工作是为代表团各小组成员起草发言稿,晚上给中央撰写电报。工作很紧张,但是这次经历对我来说很有意义,因为对学中文兼修外语的我来说,这是国际舞台上的重要展示,涉及很多大型活动、会场辩论和发言,事先都需要有中文稿。年底回来后,国务院科教组要留我,将我的人事关系从北大转入国务院科教组的外事组。我们组一共五六个人,开始主要有胡守鑫、张崇礼、杨剑(后回南京大学去了),还有一起去巴黎的英语翻译解其纲,稍后李顺兴、赵永魁也加入进来。

施:这样一来,外事组里,出国师资就占了一半。

程:是的。我在科教组(后又恢复为教育部)一直待到1980年,前后共九年。这期间我做了很多教育行政工作,其中最重要的就是北语的恢复。

施:北语的复校对当代中国的汉语教学来说,可谓意义重大。

程:北语的复校报告主要是我起草的。当时有国家希望派遣留学生过来,恢复北语就成为水到渠成的事儿。考虑到北语恢复后教师力量需要加强,我和李顺兴等同志都主张将储备在北方各校的出国教师调到北语工作,同时从吉林、河北、天津等北方地区的高校抽调一些中文教师充实北语的师资队伍。所以,我们这几届出国汉语储备师资基本集中在了北语。

施:这一举措吹响了当代中国对外汉语教学的集结号!

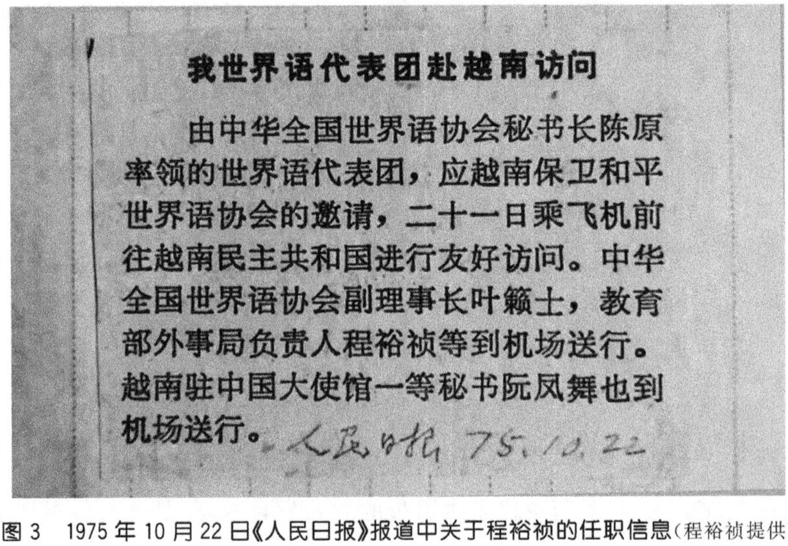

图 3　1975 年 10 月 22 日《人民日报》报道中关于程裕祯的任职信息(程裕祯提供)

程:1975 年 1 月第四届全国人民代表大会后,恢复教育部,原国务院科教组外事组变为教育部外事局,我成为外事局的负责人之一,兼办公室主任。在这期间,外事活动增多,我曾陪墨西哥、阿尔巴尼亚等国的教育部长到外地参观访问。然而级别高了,问题也来了。1975—1978年初,经历了一些事情,就不详说了。1978年1月,我被隔离审查。5月中旬解除隔离,被分配到人民教育出版社印刷厂劳动。一年后,我被调到中央教育科学研究所图书馆参与编目,这倒是个涨知识的差事。这样待了一年多,1981年5月教育部有关领导找我谈话,准备把我安排到中央教育科学研究所所属的《教育研究》杂志社工作。我没有接受这次分配,经过一系列的政治运动,我真正懂得了拒绝,这也是我参加工作以来第一次拒绝组织安排。到了不惑之年,我还是想做自己的本行。这样,我就自己找到北外,当时北大教务长尹企卓刚调到北外当副院长,他欢迎我,这样我就来到了北外。

施:想不到您还经历了这么多事情。

程:1981年是我真正做学问的开始。1984年我45岁时,才发表了第一篇学术论文。

施:您这一代学者,60年代毕业,80年代开始做学问,环境使然。您的经历跌宕起伏,回首往事,您是怎么看的呢?

程:这些经历对我来说都是财富,并不后悔和遗憾。如果没有后来的回归本位,我也许就在行政岗位上耗过一生。在图书馆期间,我接触了大量古籍,阅读了很多资料,因此也促成我后来对名胜古迹的研究。① 在这个过程中我对中国文化产生了兴趣,对我写作《中国文化要略》②大有裨益。读书也开阔了我的眼界,比如,我的第一篇论文《唐代的诗僧和僧诗》③就是我在图书馆接触大量资料后的成果,我发现唐代以来的很多寺庙都保存完好,诗僧们的诗作水平也很高。从这以后,我开始转向文化研究,关注这个主题,注意收集相关资料。

施:说到《中国文化要略》,这本书早已列为国际中文教育专业硕士课程和汉语教师资格考试的参考书目,目前已经出版了第四版了。

程:这本书的写作跟对外汉语教学专业的设立有关。1985年教育部设立了对外汉语教学专业,并在北语、北外、北大和华东师大等四个学校开始招生。我认为汉语教师应该对自己的历史和文化有最起码的了解,学院应当为他们开一门中国文化课。这个课还可以给全校外语专业的学生选修,他们也需要了解中国文化,学校同意并批准

---

① 程裕祯等《中国名胜古迹概览》(上、下册),北京:中国旅游出版社,1982年。程裕祯、解波《中国名胜楹联大观》,北京:中国旅游出版社,1987年。程裕祯等《中国名胜古迹辞典》,北京:中国旅游出版社,2001年。

② 程裕祯《中国文化要略》,北京:外语教学与研究出版社,1998年第一版,2003年第二版,2011年第三版,2017年第四版。

③ 程裕祯《唐代的诗僧和僧诗》,《南京大学学报》1984年第1期。

了这个建议。所以这个课一方面是对外汉语教学的专业课,一方面也是全校外语专业三年级的选修课。选修课一周两节,一个学年。第一年选修的学生差不多有200人,第二年已经人满为患,一个教室都不够用,只好一周分为两次讲,下午和晚上。我当时住在豫王坟的人民日报宿舍,上完课回到家已经十点半了。1985—1987年毕业的北外学生大都选修过我的课。就这样,我一边开课,一边写讲义,之后不断修订,内容才逐渐丰富和系统化了。1989年由学苑出版社出版,初名《中国文化揽萃》,1998年由外语教学与研究出版社再版,始用《中国文化要略》至今。据出版社可查的数据,2008年以后发行量已超过40万册。我对这本书的定位是普及性的知识读物,不是高水平的学术著作,是我们从事对外汉语教学的老师要了解的基础知识。

施:据了解,给外语专业的中国学生开设中国文化课已经成了北外的保留节目。这些年来,国际汉语教育专业的文化课,无论内容和形式,也无论深度和广度,都有了很大的不同,一些探讨和争议也在继续,但您的开创之举功不可没。

程:你过奖了。

施:那您给留学生上过文化课吗?

程:上过,主要是给高级班的学生上文化课。北外的生源主要来自日本和韩国,比起非汉字文化圈的学生来说,他们的理解能力和接受能力要好一些。说到这儿,我还想强调一点:汉语教学虽然属于语言教育的范畴,但仍离不开文化背景的依托。文化在语言传播的过程中,自有其不可替代的功能。

施:可喜的是,现在汉语教学中的文化课程,虽然还存在着定性、定位、定量的争论,但课程设置本身已经是毋庸置疑的了。这期间您有没有想过外派教书呢?

程:提到外派,这又跟我的经历有关。我到了北外后,很长时间没有派出。校领导总在考虑我的政治问题。迟群、谢静宜虽然是那个时候的风云人物,迟群还是国务院科教组的负责人,但我当时只是偶尔见到他,他也不知道我叫什么。不过我恰恰利用这段时间认真学习、研究学问,那时候,只要不上课,我每天都会在雍和宫旁边的柏林寺看书。那里是北京图书馆最早的善本部,保存着大量的古籍史料。我阅读了很多古籍,主要是地方志。这种生活持续了差不多五年。

施:能安安静静地读书真令人羡慕。

程:1992年教育部的老同事建议我出国。我当时年纪也不小了,已经没有了这个想法。他们说你再不出去,年龄就更大了。于是,1993年底我偕妻子解波(《人民日报》记者)到意大利那不勒斯东方大学汉学系任教。

施:那不勒斯东方大学可是欧洲汉学的圣殿啊!1961年级的西班牙语师资、北语武柏

索老师,80年代也曾外派到这所大学教书,他曾经写道:

> 在囚禁过马可·波罗的意大利海岸城市那不勒斯,走出虽然异常广阔,但却永远是那样拥挤和嘈杂的车站广场,经过一条车如流水、游人如织的商业大街,转经巍峨壮观的那不勒斯大学城,逶迤来到一个比较幽静的胡同里,有一幢中世纪城堡式的古老建筑,这就是"欧洲第一个汉语研究中心",如今已经发展为一所以东方学为主的多科性文科大学——那不斯勒东方大学。它迄今已有256年的漫长历史了。[①]

对武老师描述的场景,您熟悉吗?

程:太熟悉了!你看这张照片上,我身后就是武老师说的古老建筑,它原本是一所贵族宅邸,后来成了东方大学的校舍。那不勒斯东方大学的汉学氛围非常浓厚,我们第一次走进汉学系的办公室,赫然看见一幅古老的中国地图挂在墙上,这是十八世纪初意大利传教士马国贤(Matteo Ripa,1692—1745)带回去的。马国贤1710年抵达澳门,很快学会了中文,待他抵达紫禁城面见康熙皇帝的时候,已经不需要翻译了。马国贤此行不仅带去了西方的宗教和铜版绘画艺术,还和其他传教士一起,采用西方先进的测量方法,绘制出了第一幅带有经纬线的中国地图,即《皇舆全览图》,受到了康熙皇帝的赞赏。1723年,马国贤回国时,从中国带回了皇帝赏赐的丝绸、瓷器和骏马等物品,还在雍正皇帝的恩准下带回了四位中国青年,并于1732年创办了"圣·法米里亚中国书院",这便是那不勒斯东方大学的源头。

图4 程裕祯在那不勒斯东方大学
(程裕祯提供)

施:据史料记载,马国贤带回四位受洗的中国青年的同时,还带回了一位汉语老师,名叫王雅敬,这也是欧洲汉语教学的肇始。您能在欧洲最古老的汉学系任教,真令人羡慕。

程:很快,汉学系就给我们排了课,我主要负责初学者和低年级的教学,使用的是刘珣等编著的《实用汉语课本》;妻子负责高年级的。每次上课时,我发现坐在前边两三排的总是那么一些学生,到期末或学年考试也就他们能过关,其余的就淘汰了,所以到二年级就只有十多个学生了,这样我们就可以使用电教设备上课了。到了三年级,

---

[①] 武柏索《欧洲第一个汉语研究中心——古老而年轻的那不勒斯东方大学》,《语言教学与研究》1988年第4期,第94页。

往往就剩下七八个学生了。最难上的是一年级的汉语选修课,往往有几十个学生甚至更多,但又不分小班教学,几十号人都在一个大教室上课,这课你说怎么教?

施:这可真难为您了!

程:所以我只能用教材领着他们读,不可能在课堂上展开互动和练习。意大利没有高考,高中毕业就可以上大学。本科学制三年,学生可以根据自己的兴趣选择专业,取得规定的学分就能毕业,但淘汰率也很高。没有通过考试的,可以复读或放弃。汉学系的学生通常会选择复读,因为他们要在本系毕业,还有其他课程,如中国文学、古代汉语等,由本系的母语老师讲授。

施:记得您说过,古代汉语是由兰乔蒂①教授用意大利语讲的。

程:是的,兰乔蒂著作等身,是意大利汉学界泰斗级的人物,他撰写的《中国文学史》是意大利汉学史上里程碑式的著作。不过,他的汉语口语不是很好,而我又不懂意大利语,法语也多年不用,生疏了许多,所以我们之间的交流并不是很多。

施:从这一点看,兰乔蒂更像欧洲老一代汉学家,研究很深入,但口语表达则是他们的短板,跟当代很多能说一口流利汉语的西方学者不可同日而语。

图5 解波(中)与沙歌蒂(左)、兰乔蒂(右)合影(程裕祯摄)

---

① 兰乔蒂(Lionello Lanciòtti,1925—2015),意大利汉学家,主要从事中国文学、哲学和宗教研究。1947年毕业于罗马大学中国语言文学专业,曾师从于德礼贤(Pasquale D'Elia,1890—1963)、高本汉(Klas Bernhard Johannes Karlgren,1889—1978)和戴闻达(Jan Julius Lodewihk Duyvendak,1889—1954)等著名汉学家。1960—1966年任罗马大学讲师,1966—1979年任威尼斯大学中国语言文学教授,1979—1997年任那不勒斯东方大学中国语言学教授。1998年获意大利"荣誉教授"称号后,主持意大利东方研究学会和亚洲词典编辑中心工作。创立意大利汉学协会,并先后担任秘书长、主席、名誉主席,意大利非洲与东方研究所(IsIAO)董事,欧洲中国研究协会副主席。学术著作多达150余种,2013年获第七届由中国政府颁发的"中华图书特殊贡献奖"。参考:钱林森、周宁、张西平、马西尼《中外文学交流史(中国—意大利卷)》,济南:山东教育出版社,2015年,第226页。

程：平日里跟我工作联系比较多的是沙歌蒂教授，她是1973年北语复校后的第一批意大利留学生之一。解老师比我晚到一个月，她到那不勒斯后，我们就应邀到沙歌蒂家做客。沙歌蒂研究欧阳修，言谈中，她念了两句诗："春云淡淡日辉辉，草惹行襟絮拂衣"，说这个"絮"字怎么理解。我们说：你记不记得北京春季漫天飞舞的白色绒毛？那是柳树的种子，叫柳絮。"啊，想起来了……"沙歌蒂恍然大悟。最有意思的是，她的家里和学校办公桌上，各放着一个70年代北京常见的酸奶瓶，沙歌蒂用来做笔筒。她说她喜欢酸奶瓶的造型：笨拙，古朴，胖墩墩的，非常可爱。

施：我记得那种酸奶瓶，这几年市面上又有了。人总是会怀旧，市场也是。

程：在异国他乡看见这种久违的酸奶瓶，就不仅仅是怀旧了。一个小小的酸奶瓶，一幅古老的中国地图，令我们时不时地想起万里之遥的家乡和亲人。这种跨越时空的思念，刻骨铭心，永生难忘。

施：有资料显示，当年和沙歌蒂一同来北语的共有二十余位意大利留学生，他们当中有五位回国后在那不勒斯东方大学执教，①成了汉语教师和汉学家。我猜想您肯定没有跟沙歌蒂说起过您在北语复校的过程中所作的努力和贡献，否则她一定会感谢您的。

程：呵呵！还真没有。

施：这批来华留学生中，影响较大的还有卡萨齐（Giorgio Casacchia，1949—　）教授。他在北语学习一年后回国，后来获得了罗马大学的博士学位，又先后在罗马大学和那不勒斯东方大学任教，还多次担任驻华使领馆的外交官。卡萨齐撰写了多部汉学著作和工具书，并于2020年获得了中国政府颁发的第十四届"中华图书特殊贡献奖"。您和他共过事吗？

程：没有印象。

施：看来是完美错过了，真遗憾！

程：除了兰乔蒂和沙歌蒂，印象比较深刻的同事有这样几位：高恰教授是50年代由意大利共产党派往北大学习的三名学员之一。② 回国后，他曾主编《今日中国》《东风》等

---

① 武柏索《欧洲第一个汉语研究中心——古老而年轻的那不勒斯东方大学》，《语言教学与研究》1988年第4期。
② 罗马大学马西尼教授曾说："20世纪上半叶，意大利学习汉语的学生并不多。那个时期，意大利共产党与中国共产党达成了一项交换协议：双方互派留学生，即意大利学生到中国学习汉语，中国留学生到意大利学习意大利语。这种情况在60年代发生了急剧的变化：当时中国的'文化大革命'开始了，这场运动在意大利学生中间引起了极大的兴趣，学习汉语的学生人数开始增加，到了70年代，每所大学学习汉语的学生已接近50人，威尼斯大学因此设立了一个中文系。"高恰的汉语学习与教学经历应该与这段历史切相关。参见马西尼《意大利汉语教学与研究概况》，《世界汉语教学学会通讯》2009年第2期，第6页。另据统计，20世纪50年代来华留学的意大利学生一共有五位，其中1957年三位，1959年两位。如此说来，高恰教授应该是1957年来华的三位意大利留学生之一。参见李滔主编《中华留学教育史录——1949年以后》，北京：高等教育出版社，2000年，第288页。

杂志,翻译过《毛泽东选集》。"十年动乱"结束后,高恰来到东方大学,以其对当代中国政治的独到见解去阐释"戊戌变法"以来的百年中国近代史,引导青年学生更为客观地认识中国的现实发展。如果说兰乔蒂是当代意大利汉学发展史上的翘楚的话,那么,高恰教授可以说是承上启下的一位学者,而沙歌蒂,包括你刚才说的卡萨齐,则属于较为年轻一代的后起之秀。贾莱蒂教授曾任意大利驻华使馆的文化参赞,对中国当代文学烂熟于心;皮乔塔教授曾经就读于北大,是研究中国现代文学的专家;还有一位年轻的奇里亚诺老师,她讲授汉语语法,还专注于云南的白族文化,每每提及大理白塔、苍山洱海,她的眼神里就满是憧憬和向往。

施:那不勒斯东方大学的汉学系真是兵强马壮啊!

程:不记得是哪一年的春天了,我们来到位于维苏威火山山麓的索玛镇,在一所名为东明佐尼的小学校里观摩了一堂令人难忘的汉字心理测试课。提出测试设想的不是通常意义上的汉学家或汉语老师,而是意大利古老的腓特烈二世大学的精神学学院院长、首席教授安东尼奥·戴利葛先生。

施:戴利葛教授会汉语吗?

程:应该不会。他少年时代无意之中购得一本《日语入门》,里面的汉字给他留下了深刻的印象。很多年后,戴利葛教授到美国参加精神病学的研讨会,一位日本同行告诉他,拼音文字和汉字是两种完全不同的文字符号体系,其中拼音文字有利于开发左脑,而汉字则有利于开发人的右脑。这个说法令戴利葛跃跃欲试,总想做一个关于汉字的心理测试,但苦于找不到合适的测试对象。春去秋来,年复一年,二十载过去了。一天,戴利葛突然发现同事的儿子萨那·鲁卡已经长成了胡子拉碴的大小伙子,再一问,萨那·鲁卡不仅已经从那不勒斯东方大学中文系毕业,而且还拿到国家奖学金到中国的北京语言学院深造过,这令老先生兴奋不已。这一老一少,一拍即合,加上儿童教育专家蔡乌里教授的积极参与,他们决定选择一所普通小学中的平常孩子,也即东明佐尼小学的学生来做这项实验。

施:戴利葛教授可真够执着的。

程:是啊,这一年他都62岁了。当他们把实验的目的与内容和盘托出的时候,孩子们都兴奋不已,老师们也感觉十分新奇,但家长们却喜忧参半。几经商议之后,各方达成了一致的意见,即先实验两个月,给24个一年级新生教30个汉字,每周两个课时。萨那·鲁卡就是这项实验的具体实施者。他把教室布置成了汉语天地,墙上贴着五颜六色的方纸,纸上用各种颜色写着30个端端正正的汉字,每个字都先画出了一幅画儿,然后再列出了从甲骨文到现代汉字的演变过程,以及一到九的汉字数字,还有一首中国民歌的歌词。课堂上,孩子们兴奋地画画儿、唱歌儿,还敲着锣,好不热闹。

最后，当把检验实验是否成功的试卷发给孩子们的时候，鲁卡老师的手都在微微颤抖。看得出来，他多少有点儿紧张，因为他知道，这可不是普通的考试，而是一场意义深远的实验，它甚至可能是欧洲汉语教育史上的一个创举。

施：实验的结果怎样呢？

图 6　程裕祯（后排左三）、解波（后排左二）与东明佐尼小学的孩子们（程裕祯提供）

程：观摩课结束的时候，实验结果还没有出来，我们就离开了。不过事后听说校方对实验相当满意，因为它非但没有打乱正常的教学秩序，反而还调动了孩子们学习的积极性，学校计划在秋季学期到来的时候扩大实验范围和深度，甚至还想和欧洲的同行们展开交流。更令人意想不到的是，随着实验的开展，这所学校涌入了一股中国热。从实验班出来，我们发现，学校的走廊上挂着中国和意大利的地图。我们走遍每一间教室，孩子们的好奇和兴奋迎面而来，他们有的拿着自己剪贴的中国画册，有的用铅笔比划着怎么用筷子，有的甚至问我们：你们是从北京来的吗？长城是什么时候修的？北京的汽车多不多？等等。

施：孩子们太可爱了！鲁卡老师的教学看来也是很成功的。

程：鲁卡老师是一位勤奋、诚恳的小伙子，他痴迷中国文化，在北语进修时，还认识了一位从医学院毕业的热情、开朗、聪慧的北京姑娘小唐，成了一对恋人。鲁卡不仅和姑娘的父亲成了忘年交，还请自己的母亲，就是前面说到的戴利葛教授的同事，一位意大利精神病学教授、医生专程来到北京相亲。鲁卡的母亲对姑娘很是满意，算是认可了这位未来的儿媳妇。

施：看来鲁卡的家庭也很传统，找女朋友还要征求母亲的意见。

程：是的。

施：那后来呢？

程：后来的结局却不尽如人意。鲁卡回国后，姑娘也来到意大利留学。意大利人热情、豪放，会把自己的感情毫不掩饰地表现出来；而中国姑娘再开朗，也不大可能当众与男友接吻拥抱。久而久之，小唐的羞涩引起了鲁卡姐妹的误解，她们甚至认为小唐内心封闭，是心怀叵测的表现。

施：啊？

程：在意大利，无论晨昏昼夜，也无论市井街巷，恋人们常常旁若无人地拥抱狂吻。有时在东方大学的课堂上，当你正聚精会神地讲课时，座椅上会不时爆发出响亮的啧啧声，那是恋人们在亲吻，唉，搞得你哭笑不得、啼笑皆非。

施：哈哈！

程：意大利人虽然热情豪放，但他们对待爱情却是严肃的、认真的。绝大多数意大利人把爱情和婚姻看得非常神圣，是可遇而不可求的。

施：美好的爱情、婚姻总是令人向往。八九十年代，国门乍开，随着西方人的涌入，东西方文化、观念、习俗的差异就会凸显出来，如何理解、消化异域文明的确需要一个过程。

程：话说回来，鲁卡回到意大利后，过得很是安逸，一些不错的工作机会也被他放弃了，这也跟他母亲的高收入有关。

施：这就有些不可思议了，花了那么多的时间、精力学习汉语，来中国留学，究竟是为什么呢？

程：他就是喜欢中国，喜欢汉语，随心所欲，漫无边际，不带任何功利。

施：唉，难怪小唐会跟他分手呢。都说意大利的小偷很多，意大利电影《警察与小偷》《偷自行车的人》也在中国上映过，您和解老师在意大利一切都好吗？

程：唉，真让你问着了。我们两人各有一次险情。初到意大利，我就在光天化日之下，栽在了两个乳臭未干的歹徒手里。他们伪装成警察，以查验证件为名将我劫持进车内，骗取财物，好在这帮歹徒谋财不害命，经过一番斗智斗勇，他们抢走我的财物，归还我证件和钥匙，放我回家。

施：天哪！

程：解老师则是被两个骑摩托的劫犯拖倒在地，抢她的挎包，多亏她先倒在了右侧的清华大学女教师的胯部，减轻了力度，伤着一些皮肉，如果直接倒在地上，后果真的不堪设想。

图7　程裕祯在被劫持的海边古堡前
（程裕祯提供）

施：谢天谢地！所以后来国家汉办给外派教师做培训的时候，增加了安全教育的内容，甚至还请专业人士讲防身术，看来是很有必要的。

程：太有必要了！

施：其实不光是防备窃贼歹徒，我本人在日本教书和台湾地区开会期间，就多次遇到地震，那种山摇地动的感觉以及核辐射的威胁现在想起来还很后怕。除此之外，还有极端天气、海啸、瘟疫、国丧甚至政变、战争等，如何应对各种可能的突发事件，也是很考验外派教师的生存能力、应变能力的。

程：你说得很有道理。比起我们当年在北外进修外语来，现在出国集训的内容可以说是全方位的，说明我们国家在这方面的工作越来越规范、成熟了。

施：不过，对您来说，经历了老挝的炮火，意大利的歹徒完全不是一种风格啊！

程：可不是嘛！

施：您是什么时候走上对外汉语教学的领导岗位的呢？

程：两年后，即1995年暑期，据在法国使馆任教育参赞的赵永魁透露，学校已经决定任命我担任中文学院院长。1996年初走马上任时，我已经57岁，过了知天命的年龄了，但我还是想做点儿事情。那时候北外的中文学院和国际交流学院都接收留学生，中文学院是短期进修班，国际交流学院是日本本科班。我认为分散管理不利于学科的发展和成长，于是就向陈乃芳校长建议合并两个学院，成为新的"国际交流学院"（我退休后改称"中文学院"），得到了陈校长的赞同。经过多年的运作，中文学院已经成为北外除了英语学院的第二大教学单位，学生和教师数量都增加了许多。

图8 1999年程裕祯为欧盟青年经理培训班学员颁发结业证书（程裕祯提供）

施：您担任院长期间，在学院设立了海外汉学研究中心，这是国内第一个实体性的汉学研究机构。您是怎么想起来建立这样一个机构的呢？

程：1996年我上任之后，就想成立海外汉学研究这样一个机构。为什么呢？主要跟我在意大利的经历有关，那时我才知道意大利是欧洲汉学研究的重镇。按道理文史哲是相通的，但是我对汉学史上的大人物却了解甚微，可以说很无知，内心很受刺激。大陆地区这方面的研究很不够，而台湾地区则很热络。于是，我认定我们需要在汉学研究上下功夫，就这样，在这一年的9月成立了海外汉学研究中心，挂靠在当时的国际交流学院。汉学研究需要专门的人才来做，我就从国家图书馆调来了张西平。我兼任中心主任，由张老师负责运作这个学术机构。

施：现在看来，这对中国国内的海外汉学研究以及世界汉语教育史研究是至关重要的一步。

程：1996年8月在怀柔召开的第五届世界汉语教学大会上，我就发言强调学界要开展并加强对海外汉学的研究。

施：您的这个讲话我们注意到了，原文的开篇是这样的：

> 开展对海外汉学的研究，现在是到了学术界多加关注并着力开展研究的时候了。谁都知道，海外对中国文化的研究，早在千余年前就在我们的东邻日本和韩国开始了，并且取得了丰厚的成果。自从西学东渐和东学西传以来，欧洲各国和后来的美国对中国文化的研究更是一直兴盛不衰，其学术成就也为我们所惊叹……与这种兴盛而热闹的研究景况相比，我们对海外中国文化研究的反研究，却基本上一直处于比较冷漠的状态。虽然以前也有一些研究著作和翻译资料出版，但都显得比较零散，而且缺乏学术研究的自觉意识，也没有形成应有的学术力量，当然也谈不上有强有力的研究实体。……造成这种状况的根本原因，是我们还没有认识到研究海外汉学的重要意义及研究海外汉学的文化价值和学术价值。其结果，就是缺乏自觉的研究意识。思想上茫然，态度上冷漠，行为上滞后。因此，要开展这项研究，首先要提高我们的认识，使我们从茫然和冷漠的误区里走出来。①

程：是的，我们必须了解国外汉学，那些汉学家很有可能就是我们在海外传播汉语的生力军或者辅助力量。

施：回顾历史，无论是汉学家个人，还是欧洲的汉学研究机构，早在起步阶段，都是从汉语学习或教学开始的。随着学习和教学的深入，研读经典著作就成为提高语言能力、了解目的语国家文化精髓的阶梯，所谓传统意义上的汉学，就是在此基础上形成的。2004年7月2—4日，第一届世界汉语教育史国际学术研讨会暨世界汉语教育史研究会成立大会在澳门理工学院召开，海外汉学研究中心是发起人之一，这也可

---

① 程裕祯《关于海外汉学研究》，《中国文化研究》1997年夏之卷。

以看作汉学研究对汉语教育的"反哺现象";而会上七十余篇有关汉语教育史的学术论文"井喷式"的发表,都说明对外汉语教学专业在学科史上的觉醒。

程:这里还要提到1999年12月教育部召开的全国第二次对外汉语教学工作会议(这个会议很重要,但是后来贯彻不力)。我在起草陈至立部长的讲话稿时,特地加入汉学研究这一项,起草小组的同志都很认同。陈至立在讲话中呼吁加强海外汉学研究,认为这有助于汉语在国际上的传播。① 我自己不是研究汉学的,所以请张西平老师来做这件事。他很投入,不负众望,做得很不错。现在,海外汉学研究中心已经发展成为北外一个独立的教学与研究单位,即"北京外国语大学国际中国文化研究院"。在张西平教授的带领下,研究院团结了一批中青年学者,从散落在世界各地的浩如烟海的历史文献中整理出版了一批汉学著作,发表了许多有相当水准的学术论文和著作,在海内海外产生了积极的影响。

施:您太谦虚了!您参与编辑的《汉风五大洲——共和国出国汉语师资自述录》②,收录了国家60年代培养的出国汉语储备师资的回忆文章57篇,保留了珍贵的一手资料。您主持编写的《新中国对外汉语教学发展史》③,是第一部对当代中国汉语教育的历史进行梳理考察的断代研究。两部著作都具有里程碑的意义。

程:这两本书的编纂出版,都源于国家汉办的项目,我们只是执行者。

施:下面先请您谈一谈编辑出版《汉风五大洲——共和国出国汉语师资自述录》这部回忆文集的初衷和过程吧。

程:好!说到共和国出国汉语师资,指的就是1961—1964年期间我们这些国家为出国教授汉语而专门培养的师资。从1961年开始,教育部专门从一些重点高校或师范院校的中文系里选拔了一批优秀毕业生,进入北大和北外带薪学习三年外语,学习期满后分配到高校储备起来,国外有需要,国家就派出。现在看来,这是一项非常有远见的战略举措,为此后汉语与中国文化的传播以及国际中文教育事业的发展打下了坚实的基础。

施:用现在的话,是由周恩来总理、陈毅外交部长亲自布置的一个国家项目。

程:对的。这批人四届一共120余人,不过,由于各种原因,有些人没能走上汉语教学的讲台。1999年,教育部召开出国汉语储备师资座谈会,为从事汉语教学事业的这批

---

① 陈至立的讲话题目是《提高认识,抓住机遇,增强紧迫感,大力发展对外汉语教学事业》,见教育部《关于印发〈第二次全国对外汉语教学工作会议纪要〉的通知》,2000年2月3日,教外专[2000]6号。

② 赵永魁主编,程裕祯、王绍新、阎纯德编辑《汉风五大洲——共和国出国汉语师资自述录》,北京:人民日报出版社,2003年。

③ 程裕祯主编《新中国对外汉语教学发展史》,北京:北京大学出版社,2005年。

师资颁发"语出华夏　桥架五洲"的纪念牌,当时国家汉办师资处给出的统计数据是86人。

施:我们发现这份名单里遗漏了几位,比如1962年的英语师资李顺兴和马勇、1962年法语师资李海绩、1963年英语师资顾明道和1963年法语师资赵永魁等。

程:这次颁发奖牌,不包括走上行政岗位的师资。当时李顺兴和李海绩都是教育部国际交流与合作司的副司长,赵永魁是国家汉办主任,顾明道在江苏省外事部门工作,马勇是桂林市政协副主席,所以都没有奖牌。

施:据我们掌握的资料,李顺兴老师曾在巴基斯坦、李海绩老师曾在柬埔寨和马里、赵永魁老师曾在法国、顾明道老师曾在丹麦和奥地利的大学和中学教过汉语,是实打实的出国汉语教师,马勇老师也在北语教过越南学生,国际中文教育的"军功章"应该有他们的一份。

程:是的。我们这批人筚路蓝缕,在极其艰难的国际环境中,走出国门,传播汉语,一些人后来还成为了学科发展的领军人物。

施:据不完全统计,这批师资,早期派出的主要是社会主义国家,或者是一些对华友好的发展中国家,比如林建明、邓恩明、钱林森、李海绩四位老师去的是柬埔寨,阎德早老师、武柏索老师去的是古巴,您和胡书经老师去的是老挝,赵永新、李顺兴、张占一和王希增、李更新等五位老师去的是巴基斯坦,张月池老师去的是波兰、也门和埃及,刘锡荣、朱庆祥两位老师去的是罗马尼亚,李振杰、吕必松、王志武、漆以凯、张开信等几位老师去的是尼泊尔,吕才祯老师去的是毛里塔尼亚,程棠、姜明宝、李海绩三位老师去的是马里,漆以凯老师去了坦桑尼亚,孙晖老师去了斯里兰卡,等等。这些国家,不仅生活条件艰苦,有些处在战争状态下。随着国外对汉语学习需求的增长,一些师资也开始走进西方世界,如李忆民、刘社会、杨立嘉、阎纯德、邓恩明、赵永魁等六位老师去了法国,刘锡荣老师去了意大利,漆以凯老师去了澳大利亚,顾明道老师去了丹麦和奥地利,等等。这批师资是冷战时期中西方关系还处在冰河期的条件下,走进西方国家的大学课堂的,是新中国最早的一批文化使者。

程:所以,无论将来国际汉语教育事业如何发展,这一批人的开山之功不可被遗忘。因此,国家汉办先后召开了两次重要会议。一次是在1998年12月,邀请了部分1961—1964年出国汉语储备师资座谈,请他们为国家汉办的工作以及对外汉语教学事业的发展出谋划策。编辑出版一本记录这四批出国师资奋斗历程的专辑,就是在这次会议上提出来的。第二次是在1999年7月29日,国家汉办在北京大学召开座谈会,教育部韦钰副部长发表了重要讲话。在这次会上,出版回忆专辑的建议再次被提出来。后来,国家汉办采纳了大家的意见,委托王绍新、阎纯德和我具体负责编辑事务。我们以编委会的名义前后发了两次约稿函,希望所有的师资都能写一篇,讲述一下自己的经历和感受。遗憾的是,我们只收到57篇稿件。

　　从今天开放的格局看,这些也许不算什么,但是倒退60年,那可真是披荆斩棘、一往无前了。现在的年轻人可能理解不了,是什么样的精神力量支撑着我们抛家舍业地奔赴未知的国度,传播汉语,传播中华文化。人们常说,历史是由一个个鲜活的个体组成的,没有个体的历史是不存在的。我们这些出国汉语师资,就是国际中文教育历史的一个组成部分。遗憾的是,当时还不具备今天的技术手段,如果能再编辑一部影像资料就更好了。

施:这些回忆是出国师资汉语教学生涯的真实记录,是汉语教育史上宝贵的历史文献。我们不仅要感谢您这一代出国师资付出的辛勤汗水,还要感谢您们在桑榆之年奉献出的珍贵记忆。这不仅是新中国对外汉语教学的历史,也是当代中国崛起的历史。说到这,我们想请您再谈一谈《新中国对外汉语教学发展史》的编写过程。

程:1999年底,教育部召开了第二次全国对外汉语教学工作会议,为对外汉语教育事业在新世纪的发展制定了明确的目标与方针政策。

施:那时,对外汉语教育事业面临着前所未有的发展势头,是一个令人振奋的年代。

程:基于这一情况,本着以史为鉴的精神,国家汉办在2001年4月立项,由赵永魁负责整个项目的策划,我担任主编,邀请北京师范大学王魁京、北京大学王顺洪、北京语言大学曹慧、中国人民大学李禄兴等几位老师组成了写作班子,其中我是负责拟定大纲,承担开篇和结尾部分,并负责统筹全稿;王顺洪负责第一篇,曹慧负责第二篇,王魁京和李禄兴负责第三篇。国家汉办杨金成和程缅负责项目的具体运作和组织工作,联系各个相关院校,搜集、整理和提供资料等。2005年4月,《新中国对外汉语教学发展史》终于问世了。

施:这是当代中国第一部国际中文教育的断代史著作,可喜可贺!

程:但是,这本书的问世历经四年之久,是我们始料不及的。

施:这本书从1950年一直写到1999年,从修史的角度看,前后近50年的历史历时四年完成并不算长。

程:写作班子成立之初,我们把问题想得简单了。首先,查阅资料是一个大问题,很多资料和数据并没有完整地保留下来,我们就得走访当年的老同志、老专家,有时老先生们的回忆之间有出入,有些资料的记录也不完全一致,我们就得反复核对。其次,所有项目的编写者都是一线教师,都有着繁重的教学、科研任务,因此,时间对我们来说就显得尤为宝贵。同时,我们五位执笔者,都是某一个学校的老师,偏于一隅,挂一漏万,对汉语教育的发展难有全局的把握,对一些史实和数据的理解可能会有疏漏。2003年7月,经过不懈的努力,我们拿出了初稿。7月25日,国家汉办便召开了专家座谈会,邀请了北京大学林焘(因病未能出席)、柯高和郭振华,北京师范大学刘庆福和中国人民大学李大忠,还有北京语言大学的赵淑华、施光亨、刘珣等专家,就初稿的整体框架、具体史实和文字描述等问题听取了各位专家的意见。专家们仔细阅读了全稿,对全书的基本框架给予了充分的肯定,并对书稿中存在的某些事实和文字分寸等问题提出了具体的意见。会后,赵淑华先生还专门写来了一封信,对书稿中涉及的几个具体问题进行了订正;施光亨先生更是热情地邀请曹慧老师上门恳谈,所有这些都令我们十分感动。

施:家父曾和杨俊萱老师一起编写过《新中国对外汉语教学大事记》①,关注的是1950年到1999年40年间的历史,遗憾没有出版,但他对这一段历史还是了解的。

程:是的。施先生早就留心汉语教育的历史,精心搜集资料,以编年的方式记录了新中国对外汉语教育前40年的历史,为我们的研究提供了一个很好的范式。我们编写过程中,他又给予多方指导,因此,学术界目前能有一本可供参考的国际中文教育史的著作,施先生居功至伟。时至今日,上面提到的林焘、柯高、刘庆福、施光亨、杨俊萱、赵永魁等几位先生先后离世,每每想起他们给予的指导和帮助,我心中都万分感激。在此谨向他们表示深深的怀念与敬意!

施:谢谢您!

---

① 部分内容参见施光亨、杨俊萱《新中国对外汉语教学40年大事记》,《世界汉语教学》1990年第2期,第98—107页;施光亨、杨俊萱《新中国对外汉语教学40年大事记(续一)》,《世界汉语教学》1990年第3期,第159—165、187页;施光亨、杨俊萱《新中国对外汉语教学40年大事记(续完)》,《世界汉语教学》1990年第4期,第250—255、249页。

1961—1964年教育部出国汉语储备师资访谈(二)*

受访人：李顺兴　　**访谈人**：施正宇　彭乐梅　陈韬瑞

本文是教育部出国汉语储备师资系列访谈之一。作为1962届英语师资，李顺兴先生的人生轨迹可谓跨越了国际中文教育的各个领域。他既是一名德才兼备的汉语教师，也是一名勤勉务实的教育官员。他在巴基斯坦短暂的汉语教学经历充满了风险和成就，曾受到过叶海亚·汗总统的特别礼遇，也得到了邓小平副总理的诚挚赞扬。归国后，就职于教育部外事司的李顺兴先生，为北语的复校付出了心血，也为世界汉语教学学会的组建、国际汉语教学讨论会周期性的召开以及国际中文教育的学科建设作出了积极的贡献。因为走上了领导岗位，李顺兴先生没能获得教育部专为出国师资颁发的"语出华夏　桥架五洲"的纪念奖牌，但国际中文教育的"军功章"应该有他的一份。2020年11月2日(星期一)9：30—14：30，我们于北邮科技大厦咖啡厅对李顺兴先生进行了访谈。访谈过程中，八十多岁的李先生博闻强识，侃侃而谈，滔滔不绝，中间连午饭也不吃，一口气说了五个小时，给我们留下了深刻的印象。

李顺兴简介：李顺兴，男，生于1938年9月15日，河北徐水县刘庄村人。1962年毕业于河北大学中文系，同年入选第二届教育部出国汉语储备师资，赴北京外国语学院进修英语。1965年分配至北京语言学院，同年8月借调中国人民大学留学生办公室教授汉语，至1969年10月回到北语。1973年后在国务院科教组工作。1985—1989年担任国家教委外事局副局长，1993年任国家教委国际合作与交流司第一副司长，1994—2000年担任中国教育国际交流协会秘书长，2000—2002年在教育督导局任国家督学。

图1　李顺兴(李顺兴提供)

---

* 本文为教育部中外语言文化合作中心、世界汉语教学学会2021年国际中文教育研究课题重点项目"建国初期汉语教育史研究(1950—1966)"(项目编号:21YH01B)的阶段性成果。

2002年正式退休。《中华留学教育史录》(1840—1949卷、1949年以后卷)常务副主编(实际负责人),著有《汉语趣谈》《中国名胜古迹概览》和《当你踏上异国的土地》(合著)等。

外派经历

时间	国别、院校、机构	从事工作
1970年7月—1972年10月	巴基斯坦伊斯兰堡大学国家现代语言学院	汉语教学
1982年6月—1985年3月	中国驻澳大利亚大使馆	教育处一等秘书
1990年1月—1993年3月	中国驻加拿大使馆	参赞

施正宇(以下简称"施"):李先生,您好!我们就从您入选出国师资开始谈起吧,请问您是从哪所院校毕业的?您觉得您入选出国汉语储备师资的条件是什么?

李顺兴(以下简称"李"):我1962年毕业于河北大学中文系。毕业前夕,学校分配工作,要求每个学生填报志愿。我们那时候充满了革命热情,大家填的都是"服从分配"或者"到祖国最需要的地方去"。我当时提出:希望到少数民族地区去服务,比如广西、云南等地。但是后来分配的时候,我们的辅导员、班主任付同印老师找我谈话,说:既然你的第一志愿是服从分配,我们考虑让你去北京学英语,参加教育部的出国师资项目,将来到国外教汉语,推广中国文化。我欣然同意了,因为既可以去北京,以后还可以出国。于是我回家准备,等进一步通知。当时河北大学一共选了四个人,分别是刘春雨、张占一、张树昌和我。1962年的9月1日我们一起来北京报到,随后张树昌被分配去学习法语,我们其余三人学英语。

施:能否谈谈您在北外的学习情况?

李:北外的学习是我人生的一个转折点。上初中时学过一点儿英语,可是高中学的是俄语,虽然成绩还行,但是兴趣不大。没想到大学毕业后,又改学英语了,学习压力很大,但也把我的潜力激发出来了。我们这届师资中除了上海的吕炳洪、张德鑫[①]外,其他人,如我和张占一,出身贫苦,根本没有英语背景。但是我还是学出来了,一直到之后工作的时候,也没有人对我的英语水平提出过质疑。甚至之后在巴基斯坦任教的时候,还编写过英文版的汉语教学大纲。

然而,学习的过程却异常艰辛。情况是这样的:9月份开学以后就开始编班。我们师资一共16人,与当时入学的本科新生一起混合上课。这些高中毕业生大多来自北外附中,学过英语,而且发音很漂亮,非常优秀。我们原本自认为学习不错,可是后来学英语却很吃力。因为我们大多数人都已经二十四五岁了,有些已经结

---

① 据张德鑫老师介绍,他在就读出国师资之前,学的是俄语,没有学过英语。

婚,跟这些十七八岁的学生一起学习,难度可想而知。虽然我们特别用功,但是怎么也追不上。我记得我分在英语5班,张占一在2班,我们在各自班里压力都很大。当时每堂课都要打分,我们经常得2分,不及格,特别苦恼。北外的英语老师也觉得,大学毕业生和高中毕业生混合授课不太合适,于是第二学期把我们单独组成一个班,这样大家水平一致,年龄也相仿。袁鹤年①担任我们的老师,他发音完美,英语口语非常好。

施:著名翻译家、北外英语教授王佐良先生在评价袁鹤年先生翻译的英国戏剧时曾说:"鹤年……英语基本功好——朋友们都羡慕他那一口流利风趣的英语……"②您对此有印象吗?

李:有印象。袁老师身穿燕尾服,神气得很。

施:哈哈,一定很儒雅!

李:是的。杨光慈③是我们的辅导老师。我们班里,除了师资以外,还有纺织工业部的一个培训生以及1961届出国师资的三个降级生(后在北语工作的李振杰、在教育部工作的任福昌和施孝贵)。其实后来我们班因为学习吃力而降级的也有,比如张龙虎(两年后肄业,分在北外工作)、施宝义(北大中文系毕业后参加师资进修,中途肄业)等,他们被安排了其他工作。最终毕业的只有11个人,除了我,还有张占一、刘春雨、黄政澄、吕炳洪、李振杰、区启超、王希增、张德鑫、张孝忠、马勇等。

施:您提到一些同学遗憾未毕业,当时的淘汰机制具体是怎样设定的呢?

李:我们虽然单独组班,但是进度和本科生一样。当时的课程有精读、泛读、口语、听力,每天上课都要听写,除了文化讲座不打分外,其他课上袁老师都会给我们打分,回答问题和作业也计分,这样综合起来计算成绩。我刚开始口语经常不及格,之后慢慢进步,从"3+"到"4-",一点点有了起色。有一次听力考试,我得了满分,受到老师的表扬,这大大激发了我的学习劲头和自信心。其实,同学们都很用功,如果总是不及格,压力会很大。当时我们四个人一个宿舍,晚上说梦话还有讲英语的;无论严寒酷暑,天蒙蒙亮就起床大声朗读。记得当时许国璋的英语书都被我们读得皱巴巴的。

施:听刘春雨老师讲,您当时把一本许国璋的英语学得厚厚的,上面密密麻麻地写满了字。

李:呵呵!老师对我们要求非常严格。记得有一次,年轻的杨光慈老师给我们班的任福

---

① 袁鹤年(1934—1990),男,北京外国语大学英语教授。1957年毕业于北京外国语学院英语系,后留校任教。主要从事英美文学研究,著有《袁鹤年戏剧小说译文集》。

② 王佐良《袁鹤年戏剧小说译文集·序》,见袁鹤年《袁鹤年戏剧小说译文集》,北京:外语教学与研究出版社,1994年。

③ 杨光慈,江苏溧阳人,1960年从北京外国语学院英语系毕业后留校任教,译有《呼啸山庄》等作品。

昌纠正"/ai/"的发音,练了很久,最后急得任同学满脸通红。好在,那么难,我们都挺过来了。北外有优越的英语学习环境和强大的师资力量。当时著名教授伊莎白·柯鲁克①和她的丈夫都在北外任教。在英文电影赏析课上,如《百万英镑》《爱丽丝梦游仙境》《一千零一夜》等,伊莎白以及袁老师、杨老师当场为同学们详细解说,这些原汁原味的英语课受到学生们的一致好评。总体上,我认为这段学习经历受益匪浅。

施:伊莎白?就是不久前获得"友谊勋章"的那位加拿大老太太吗?

李:对!就是她。

施:她的丈夫大卫·柯鲁克给你们上过课吗?

李:好像没有。不过,当年英文系中青年教师经常排练、演出英语经典话剧,诸如《奥赛罗》等②,我们可以偷偷去观看。

施:那你们自己排练过吗?

李:我们没有那个水平。

施:您觉得能听懂吗?

李:听懂几句对话,心里乐滋滋的。我看过几次,都是袁鹤年老师给我透消息才去的。③可惜袁老师在改革开放后不久就病故了!

施:真可惜!袁老师只给您一个人透露消息吗?

李:好像有时候遇到过我们师资班的区启超,其他人不认识。

施:看来袁老师很喜欢您,您一定是他的得意门生。

李:关系还可以,都喜欢打篮球。

施:您经常和袁老师一起打篮球吗?

李:打过几次。

施:进修完后您去哪里工作了?能谈谈刚开始工作时候的情况吗?

---

① 伊莎白·柯鲁克(Isabel Crook,1915—),父母为加拿大来华传教士,生于成都,加拿大多伦多大学荣誉博士,人类学家,北京外国语大学荣誉教授,英语教育家。与丈夫大卫·柯鲁克(David Crook,1910—2000)共同创办南海山外事学校(北京外国语大学的前身)。2019年9月17日获由中国政府颁发的"友谊勋章"(中华人民共和国对外最高荣誉勋章),以表彰她对中国英语教育事业的贡献。

② 据当时的北外英语系青年教师章含之回忆:"我和吴千之是舞台上的搭档。我们在外国语学院英语话剧的舞台上曾经有过一时的辉煌。我们演出过王尔德的《认真的重要性》(The Importance of Being Earnest)。我们还大胆地演出过莎士比亚的全本《奥赛罗》,吴千之饰奥赛罗,我饰戴丝塔蒙娜。"参见章含之《跨过厚厚的大红门》,上海:文汇出版社,2002年,第19页。

③ 据王佐良先生回忆:"还应该一提鹤年对于舞台艺术的爱好。他不止爱读剧本,还喜欢参加英语剧的业余演出。北京外国语大学(原北京外国语学院)英系的不少老师至今还记得他在莎翁《奥赛罗》和王尔德《认真的重要性》两剧里的出色表演。一说这些事就使人更加悼念他。如此才华,而英年逝世,鹤年离开我们是太早太早了!"见《袁鹤年戏剧小说译文集》,北京:外语教学与研究出版社,1994年。

李：1965年从北外毕业以后，我的工作关系一直都在北语。1965年8月—1969年10月借调到人民大学，工资则是从北语领的。我在人民大学留学生办公室教留学生，和我同去的还有区启超和黄政澄，而张占一、王希增、何子铨（法语师资）、潘广武（西班牙语师资）等四人则去了北大留学生办公室工作。

　　为什么会有这样的安排呢？当时越南受到美国轰炸，学校几乎全部炸毁，三千余名越南学生被迫疏散，中国政府伸出援手，扩大接收留学生。然而，北语容纳不下这么多学生，要分散到其他院校，人民大学还未设立汉语教学机构，北大从事汉语教学的专家大部分都到了北外，于是决定抽调北语的师资。我们这些师资当时刚毕业，就被选派到人民大学、北大从事汉语教学工作。这样从1965年到1969年我一直在人民大学任教。

　　1965年9月开始，人民大学共有300余名留学生，除了任用我们三个，还抽选了别的系的师资补充。学生们年龄在18岁左右，现在都已经退休，至今与我保持联系，还曾倡议召集原来的老师聚会。

　　当时我和区启超教一个班。我们班上有一个女同学叫胡焕梅，她曾介绍说她在越南河内大桥上用机关枪打过美国飞机，还把弹壳作为礼品送人。学生们大都参加过抗美战争，上中学时就有作战经历。后来这批懂中文的越南学生得益于改革开放政策，因从事中越贸易发家致富。他们很感激在中国的汉语学习经历，后来还介绍学生来人民大学学习。在越南教中文是一个非常不错的职业，辅导中文、翻译资料都很赚钱，我还有学生在越南驻北京使馆工作的。前些年，越南经济情况比较差，很多想学习中文的学生无力承担学费。我后来在教育部工作，学生们向我反映说：一批优秀的越南本科生因为家境贫困，无法在中国继续攻读研究生，我就跟人民大学协调，帮助他们解决了奖学金的问题。

施：结束人民大学的教学工作之后呢？您第一次外派是在什么时候？

李：1969年（那时我也认识了你父亲施光亨先生）我和黄政澄、区启超等返回北语，筹备下干校。晚上我们一起搬桌椅、装火车，记得半夜大家都饥肠辘辘，只能在小卖部买干火烧和冰凉的肉皮冻充饥御寒，然后继续装车皮。绰号"关老爷"的关惠文还闹出个笑话：他嫌皮冻凉，就去炉子上烤，直接把皮冻化成了水，就没法吃了。当时在干校整天劳动干活，以为一辈子将和教书无缘。之后，1969年末又去修公路了。1970年初军代表通知我收拾行李返归北京，并没有具体说明缘由，我还百思不得其解，犟着说自己只做了半年，不想离开。第二天留守北语的罗福全跟着卡车就来接我了，回到北外西院才明白，我的任务是编教材。

　　其实"文革"时期什么资料都没有，能看的只有《人民日报》和《毛泽东选集》、马列著作,还有《红旗》杂志等,连《新华字典》都找不到。那时张亚军主编,我要整理资料,还有人负责刻蜡版。让我们收集的都是印巴地区的资料。我们用了一个月的时间把教材的语音部分编写完毕,等要编课文的时候,张占一回来了。此时,我俩才知道要去巴基斯坦教书。当时教育部负责人宋临芳找我们谈话说,我们的教学对象是巴基斯坦的军人,教材内容要针对巴基斯坦和印度的战争(第一次印巴争端)情况。巴基斯坦在印巴战争后,主要使用从中国进口的武器装备。他们有些武器不会使用,不懂实际操作,亟须培养一批懂汉语的军人。我们编写教材的时候,尽量结合巴基斯坦的军事主题,参考国内对印巴战争的相关报道。巴基斯坦也推崇舍生忘死、民族大义,因此我们的课文里有像身上绑着炸药包炸敌人、为战友捐血建血库等场景。

施:这样说来,您和张占一老师可以说是汉语教材国别化的先驱了!

李:我们最后用了两三个月编写了一本教材,因教师需求紧迫,就一边编教材,一边置装,最后刻好蜡版,把书装订成册,然后就匆忙出发了。我们一共带了30本书,我还偷偷带了两本1958年出版的《汉语教科书》。我们走了以后,张亚军等继续编写教材,每隔三五个月寄送给我们一批。

施:为什么是偷偷带走呢?

李:因为"文革"时期不允许使用这个教材。但这两册课本不仅语言、语法解释周全,还有英语解释,对我们这些第一次赴外任教的老师来说很实用。那时,连《新华字典》都不允许使用,也不让带出去。

施:那能看什么书呢?

李:《人民日报》《毛泽东选集》和马列著作等,还有《红旗》杂志等。

施:那对教汉语来说可真是难了。

李:太难了!况且国内只供油印课本(二册),可教汉语光靠这一套教材无论如何都不行,口语、阅读、泛读等配套教材都没有。我们俩只好白天上完课,晚上编口语教材,设计了打招呼、打电话、购物等主题会话。巴基斯坦拉瓦尔品第和伊斯兰堡的夏天奇热无比,我俩只穿个裤衩光着膀子刻印。苦极了!好在巴方对我们非常友好,看到我们的业务能力和努力付出,决定加开一个汉语兴趣班,但只能占用晚上的时间上课,这样一来,我们只能利用周末编教材。周末我们在临近的使馆文化处工作,伙食也改善了。此外,我们还给中文系本科、硕士编写了教学大纲,详细规定了词汇量和等级水平,如两年后基本能看懂《人民日报》。盛炎教授很多年之后也到过这所学校,听他说,我们编写的教学大纲一直在推行。

施:您和张占一先生去的是哪所学校呢?

李:我们去的学校隶属国防部,叫巴基斯坦国家现代语言学院,校址在拉瓦尔品第,我们到达的第二天就被送到国防部谈话。巴方安排我们两个老师住一个房子，每月给我们发工资（美元），但我们根据国家规定，将其上交，只领40块钱人民币，加上国内56元的工资，我们觉得每月有不少收入呢。

我们的学校和校方领导都很好。学生职衔小到中尉，大到中校少校，共十五六位。校长是巴基斯坦的一个准将纳吉尔（Bigeden Najir），主管教学，还专门派一个叫帅博的检察官中将，负责监督和情报。刚开始他们学校只有一个中文系，后来增设了波斯语系和法语系，教师分别来自伊朗和法国。在三个系中，纳吉尔院长最信任的就是中文系。因为我们不辞辛苦，加班加课，还主动要求国内寄来录音机、报纸等丰富的教学器材、材料。而法语教师工作不够认真，生活作风也不好。纳吉尔院长在会上严厉批评那个法语教师，以我们为先进榜样进行夸赞，最后取消了法语课。后

图2 李顺兴在巴基斯坦①
（李顺兴提供）

来这所学校为掩盖特殊身份，合并到伊斯兰堡大学，即现在的伊斯兰堡大学现代语言学院，我们也搬到了伊斯兰堡。

我们中国教师在外是有使馆支持的，有规矩和纪律。1971—1972年发生了第三次印巴战争，波斯语系撤销了，教师也走了，整个学校只剩下我们中国老师，班级数量也在扩增，我们又增派了几个教师，如赵永新、王希增和李更新等，教学环境也得到了一些改善。

施：听说您在巴基斯坦教的这批学生后来又到中国来了？

李：是的。我1973年回来后，1975年我们教过的那批军官学生来北语进修，当时是受到中国教育部、外交部和国防部的联合特批。1975年举办巴基斯坦国庆招待会，邓小平应邀参加，这也是邓小平复出后参加的第一个活动。那时我已经在教育部工作了，也应邀参加了这个活动。我的巴基斯坦军官学生在招待会上都用汉语交谈，邓小平非常惊喜，问学生们："你们会中文？很好！"他们就告诉邓小平同志我是他们的启蒙老师，小平同志握着我的手，诚挚地说："谢谢你！你能教出这样的学生一定很高兴。"这个经历让我终生难忘。

---

① 前排从左至右为赵永新爱人汪临芳、孙丕荣夫人刘秀珍，后排从左至右为张占一、赵永新、驻巴基斯坦武官孙丕荣、李顺兴。

施:我们在钟梫先生生前的回忆里看到这样一段文字:

> 那时候我和田万湘合作,教巴基斯坦的成年人……学校领导很重视,因为人家派来的都是很有身份的人,都是军官,学习的时间也不长,大概一年多吧。我们配合到什么程度呢?每天我们在上课之前,到我住的地方碰头,我们合作得非常默契,他把他的教案设计告诉我,我把我的教案设计告诉他,这样我们在课堂上就不浪费时间。他不会外文,需要我说外文的,我就在课堂上补几句,不让他那儿为难。他有他的特长,他对学生的训练、抓学生的语音、语法错误非常在行,耳朵一听立刻就抓住了。
>
> 当时的领导就说,我们找了两个高水平的老师,进行了高水平的配合。没有一个说我们不好的。那些学生回国以后有的当了将军,有的当了准将,有的当了总统的主要助手,但一直都记得我们。他们说上了这两位老师的课能够看得出来老师们费尽了苦心。①

钟先生说的就是您和张老师教的那批学生吧?

李:应该是。

施:这批学生真是幸运,国内国外,遇到的都是中国最好的老师。您这一代的老师,工作条件艰苦,待遇还低,但是却不辞辛苦,敬业奉献,您觉得是什么支撑着您们?

李:当时我们一心想着支援世界革命,拯救三分之二处于水火之中的世界人民。就是这种信念支撑着我们。第三次印巴战争,战争中心拉瓦尔品第离我们所处的伊斯兰堡一二百公里,我们听得见炮响,也遭到飞机的轰炸。其他国家的教师跑了,我们中国老师坚持留下来。我们的学生是军人,时刻准备上前线,军装都存在车里。在战火纷飞、轰炸不断的时候,我们的课一节不耽误。战争结束以后,伊斯兰堡大学举办校庆活动,叶海亚·汗总统和各国大使都出席了。总统先生要求接见我和张占一老师,他激动地说:"中国兄弟,你们是来帮助我们的,我们不会忘记中国的!"至今,这一场景还历历在目。中国大使笑称,自己参加活动的时候都没得到这样的殊荣。

施:真是太值得骄傲了!汉语教学有一定规律,您最初是怎么提高教学技能的?

李:我在北外学完外语去人民大学之前,就想听听有经验的老师的课。我先通过刘春雨打听到李景蕙②(曾任邓懿先生的助教,汉语教学名师,经常培训师资)老师的上课时间,主动跑去北语听老师的课。她听说我是汉语师资,准备在人民大学给留学生

---

① 崔希亮主编《北京语言大学对外汉语教师名师访谈录·钟梫卷》,北京:北京语言大学出版社,2010年,第34页。

② 李景蕙(1929—2011),祖籍河北沧州,北京语言大学教授。1953年提前毕业于河北天津师范学院中文系,任教于北京大学外国留学生中国语言专修班。

上课后，欣然同意我听课。我认真总结她的上课流程。我还听了金绍志、马勇和刘淑娥等老师的课。了解了路数，我才有上讲台的底气。我赴任前还咨询过赵淑华出国任教的注意事项。

开课前，人民大学汉语教研室主任王学作①（山东潍坊人，原姓易）也为我们安排了示范教学，我们受益匪浅。王老师可以说是汉语教学元老，在华北大学（1948—1949年，人民大学前身）的时候就开始教汉语，学生中包括日本俘虏，而且他还曾在东德任教，教给我们很多汉语教学的方法，如教案写法、板书设计、语法语音重点的把握等，这对我在人民大学以及之后的外派教学都很有帮助。

施：您为了教学可是做足了功课啊！您后来是怎么调到教育部工作的呢？

李：1973年1月我回到北语，去科教组转组织关系未果，科教组要求把我借调过去，我推托说不能胜任政府工作，当时的领导彭伯勋答应我借调半年就回北语，可是后来阴差阳错，我在教育部工作了三四十年，一直到退休。

施：据我们的了解，您在教育部参与了几件大事，比如北语复校、赴美考察以及国家汉办成立等，能请您具体谈谈吗？

李：当时教育部还叫国务院科教组，国务院科教组总管全国的科学和教育，下设很多小组，如高教组、中教组、小教组、科技组等。我是在外事组，当时的同事有胡守鑫、程裕祯、解其纲等五人。

我参与的第一件事就是北语复校。1972年胡守鑫起草的北语复校报告，是用铅笔写的，获国务院特批。接下来的工作首先是迁校址，从北外西院迁到矿业学院这边。彭伯勋任复校筹备组组长。文件指出，当时因为"文革"导致几年停招外国留学生，北语复校是众望所归。总理批准："同意！望很好地筹备！"该文件现存于教育部。

我到任后，胡守鑫找我商量复校的准备工作，亟须解决师资问题。首先，我们希望把分散在全国各地的出国汉语师资召集回来。我们向全国的高等院校发文，为配合北语复校，充实师资力量，要求之前培养的四届出国汉语师资尽可能地返回北语工作，于是从外地回来了很多老师。其次，曾在其他高校从事过对外汉语教学工作的（如常敬宇等）也可来北语。最后还有一批老师是这样的：1972年，外经部接管教

---

① 王学作（1923—1993），原名易有禄，山东潍坊人，北京语言学院副教授。1950年毕业于燕京大学新闻系，1951年始在中国人民大学教授首批美、英学生，一生从事对外汉语教学，先后于1955—1957年外派越南河内外语学院、1961—1964年外派民主德国莱比锡大学（也即卡尔·马克思大学）东方学院、1981—1983年外派罗马尼亚布加勒斯特大学，曾任北京语言学院一系汉语教研室主任、图书馆馆长，北京市人民代表大会代表。参见盛炎、沙砾《对外汉语教学论文评选1949—1990》（第一集），北京：北京语言学院出版社，1993年，第54—55页。

育援外工作后，招聘了第五批出国师资（英、法语），录选人员中除少量大学毕业者外，多为中、小学教师和公社年轻干部。1973年初，为了解决北语复校师资短缺问题，特将这批在北大培训人员全员转移到北语培训。结业后，挑选一些留在北语任教，大概有10—20人，如任以珍、谢业顺、遆永顺等。①

施：尼克松访华之后，中美建交之前，中国语言教学考察团赴美参观访问，可以说是当代中美两国文化交流史的一件大事。作为考察团成员之一，您能给我们讲讲当时的情形吗？

李：1973年在回老家接我爱人回北京时，我又接到一个紧急通知。任务是参加赴美中国语言教学考察团，团长是陈嘉②（南京大学），团员包括我、吕必松（北京语言学院）、周珏良（北京外国语学院）、朱德熙（北京大学）、郭懿清（女，南开大学）、方淑珍（女，中山大学）、上海外国语学院一个负责教学设备的同志等八人。我们考察团10月赴美之前，美国中小学教育家代表团一行20人曾访华一个月，我们安排袁鹤年和周起骥担任翻译。我们这次访问算是回访吧。美方感念中国教育部的礼遇，对我们招待得很不错。

大约是1973年10月下旬，我们沿着"北京—广州—卡拉奇（巴基斯坦）—开罗（埃及）—地拉那（阿尔巴尼亚）—雅典（希腊）—巴黎（法国）"这样一路辗转，跨越大西洋，晚上才到波士顿，又倒了一趟飞机，最后才抵达纽约。驻美联络处接我们住进了五月花酒店，当时中国驻美联络处黄镇主任提醒我们注意遵守在美安全守则，不得单独出行。我们一出门，就有美国警察跟着。

代表团行程安排紧凑，活动中有两个警卫随时保证我们的安全。我们参观了很多知名大学，包括密歇根大学、哈佛大学、麻省理工学院、伊利诺伊大学、达特茅斯学院、纽约州立大学、新泽西大学、西东大学、华盛顿大学、加州大学洛杉矶分校、夏威夷大学、斯坦福大学等，还有开设中文课的中学，还参观了尼克松总统夫人就读过的学校。

代表团访问一切顺利，成果丰满。回程自火奴鲁鲁—东京—香港（停留两夜）—广州到达北京，总共约三十五六天，到北京已是11月底了（记不得具体日子了）。

施：也真难为您们了。访美之前，普通中国人，包括政府官员和学者，对美国的了解仅限

---

① 据王绍新先生回忆，这批人还应包括以下老师：陈朝祥、陈贤纯、胡志英、黄祥年、李富、李适之、陆应飞、宋孝才、隗永田、杨惠元等。

② 陈嘉（1907—1986），翻译家、教育家和英美文学专家。1928年毕业于清华大学，考取庚子赔款奖学金赴美留学，1930年获威斯康星大学文学学士学位，1931年获哈佛大学文学硕士学位，1934年获耶鲁大学文学博士学位。先后就任浙江大学、武汉大学、西南联大以及中央大学外文系教授。

于《人民日报》这样的媒体。您到了美国以后,有没有感到中美之间的差距?

李:记得访问前我们被告诫美国因民众反对总统尼克松,政局十分动荡。那天晚上飞机飞抵波士顿上空,我们看到的却是灯火辉煌,我们心里寻思:美国是真乱了,这个时间还在游行啊,下飞机才知道那是人家的汽车灯。而那时候全中国也没有多少车,差距实在是太大。

  差距不仅体现在设备技术上,还包括语言研究理论。在麻省理工学院参观的时候,乔姆斯基为我们做讲座,介绍他的理论以及跨洋辩论过程,陈嘉和周珏良听后连连称赞。我还清清楚楚记得乔姆斯基用讲课形式给我们讲解"孳生转换语法和句子结构"。他人瘦,细高的个儿,不苟言笑。

施:您说"孳生转换语法"?

李:对,就是我们说的"转换生成语法",又称"孳生转换语法"。我们八人团中,据我观察只有朱先生和周珏良教授理解,其余人恐怕只了解大概。我们还到中国语言学界元老赵元任先生家做客,遇到另一位大师李方桂老先生,大家热烈讨论中国方言问题。赵、李一边向我们讲解中国八大方言,一边时不时停下来打听国内各种情况,热闹非凡。学术讨论中我们也发现美国的语言教学研究五花八门,比如小石子教学法等,而中国语言教学研究还是块处女地。

施:"小石子教学法"是什么?

李:不清楚。当年,好像是在波士顿或纽约,美方安排我们参观设在一座大楼里的语言教授点,一位胖胖的教师,使用四方形小石块教授语言与识字。

施:您当时听了以后感觉如何?

李:不可思议。其他人也如此。

施:怪不得我们整理您的访谈后还在网上查了半天,没有任何信息。学生什么反应啊?

李:好像没几个学生。参观之后,我们大家都偷着说,美国真是无奇不有啊!

施:哈哈!

李:还有,我们参观完西东大学的语言实验室后,美方问我们随团专家:你们国家有没有语言实验室?实验室情况如何?跟我们的比,如何?我们只好搪塞说:总有一天我们也会有这么先进的设备的。谈起西东大学,我还和袁晓园等华人学者有过交流。我们回来第二天,国内出了个"白卷英雄",科教组还发起了零分运动。我们考察团真的是感到很失望。我这一生真正腰杆子硬的一次,就是拒绝写不符合实际的考察报告。

  (还有一件事儿记忆犹新。一次我考察完回到酒店,发现床上有一张动物毛皮,警卫赶紧上来查看。最后查明是两个精神病闯进了我的房间。)

图 3　中国语言教学考察团访问美国①（李顺兴提供）

施：记得您曾经说接待过德范克先生②？

李：是的。我记得 20 世纪 80 年代在北京见过他。他写过一本汉语教科书③，在法国和欧洲各国广泛应用，此外还有美国的哥伦比亚大学、西东大学、夏威夷大学、芝加哥大学、伊利诺伊大学、达特茅斯大学等，我访问过的这些大学，还有澳洲的墨尔本大学、昆士兰大学等都用德范克的教材。我总觉得在法国第八大学见过此人。④

施：您那一代出国师资，大多出生在动荡时期，经历过贫穷与饥饿，也见识过欧美的繁华与富足，后来大都在结束任期或者出差结束后回国服务，是什么样的信念支撑着您？

李：首先，我们这代人大多出生在抗日战争年代，成长在新中国，对旧社会还有印象。我上小学时，别说用纸和笔了，连写字用的小石板都没有，只能用房檐上的破石板砸一块抱着去上学。后来因为毛笔不方便做笔记，就用铅笔和蘸水笔。买点儿蓝红等颜料，拿着笔头插进去，一蘸能写五六个字，然后再蘸。慢慢发展到后来才有了钢笔、圆珠笔。共产党培养了我们，我们就是忠实的社会主义人才。真的是没有共产党，我们就没有学上，别说大学，就连中学也上不了。我们一直抱着这种感恩的心态。我是我们村子里的第一代大学生，父亲大字不识，从抗日战争、解放战争打到抗美援朝结束，回国后一直在部队。他后来患病成了植物人，在医院躺了八九年，刚 70 岁

---

① 左二朱德熙，左三吕必松，左四郭懿清，左五李顺兴，站者为西东大学校长、华人牧师祖炳民。
② 德范克（John DeFrancis，1911—2009），又译作狄方克，美国汉学家、汉语教育家，夏威夷大学中文教授。
③ 即"德范克系列汉语教材"，参见施正宇《汉语拼音海外推广的先驱德范克和他的汉语教材》，国际汉语教师 500 强公众号 2016 年 8 月第 8 期。
④ 经查阅资料，未见德范克到过法国的记录。

就走了。他那时一直提醒我说：你小子，有学上真的不容易啊，你哥几个这么大早去干活了！我们都认为：对共产党、对新中国的恩情永远都报不完。

其次，我们在中学里有很多民族气节方面的教育，如抗金英雄岳飞、爱国诗人陆游、讲义气的关公等，现在我还记得"死去元知万事空，但悲不见九州同"这样的诗句。黄继光和邱少云的故事也是耳熟能详。

施：感谢、敬佩您的赤子之心！现在我们谈谈国家汉办成立始末吧。

李：还是得从代表团说起。我们在纽约参加了美国语言教学年会，美国同行注意到了我们考察团，纷纷与我们交流。其中的汉语教学专业委员会会长是赵元任，袁晓园也在其中。他们这种拧成一股劲儿的汉语教学思路很值得借鉴。我和吕必松都很受启发，也想着酝酿一个中国的汉语教学机构。

从美国回来后，鉴于国内形势不允许，只得暂时作罢。后来，1985年我在教育部外事局担任副局长，分管美洲大洋洲地区的对外汉语教学。吕必松建议说：可以在中国开一个世界汉语教学会议，邀请世界各地的汉语教学专家过来。我表示非常支持，全力解决面临的资金问题。吕必松精心设计，撰写报告，我向教育部部长黄辛白汇报后，也得到首肯。他说，中国的确还没有一个世界性学术组织，我们支持！这期间，为了推动对外汉语教学发展，成立类似于美国那种很活跃的汉语教学团体，老吕带着我几次到朱德熙教授家听取意见。根据朱先生建议，我们还专程拜访过当时社科院语言所吕叔湘所长、人民教育出版社语文教学专家张志公教授等，他们都支持建立中国对外汉语教学组织。

在香山举办的第一届对外汉语教学研讨会的会议预算15万元，来自新加坡、澳大利亚、英国、美国、法国等各国汉语专家齐聚中国。会议圆满举行，出席的黄辛白部长很兴奋，于是约定下一次会议的时间。1987年第二届对外汉语教学国际研讨会在回龙观的一个饭店如期举行，这次参会人数更多，大家都一致认为这是一件很有意义的事儿。这样规模的国际会议一天要出一期简报，两天的会期一共上报了十多份简报，分别给教育部、文化部、外交部、国防部、公安部，一直到总理办公室。新加坡的卢绍昌、英国的佟秉正等国外专家和吕必松等国内专家一致决定酝酿成立学会。因此，会议最后决议成立世界汉语教学学会，研讨会三年一届。我在会上提议收取会员会费、争取捐款等事宜，解决学会发展的资金问题。之后，我只在1993年代表中国教育国际交流协会参加了一届会议。

我认为，对外汉语教学发展成那样好的形势，吕必松功不可没。他让我们这个学科上升到一个很高的层次。他提出了非常有前瞻性和建设性的意见，促成了国际会议的举办和学会的成立；而我只是尽了自己的本分，支持了他。

世界汉语教学学会成立以后,吕必松、施光亨和我几个人在闲聊时,想到缺乏实体机构和资金支持不利于长期发展,要是能隶属于国务院就更好。当时中央政策大力发展宣传工作,中宣部外宣局高梁介绍我认识专门负责的处长金辉同志,他表示支持我们的事业。就这样,吕必松牵头起草报告。经我们多次修改,国家教委、外交部、文化部、新闻总署、广播电视局、侨办等六个单位共同签署,教育部长签字上报后,李鹏、万里、胡启立等领导人联合批示,大意是:国家正在压缩机构,这项事业虽很重要,但建立机构不可能。之后,外交部齐怀远、文化部刘德有、国务院侨办李星浩、广播电视局副局长马健雄、新闻出版署刘杲、教育部何东昌和黄辛白一起开会研究下一步举措,成立国家对外汉语教学领导小组办公室,设在教委下。办公室成员由各个部委局级干部组成,办公室主任由北京语言学院院长吕必松兼任,办公地点设在北京语言学院,当时是在教学楼主楼五层。财政部最终同意每年拨款100万,这样我们的办公室和固定经费都有了。

施:国家汉办的成立、学会的建立,对学科的发展起到了不可估量的作用,是我国对外汉语教育史上的大事,您和吕必松先生功不可没!

李:可喜的是,国家汉办发展非常快。经费开始增长是在严美华在任时,此时已经是90年代了。这样,就能够举办汉语桥等大型活动。后来国家汉办变成了孔子学院总部。我还是想强调吕必松同志的功绩。将对外汉语变成一个学科是吕必松起草的报告,学科成立后形势喜人。学科评审权在国家汉办,能够团结很多部委的力量,比如外交部、侨办等单位的汉语教师职称评定问题可由我们来主持解决。这都是吕必松的建议,我是支持的。

施:国家公派的汉语教师,包括现在派出的汉语教师志愿者,在海外汉语教学中发挥了重要作用。您对在国外工作的汉语教师有何建议?

李:作为一个对外汉语教师,在国外传播汉语和中国文化,应该肩负起发展中外友好事业的责任,而且这些人必须懂国家政策,明确世界局势。

第一,我认为后来汉语教学发展中遇到的问题与定位不明确有关。我有一个教训:我和张占一老师在巴基斯坦任教的时候,为了促进学生了解中国,未经学校同意,从使馆拿了一些挂画,如红旗渠、《红灯记》等图片,布置到我们教室。第二天学校就给撤了。第二,编教材时,不能以国内的想法来编写。只能讲中性的、符合当地需要的内容。第三,要和当地人保持平等地位。所以要当好对外汉语教师,既要有扎实的专业基础,更要有政治头脑和良好的素质,懂外交,不能强加于人。

关于发展对外友好关系,我想分享两件趣事:1971年中华人民共和国恢复联合国席位时,我们还不知道这个消息,第二天,我们骑着自行车去学校的路上,巴基斯坦民众和学生夹道来祝贺我们，让人动容。使馆文化处一个同志还给我们讲过一个故事，说我们的车在路上不小心剐蹭到当地人的车，巴基斯坦警察立即过来说：没事，你们先走吧，我来处理！我们享受的是超国民待遇。还有，日本使馆人员出事了，谎称自己是中国人，我们赶紧去跟警察澄清后，警察立即将其拉回去重新处理。所以，我们帮助别人的时候，就老老实实地做事，不要有杂念。

施：您的回忆与教诲，值得晚辈铭记，谢谢您！

张西平、李真编《西方早期汉语研究文献目录》出版

《西方早期汉语研究文献目录》一书近日由商务印书馆出版。

法国汉学家、目录学家亨利·考狄（Henri Cordier）所编撰的《西人论中国书目》是西方汉学史上第一部相对完整的汉学书目，主要收录了从16世纪到1924年用欧洲语言撰写的所有汉学文献，其中有70 000条涉及中国主题的分类目录。这部书目把西人研究中国各方面的著述和论文以及中国古代名著的译文分类列目，较全面地反映了早期西方对中国研究的状况，在西方汉学（中国学）文献学领域是一部奠基性的作品。

《西人论中国书目》第一部分"中国实录"中有一个非常重要的类别，即"语言"类，涉及西方有关中国语言的语音、词汇、语法、文字等内容的各种文献，包括双语词典、语法书、会话手册、汉语教材、文学选编、杂文等多种类型。本书对《西人论中国书目》中有关中国语言研究的文献进行了全面整理，在尊重原书历史原貌的基础上，将全部条目做了双语对照翻译，同时撰写了学术导读。这是国内学术界第一次对考狄的汉学书目进行较为深入的专题整理、编译，为从事西方汉学史、世界汉语教育史以及中国语言学史研究的中外学者们提供了宝贵的文献材料和研究论题，希望能从域外文献的角度对汉语的历史演变和汉语作为第二语言的教学史做更全面和多维度的探讨与总结。

1961—1964年教育部出国汉语储备师资访谈（三）*

受访人：王绍新　　**访谈人**：施正宇

本文是教育部出国汉语储备师资系列访谈之一。面对女儿的访谈（2020年10月底—2021年9月，施正宇家中），母亲王绍新的讲述如涓涓细流，娓娓道来。在北大阿语进修结业后，母亲主要工作在教学第一线，教授最多的是阿拉伯学生，也教过不少韩国、日本的短期生，此外还有越南、柬埔寨、欧美等共四十来个国家的学生。母亲正式外派只有一次，即赴埃及四年。她的科研工作可分三类：结合教学实践的现代汉语词汇及学生语言习得偏误研究，成果包括论文与合作编撰的词典；汉语史研究的论文与专著；汉阿语言对比研究及汉英阿词典编撰，汉阿及阿汉翻译作品。

母亲和父亲施光亨相识于燕园，毕业时一同入选1961年阿语师资。他们比翼连枝，一同翱翔在传播汉语、弘扬中华文明的世界里，因此，说起父亲来，母亲如数家珍，仿佛父亲从未走远。父亲长期从事教学工作，教授阿拉伯及欧美学生。他曾在埃及与日本教授汉语，在也门担任教学翻译及部分行政工作。父亲也曾担任较多行政及社会工作，主管过教研室、学报、出版社、教务处等单位；参与国内外汉语教学学会的创建并担任职务。他在科研方面的工作也可分三个部分：辞书编撰，独自或合作主编三部词典，联合主持编写了《中国现代语言学家》；汉语教学及汉阿本体研究，撰写论文及主持编辑对外汉语教学论文选多种；翻译阿文传记及小说多部。

王绍新、施光亨简介：王绍新，女，生于1938年8月6日，天津武清人，北京语言大学研究员。1956年毕业于天津南开女中，1961年毕业于北京大学中文系，同年入选教育部出国汉语储备师资，在北京大学东语系进修阿拉伯语。1964年起

图1　王绍新（施正宇提供）

---

* 本文为教育部中外语言文化合作中心、世界汉语教学学会2021年国际中文教育研究课题重点项目"建国初期汉语教育史研究（1950—1966）"（项目编号：21YH01B）的阶段性成果。

任教于北京语言学院，1998年退休。发表学术论文30余篇，撰写专著、工具书、教材及翻译作品20余部，发表散文、小说、诗歌数十篇。中国语言学会会员，世界汉语教学学会会员。

外派经历

时间	国别、院校	从事工作
1981.9—1985.6	埃及艾因·夏姆斯大学语言学院中文系	汉语教学

施光亨（1938年4月21日—2020年6月13日），男，江苏无锡玉祁镇施家宕人，北京语言大学教授。1956年毕业于无锡市立第三中学，1961年毕业于北京大学中文系，同年入选教育部出国汉语储备师资，在北京大学东语系进修阿拉伯语。1964年起任教于北京语言学院。《语言教学与研究》创刊时期的实际负责人，世界汉语教学学会及中国汉语教学学会发起人之一。先后任北京语言学院出版社总编辑、教务处处长，中国对外汉语教学学会常务理事、辞书学会理事。主持编辑对外汉语教学论文选多种，个人撰写及主编工具书三部，发表学术论文40余篇，翻译小说、传记多部，合作编写及翻译教材20余种。中国语言学会会员，世界汉语教学学会会员。

图2　施光亨（施正宇提供）

外派经历

时间	国别、院校	从事工作
1974年9月—1978年6月	北也门萨那技校	教学翻译
1983年9月—1985年6月	埃及艾因·夏姆斯大学语言学院中文系	汉语教学
1990年10月—1992年10月	日本东京外国语大学中国语系	汉语教学

施正宇（以下简称"施"）：妈妈，您和爸爸是怎样被分去学习阿拉伯语的？

王绍新（以下简称"王"）：1961年鉴于我国对外文化交流的发展形势，周恩来总理指示教育部从当年几所大学中文系挑选应届毕业生分别进修英语、法语、西班牙语、阿拉伯语四种外语，准备将来出国教汉语，通常称为出国汉语储备师资。我们学习期满后到一些高校储备，开始时人事关系仍在教育部，后来关系是何时、怎样转到北语的，我也不太清楚。

施:您还记得当时国家是按照什么样的标准选拔出国汉语储备师资的吗?

王:领导并没有宣布过选拔标准,但凭常识,大家都知道那个时代重视政治条件,家庭出身及社会关系很重要,本人表现和学业成绩当然也会考虑。按说我和你爸爸的家庭条件都不太好,我们入选可能跟当时一些特殊情况有关。第一是年龄。我们1956级入学时,适逢党提出"向科学进军"的口号,大学要扩招;而应届高中毕业生数量不足,所以号召年轻在职干部报考大学。那年北大中文系录取新生中,从工作岗位来的"调干生"占了大概二分之一左右,而16个女同学里只有6个是高中毕业生。调干生毕业时大都30岁上下了,显然不适合再学三年外语,只能从我们这些高中生里挑选。第二是我们大学五年运动不断,不少同学受到了冲击。

施:您当时没有提过意见吗?

王:我永远感谢我的母校南开中学的党员。那时原属私立的南开中学(1952年改为市立)党员很少,女中只有六七个,但个个都是好样的,在群众中口碑好,威信高。所以我高中时就积极申请入党,希望成为像他们一样优秀的人。1957年大鸣大放,有的调干同学说他们原单位的党员很坏,我毫无心机地插嘴说"我们中学的党员可都挺好的"。会后党支部书记拍着我的肩膀说:"你这小家伙立场还不错。"尽管我也有很多错误认识,但基本立场被肯定了。第三是连年运动过多,加上困难时期政策调整,政治条件有所放松。你姥爷是民族资本家;爷爷是职员,但有少量土地出租,家庭成分是"小土地出租"。而且你的伯公1948年去了台湾,他在无锡做过中学校长,后来当过人大副委员长的陈丕显曾是他的学生,据说刚解放时还专门来找过他,得知其赴台表示很遗憾。所以当地教育界了解他没有政治问题,你爸爸高中毕业时就入了党。总之,矮子里面拔将军,我们都侥幸地入选了出国师资。我们第一届师资里出身或社会关系不好的人至少有七八个,但从1963年开始就不再有这种现象,成员出身过硬多了。

施:您能否谈一谈在北大东语系学习阿拉伯语的情况?

王:学英、法、西语的师资都在北京外国语学院进修,而当时只有北大有阿拉伯语专业,所以我们去教育部报到时,负责接待的一位女同志说:"你们原在北大,就学阿语吧,省得搬家。"她说得比较随意,其实你爸爸中学六年一直学英语,我初中学了三年英语后改学俄语的,学英语有一定基础;但那时青年的观念是:做革命需要的螺丝钉,哪里需要哪里安家。我们二话没说就回北大了,到东语系报到后只是在校内搬了个住处。

东语系对我们这个进修班非常重视。北大比较注重理论和文化基础课,除了基本的语言教学和训练之外,还安排了语法理论、阿拉伯文学史、阿拉伯地区概况(包括历史、地理、各国当代现状、伊斯兰教的基本情况)等课程,著名阿语权威马坚先生①（当时毛主席接见阿拉伯国家外宾常常是他担任翻译的）亲自给我们讲过语法理论。讲文学史和概况课的分别是李振中先生和郭英德先生，李振中先生现在是研究阿拉伯文学和历史的知名学者。我们报到后马坚先生特意抽时间跟我们座谈。他幽默风趣，作为老一辈学人，他的国学功底也很好，熟悉汉文典籍。看到我们中文系的毕业生很高兴。他说学好中文是学习外语的良好基础，母语不好学外语，犹如沙上建塔。他开始翻译阿文的语法术语就是参照的《马氏文通》，如"起词""语词"等。他还幽默地说，考考你们中文系的，我出个上联："《礼记》言'毋苟'（《礼记·曲礼上》：'临财毋苟得，临难毋苟免。'），下联怎么对？"我们面面相觑，答不上来。他哈哈大笑说："别字先生把'毋苟'念成'母狗'，所以应该对'三传有《公羊》'啊！"

施：哈哈哈！这个对联太好玩儿了！

王：按照阿语专业的规矩，学生都要取一个阿文名字。老师说我们的名字是马坚先生根据各人中文原名或情况给取的。我叫法丽黛，意思是单独的、唯一的，因为班里只有我一个女生。你爸爸叫恩维尔，跟阿尔巴尼亚原领导人恩维尔·霍查的名字是一样的，意思跟施光亨的"光"有关。张月池叫巴德尔，是"满月、圆月"的意思。王文虎叫法赫德，是"豹子"的意思。杨石泉叫麦恩尼，是"泉水"的意思。系里考虑到我们只有三年学习时间，有些课程又已经学过，就减免了我们的政治课和部分劳动锻炼的时间，加之1961—1964年又是国家相对安定的时候，得以专心学习，跟中学刚毕业的同学相比，我们虽然年龄稍大，但没有感到学习特别困难或明显的差距，也取得了比较理想的成绩。

图3　教育部1961年出国汉语储备阿拉伯语师资②（王绍新提供）

---

① 马坚（1906—1978），回族，云南个旧人，北京大学东方语言文学系教授、阿拉伯语教研室主任，通阿拉伯语、波斯语和英语。第一届中国人民政治协商会议全国委员会委员，第一届至第五届全国人民代表大会代表。译有大量阿拉伯语著作，所译《古兰经》为流传最广的汉译版本之一。

② 左起为鲁荣涛、王文虎、施光亨、张月池、王绍新、杨石泉和李延祜。

施：你们那时住在哪里呢？

王：我们开始学阿语时住在青年教工集体宿舍。我住在均斋，跟西语系德语、英语专业的两位青年助教合住。后者姓董，好像在教研室负点儿责，常有个衣装不整的老人，态度卑微地来找她请示汇报。她带不屑的神情说，这是个右派的老婆，后来才知道老人就是陈梦家的夫人赵萝蕤。很多年后在网上看到她年轻时的照片，真是感慨系之。你爸爸跟两位进修的同学住在德斋、才斋之间食堂楼下的宿舍里。我们大学毕业的时候已经结婚了，一年之后，教育部有关部门给北大打招呼，希望能照顾一下给安排家属宿舍。这年暑假后我们就搬到南门旁的筒子楼 23 斋住到进修结业。听说同层的邻居里后来出了一位理科院士，还有中文系的袁行霈老师①，现在是中央文史研究馆馆长。

施：爸爸生前曾写了一篇没有发表的随笔《十八年的旧文和阿语生涯》，谈到了自己阿语学习之缘起及经历：

> 忆大学毕业之时，曾有赴苏留学机器翻译之说，又有至语言研究所深造之选，终以外事优先而被选为出国汉语储备师资，由教育部方姓女士信口拨至北大，入东语系进修阿拉伯语，由此与阿语结缘。三年结业后，任教北京语言学院，首年教授阿尔及利亚学生汉语。……干校"天天读"间曾以语录阿文本为读本，举语录之旗帜，行走于阿文独木桥上。……1969 年 8 月—10 月至南京军事学院为培训巴勒斯坦游击队作翻译三月，讲授"人民战争"理论及偷袭、爆破、埋雷、制雷等各项技战术。狂潮稍解时，回北京大学为也门一中专编写汉语教材（1970 年 10 月—1971 年 4 月），复至上海参与将中文的数理化及土建、电工专业教材译成阿语，任组长（1971 年 4 月—1973 年 6 月）。复校后，任西方国家学生汉语教研室主任而暂离阿文。1974 年 9 月赴也门中专任职。业余不甘以喋喋于政治及戏耍、闲聊而荒废所学，遂与一二同好偷译《费萨尔传》和《我的一生》（萨达特传）。后二书皆由商务印书馆出版。前者……以化名"何义"②（合译）署之。1978 年夏回国，负责阿生教学，撰有汉阿语音对比之文。1980 年夏调任学报《语言教学与研究》，业余组织《中国语言学家》之编写，并筹备中国对外汉语教学学会，尝戏称此时之工作为"三个学字"。1982 年撰此文，原为递交阿拉伯语学会成立暨学术讨论会之论文。后因会

---

① 袁行霈（1936— ），江苏武进人，1957 年毕业于北京大学中文系，北京大学中文系教授，北京大学校务委员会委员，国务院学位委员会委员，国家古籍整理出版规划小组成员暨学术委员会副主任，教育部面向 21 世纪教学改革顾问组顾问，全国高等院校古籍整理委员会委员，中央文史研究馆馆长，第八、九届全国政协常委，第十届全国人大常委，民盟中央副主席。

② 另外两名合译者为李占经、王贵发。

期推迟,余亦赴埃及任教……此文乃沉大海。在埃期间,除教学和汉语研究外,译有埃诺贝尔文学奖获得者塔哈·侯赛因之小说《老街轶事》,由北岳文艺出版社出版。另有短篇小说两篇,因组织者亡故,译稿无从索回,仅将其一初稿略加整理,发表于北大《东方文学》①。由埃返国后,任职出版社,精力转移,加之阿语研究无有知音同好,除间或辅导埃及来华之进修教师外,乃与阿语断缘。以上为余之阿语生涯。

有关阿语之总账:投入——学阿语三年。产出——赴阿拉伯国家任教六年,国内教授或负责阿生教学三年,培训巴生三月。汉译阿理工教材十余部。此为组织交付之任务。发表译著四部(篇),六十余万字,阿语论文两篇,红海地名考证一篇(发表于《地名知识》)。另有古埃及文字读物部分译稿,因估计无处出版而辍;"咖啡"一词源流考证,丢失。

从这段文字中可以看出爸爸对读书的执着、对知识的坚守,这也可以看作是一种锲而不舍的信念,支撑他走完了自己的人生。

王:这只是你爸爸对自己阿语生涯的总结,他人生的另一个重要内容——汉语生涯没有包括在内。

施:您和爸爸是什么时候到北语的?您还记得第一次上课的情景吗?

王:我们是1964年暑假后来到北语的,你就是那年11月出生的,所以来校时我已临近生产不便上课。记得我被分配到编教材的小组,组长是老教师李德津。说是老教师,她那时不过三十出头,工作极其认真。每天下班后她都给每个组员的桌子上留一张字条,评价你今天完成任务的情况,布置明天的任务。你出生后我在天津姨姥姥家休养。刚过40天,就接到学校的电报,说来了一批阿尔及利亚学生,需要懂阿语的教师,命我立刻回校。当时匆忙找了一家为地质队员设立的全托托儿所,在你还没有断奶,对牛奶很抵触的情况下硬是把你送了过去,提前硬性剥夺了你享用母乳的权利,造成你至今对牛奶和任何奶制品都不能接受。

施:我一闻见牛奶味儿就想吐。

王:如今你也成为对外汉语教师队伍的一员,我的提前回岗可算是你为这项事业作出的最早牺牲和贡献吧。产后46天我就回学校了,不久第一次登上了讲台,上课的具体情况已记不清了,只记得阿尔及利亚因曾是法国殖民地,其实常用的是法语和当地土语,只有一个长住摩洛哥的学生会标准阿语"福思哈"(类似于"标准语",就是我们

---

① 应为《国外文学》之误。

学的标准发音),成了我初开课时的助手和翻译。

施:您和爸爸都是北大中文系语言专业毕业的,能介绍一下对教留学生汉语的最初认识吗?

王:我们那时还没有语言专业,准确地说是"汉语言文学专业语言专门化"。我们读大学时,北大中文系有不少当时社会主义国家的留学生。我和你爸爸都曾帮助他们学习,就是李景蕙老师所说的"中国学生辅导员":

> 为了使留学生从基础的语言水平过渡到能够参加专业学习的语言水平,北京大学组织了中国学生辅导员对留学生进行辅导,这种辅导在提高留学生运用语言能力方面,也起到了很好的、不可忽视的辅助作用。
>
> 那时候的学生辅导员除了学习自己的专业外,也要被派到系里作为"辅导员"参加工作,实际上我们可以说他们就是"小先生""小老师"。他们既不同于真正参加了工作的"助教",也不同于你说的"语伴",并不是一般的"辅导员"。他们对学生的辅导主要是:"对听课没有听懂的学生,要帮助他们;对笔记记得不全的学生,要帮助他们。"这些都是实实在在的辅导工作,因为这些"小老师"自己还有学业,所以也很辛苦。①

施:北大国际合作部的资料显示:"为帮助留学生学习,北京大学为留学生配备了学生辅导员,辅导员与留学生同住一室或同楼不同室,由其对留学生的学习与生活予以关怀和照顾。这一做法一直延续至80年代初,许多留学生校友在回忆中都提及这一制度,可见学生辅导员对他们的影响之深、成长帮助之大。"②

说起来您都认识,北大中文系55级本科生、北大中文系马真教授,北大中文系57级本科生、北语吴书荫教授,都做过这样的辅导员。

王:我和爸爸也是这样的辅导员,而且没有任何报酬,不过我们跟留学生并不住在同室或同楼。你爸爸辅导过匈牙利同学鲍洛尼,我先后辅导过匈牙利的巴琼妮和蒙古国的玛娜日扎布。我们每周至少要去他们宿舍两次。对于刚学过两年汉语的外国人来说,古代汉语、中国文学史等涉及中国文化背景的课以及普通语言学等理论性较强的课都是很难的,有时他们的笔记本上就是一片空白,我们就要耐心解释,帮他们在理解的基础上填满笔记本。因此,那时我们对留学生的学习状况就有些了解了。

---

① 崔希亮主编《北京语言大学对外汉语教学名师访谈录·李景蕙卷》,北京:北京语言大学出版社,2010年,第27、29页。

② 北京大学国际合作部《燕园流云》,北京:北京大学出版社,2010年,第3页。

图 4　1956 年冬在北京大学担任匈牙利留学生辅导员①（王绍新提供）

施：您们的心血没有白费，德国汉学家、50 年代北大留学生梅薏华②回忆当年的情景，不只一次地说：

> 那时中国同学对我的帮助特别大，每次下课以后，都有一位中国同学当辅导员，牺牲个人休息时间来帮助我。③

> 说实在的，如果单靠我们的勤奋努力和遵守铁一般的学习纪律，而没有中国同学的无私帮助，我们是很难做到这一点的。每个研讨小组都为每个外国留学生配备了几名辅导员，帮助他们整理教材。辅导员就像是年轻的学者一样，当时主要来自本系，有时也来自西语系的德语专业或是其他理科专业，例如化学系等。这一制度并非北大所特有，它在其他高校中也存在。辅导员给了我很大的帮助，我对他们的感激之情绝不亚于对我的中文教授们。④

1955 年进入北大专修班学习汉语、1956—1961 年在北大历史系攻读本科的越南留学生阮文红（Nguyen Van Hong）也对帮助过他的中国学生辅导员念念不忘：

> 我还记得一年级第一节课是张政烺教授上"中国古代史"。他一口山东土音。我坐在前排听得出汗，可是什么都不懂。下了课，我的笔记是空白的。我的中国辅

---

① 右起：刘植先、鲍洛尼、王绍新、巴琼妮、张仁健、齐裕焜。
② 梅薏华（Eva Müller，1933—　），女，德国汉学家。1951 年开始在德国莱比锡外语学校学习汉语，1954—1960 年在北大留学，其中 1954—1955 年在北大专修班学习汉语，获文学硕士学位。洪堡大学教授，柏林自由大学客座教授。参见梅薏华、姚军玲《我对德译本〈红楼梦〉的几点看法——访德国汉学家梅薏华》，《国际汉学》2015 年第 1 期。
③〔德〕梅薏华《一辈子献身于中国文学》，载臧健《两个世界的媒介——德国女汉学家口述实录》，北京：北京大学出版社，2011 年，第 15 页。
④〔德〕梅薏华《首批来华的德国留学生介绍》，任仲伟译，《国际汉语教学动态与研究》2006 年第 2 期，第 71 页。

导员问我:"能听的清楚吗?"我跟他开玩笑答道:"老师的声音倒是听得太清楚了,但是内容听得模糊!"他就帮助我再记笔记并对我讲解课的内容,我于是一个字一个字啃。那天晚上我没有睡觉。这样一个月以后就好了。知道我们学习上有困难,系领导就挑选一些中国同学当辅导员帮助我们。我有两个辅导员:叶庆雨同志和林承节同志是我一、二年级的辅导员。林承节现在是北大的历史系教授,讲授"印度史"课程。1993 年,我回访北大时我们又高兴地见了面,我们一直是好朋友。①

不过您那时想过将来当汉语老师吗?

王:从来没有!当时对未来的设想还是毕业后做研究工作。我们年级的语言班在 1958 年大跃进时集体编写过汉语史,虽然在极度的狂热中指导思想有不少问题,但我们班的很多人却由此对汉语史产生了浓厚的兴趣,不少同学,比如何乐士、何九盈、洪成玉、程相清等,大都终生从事这项研究并取得了突出成绩。最近,华学诚教授在《谈谈王力学派及其研究》的报告中,把我和这四位同学都归入了王力学派。所以,自己刚从事对外汉语教学时,心理上不太适应。总觉得每天教"这是书,那是报""我是老师,你是学生"太过简单,有负所学。可是一旦深入接触教学实际,问题就多了,既有对汉语本身方方面面掌握和理解的不足,也有教学法的欠缺。新教师初登讲台每天都会遇到层出不穷的难题,出人意表。这时才认识到自己需要不断学习,提高业务水平和实践能力。特别是听老教师讲课,比如李景蕙大姐的课……

施:李景蕙老师上课有口皆碑,您能具体说说她是怎么上课的吗?

王:听她的课,我发现她对语料的熟悉程度、应对学生问题的巧妙方法令人拍案叫绝。她的课没有一句废话甚至多余的词,分分秒秒都被充分利用。她让学生开口练习,连叫名字的时间也省下了,她的一个手势,甚至一个眼神,学生们都能心领神会,自然能按照要求,一个接一个练习发音、答问、造句。上课就像指挥千军万马,听课犹如欣赏名角的拿手好戏,真是一种享受。我听过她给尼泊尔学生上的一次课,至今历历在目。

  1965 年初,美国友好人士斯诺访华期间曾来到北语。他对我们的留学生教育很有兴趣,还到课堂听了李景蕙老师的课,并拍摄了录像。那天授课内容是用课文《天安门》来讲练方位词。李老师巧妙提问,学生争先恐后地答问、发言,气氛热烈,情绪高亢。斯诺对这样的课堂效果十分感佩、赞赏,课后连连赞叹:这样的课堂教学是一位优秀教师的杰作!②

---

  ① 〔越〕阮文红《饮水思源》,载北京大学国际合作部《燕园流云》,北京:北京大学出版社,2010 年,第 23 页。
  ② 有关斯诺访问北语可详见施光亨、徐永顺《斯诺访问北语的故事》,载《北语记忆——北京语言大学建校五十周年纪念文集》,北京:北京语言大学出版社,2012 年,第 12—14 页。

施：您后来也是老教师了，对年轻教师，您有什么想说的吗？

王：我常对年轻教师说，教中国学生语文课或语法课像当导游，学生自幼熟悉母语，好比游客已经看到了眼前的山水，你要做的是介绍哪里的山形像卧佛或象鼻子，哪里有著名古迹、发生过哪些有趣的故事等。而教外国学生犹如做导盲犬，他们对汉语两眼一抹黑，你必须对周遭的地形地貌、沟沟坎坎了然于胸，就是对我们母语的特点有细致入微的了解，否则哪点细节照顾不到就会跌进沟里。有鉴于此我后来做了一些汉语词汇和学生偏误方面的研究工作，详情下面再谈。说到这里不能不提到北语的第一任院长，也是老北语人心目中永远的老院长王亦山同志。

施：我正想问您呢。听说老院长王亦山去世的时候，老北语人几乎倾巢出动，得到消息的、能走动的几乎都参加了他的告别仪式。

王：是的。北语当时派了三辆大巴都不够，后来又加了一辆小面包车。他是抗战时期在山东打游击的老革命，1962年外国留学生高等预备学校刚建立就担任了党委书记兼院长。刚来校时，他也觉得这里的教学内容太过简单，曾在一次会议上说，你们这教的不就是"人手足刀尺"吗？"人手足刀尺"是指早年幼童习字描红时用的最容易写的字。听了这话，1950年在清华就参加了这项工作的钟梫当场毫不客气地说："王院长，你说得不对！我们的教学绝不是那么简单的事。"钟梫那时年轻气盛，王院长不但没有因他的冒犯而生气，反而立刻表示要跟他详谈。后来还请他给党委会讲了两周课，每晚常委全部要来听钟梫给他们专题介绍汉语教学的情况。王院长还要求他像徐寅生总结打乒乓球的经验一样总结汉语教学的经验。

施：这大概是最早的由专家学者对党政干部进行专业知识培训的实例了。钟梫教授撰写的《十五年汉语教学总结》看来是老院长王亦山布置的命题作文了。

王：王院长不仅认真听了，后来还提出了"上路下水"的口号，意思是号召教师都要上对留学生汉语教学（当时还没有"对外汉语教学"的名称）的路，下这个职业的水。直到两年后我们第一批出国师资来校时，还不断听到他在各种会议上诚恳检讨自己当初说"人手足刀尺"是错误的。（钟梫先生曾回忆说王院长讲"人手足刀尺"时可能是施光亨作的记录[①]，他的记忆不确，这肯定是我们这批人到北语之前发生的事。）他还亲自抓典型，如房玉清原来兴趣在文艺理论，后来响应"上路下水"的号召，转而研究教学语法，并写出了专著。王院长就大力表彰他，关心他的进步，直到离休后还询问他的入党问题解决了没有。在老院长的教育下，我们一批青年教师很快适应了新的

[①] 崔希亮主编《北京语言大学对外汉语教学名师访谈录·钟梫卷》，北京：北京语言大学出版社，2010年，第19页。

环境,全力投入汉语教学工作中来了。

施:您能谈谈刚到北语时的情形吗?

王:我们是1964年进修结业后来到北语的,那时全校有三个大的教学单位:来华部、出国部和外语系,分别负责外国留学生的汉语教学、中国留学生的外语进修和中国本科生与进修生的外语教学。来华部人最多,教师和管理干部共有近150人。我们属于来华部。1965年发生越南战争,越南一下送来了三千多个留学生。[①] 当时中越友好氛围很浓,一开会就唱"越南中国,山连山,水连水……"学生来时穿的衣服比较单薄,来了我们给每人做了冬装。学生说"我有两个帽子,一个是胡爷爷给的,一个是毛爷爷给的"。由于人太多,北语容纳不了,只留下了二百人,其余分到了北大、民族学院、人民大学等学校。其中有的学校是第一次大量接收留学生,各校还到北语来进行过经验交流。在北语的二百名越南学生开始分为12个班。后来各班都出现了一些学习非常困难的学生,为了不影响多数人的进度,就把困难生集中起来成立了第13班,让我和孙金林老师负责。这个班的学生多数原来是干部,不少人打过仗,年龄比我们还大,教学难度可想而知。我们除了白天上课,每晚都到学生宿舍辅导,这在当时的来华部也很普遍。经过半年的努力,学生有所进步,在全体越南学生的聚会上表演了自己编的快板:"十三班,不简单,学习汉语不怕难……"。

次年六月"文革"开始,学校挺乱的。不久大部分外国学生匆匆回国。个别学生留了下来,记得有几名日本学生,包括上层友好人士的子女,其中有清水哲太郎,他的父亲是著名日中友好人士清水正夫,母亲是松山芭蕾舞团团长松山淑子,哲太郎后来去了舞蹈学院。我们在日本还曾观看过他的演出并见面交谈。还有日本社会党领袖八百板正的女儿八百板纪子,西园寺公一的儿子西园寺彰晃。有个日共的学生叫酒井诚,90年代曾任大阪日中友协会长,还参与组织过大阪的汉语水平考试(HSK)。能记起来的日本学生还有松冈征子、尾本彩等。还有一个美国妇女汤姆·金斯。除了这些学生之外,此后五六年间学校的教学工作基本陷于停顿。

施:很多受访的老师都提到了茶淀干校,咱们全家都去了。我那时才五岁,只记得临走的当天,家家户户都在收拾东西,忙忙叨叨的,爸爸一直在打行李,把被子打得方方正正的,都快赶上当兵的了。半夜三点,我被你们叫起来,穿好衣服,裹得严严实实,坐上了大轿车,又坐了火车,最后到了荒凉的茶淀。

[①] 据《高教部关于接受安排大批越南留学生问题的请示》记载,1965年来华的越南留学生应为3 133名,包括大学生2 568人,研究生和进修生565人。其中2 787人分别安排在北京、天津、上海、南京、杭州、武汉、西安、沈阳、长春等9个城市的23所综合性大学和师范学院先学一年汉语,另外346人分别进入有关高等院校学习专业。见李滔主编《中华留学教育史录(1949年以后)》,北京:高等教育出版社,第273页。

王：你记得这么清楚！茶淀干校在京山线（北京到山海关铁路线）上，汉沽附近。原来是一个劳改农场。到那以后，大人住在一个叫583村的地方，幼儿园开始也在583，后来和小学一起到了"一分场"，就是原来关押重刑犯的地方。

施：是的。80年代有个很轰动的电视剧《便衣警察》，里面有一段男主角被冤枉关进劳改农场的情节，我一看，这不跟我小时候住过的"一分场"一模一样嘛！记得一分场的大门口上方左右两侧有两个岗楼，我们去的时候已经没有了哨兵，四周的围墙上还有铁丝网。进去以后中间是一个大空场，应该有半个足球场那么大，正对着大门的是一个有顶棚的砖木结构的大舞台，大门的两边有两个长长的院子，每个院子里都有十来间带炕的房子，幼儿园在右手边，小学在左手边。当时陈文芷阿姨的儿子杨达就在小学，1974年他们全家去了日本，陈阿姨后来是日本大学的教授，七八十年代在NHK教汉语，是日本家喻户晓的明星教授。杨达现在是日本早稻田大学文学院的教授，也教汉语。

王：那时所有孩子都住校，两地相距35华里。平常我们会两周一次坐上学校的大巴去幼儿园看你，赶上冬天下大雪，道路泥泞，一个月不通车，大人们实在想孩子，就一起走着去。那边的土质很特别，下过雨雪后，表面会结上一层干燥的皮，但下面还是泥浆状，脚一踩就会陷下去。35华里要走四五个小时。有的人体弱，一边走一边捶腰揉腹。孩子眼巴巴地等了半个月，再累也得去呀！

施：我那时特别想爸爸妈妈，有时会一个人走到院子门口（老师不让出去，我也胆小害怕，不敢走远），望着一分场的大门，希望你和爸爸能突然出现在眼前。

王：唉！

施：印象中没多久咱们全家就去了上海，您能谈谈您和爸爸在上海的工作和生活吗？

王：70年代初，我国援助当时的北也门建了一所中等技术学校。开始也派了部分汉语教师，我们进修阿语的同学张月池就是1970年赴也门做汉语教师的。他们的汉语课被划为基础课，但他说上专业课时其实一直是"唱双簧"，就是专业教师用汉语讲课，翻译教师当场翻译成阿语。1972年开始增加了很多翻译教师。

你爸爸1970年就从干校被调到北京编写也门技校的汉语教材，当时住在北大靠南墙的四十几楼。1971年4月初我带着你也离开了干校，咱们全家一起去了上海。我们的工作就是翻译也门技校的专业课教材，开始住在同济大学校园里，后来搬到上海市教育局附近的江宁路教育局宿舍，工作由教育局领导。

技校的学生最多是初中水平，所用的教材有数理化基础课，还有一些专业课教材，比如制图、测量、机械原理、土建工程、汽车构造与修理、电工学、电子学、拖拉机构造与修理、电气设备等，还有其他的，但不记得了。数理化课程没有超过高中水平的知识，我们中学学得比较扎实，不太困难。但其他专业课都没接触过，有的还包含微积分等内容，我们就借高等数学的书看。还到汽车修理厂参加劳动，清洗汽车发动机，了解汽车构造。

很多阿语的专业词不但我们没有学过，五年制毕业的阿语教师也一样。实际上阿语里很多科技术语都是来自英语的音译词。为了找到这些词，我们借来各个专业的汉英词典，再找来当时国内罕见的英阿科技词典，先找到英语，再找阿语的。有些机械零件只能"按图索骥"，看着中文和阿文的同类教科书，找到同样的图，比如汽车发动机的图，找到同样的零件，对照中文说明来确定它们的阿文名称。据说有的专业教师上课时实在没有办法，就用中文讲，比方"螺旋"，就拿着一张图，告诉学生这是"luoxuan"，这样就创造了阿语里的汉语外来词。不知后来流传下去没有。

施：听后来去也门的老师说，技校的课堂上的确有一些汉语的外来词。记得您后来编写了一部汉英阿科技词典，是不是跟这段经历有关呢？

王：是的。在翻译教材过程中和后来回国教阿拉伯国家准备学理工的学生时，我积累了数以千计的卡片。后来觉得这些材料得来不易，就着手编写词汇手册，先是编了油印的《汉阿数理化词汇》《汉阿医学词汇》等供本校教师使用，最后用了近十年的业余和脱产时间，编成了《汉语英语阿拉伯语科技词典》①，由华语教学出版社出版，全书两千多页。周祖谟先生曾经亲自给我这本词典题写了书名，可惜后来因为制版不便出版社没有采用。现在不少技术人员在"一带一路"相关国家和地区工作，有些就是阿拉伯国家。他们感到很需要这方面的工具书，可惜此书已经售罄，华语教学出版社曾有意再版，但是可能工作量太大，至今未果。

不仅如此，那时多数第三世界的学生是要学习理工的。为此我校成立了"一系"，专教准备入理工医农院系的学生（"二系"教学文科及专修汉语的学生，后来叫汉语学院）。为他们专门编写了理工汉语教材，部分课文与中学数理化教材接近。为了教这类学生，从60年代就调入了少数理工专业的毕业生，他们大都是名校的优秀生，改行教汉语牺牲了自己的专长。而汉语教师大都是文科生，为此也克服了很多困难。

施：接下来请您谈谈关于北语解散和复校的事情好吗？

王：在干校的时候，北语曾经被解散过一次。至于是哪个部门、级别作出的决定我不清楚。没过多久，周总理又有个讲话，说成立这个学校是经过他批准的。于是又宣布恢复北京语言学院。

---

① 王绍新《汉语英语阿拉伯语科技词典》，北京：华语教学出版社，1998年。

施:我看到北语档案馆公布的资料显示,1970年7月26日,周总理给外交部写信说:"有文件报告和批示证明,北京语言学院并非黑学校,应向北京语言学院师生员工及各有关方面进行解释,以了此案。"同年8月6日,北京教育局领导小组致函北语军宣队,传达周总理为北语平反恢复名誉的批示。①

王:这件事现在知道、记得的人不太多了。后来多数教职员工从干校回京,其间还曾短期并入北京第二外国语学院,最后来到原北京矿业学院校址重新招收留学生。目前多数人把这件事叫作"复校",也有人说那应该叫"复课"。1972年尼克松访华后,中美开始交往,我国跟其他西方国家也加强了联系,与当时所称第三世界国家的友好关系更加密切,留学生大批来华。其中多数还是亚非拉美的学生,包括阿拉伯、非洲、古巴等地区和国家的学生。记得当时日本学生主要仍是一些左翼人士。韩国学生的大批来华则是在1992年建交之后的事。

　　北语复校初期,学校领导经常在大会小会上反复强调我们的工作原则,也就是周总理对留学生工作的指示,具体地说是三条:政治上积极影响,不强加于人;学习上严格要求,耐心帮助;生活上严肃管理,适当照顾。

施:这也应该是我们留学生工作的传统,据北大专修班时期负责留学生工作的柯高老师回忆:"1959年,由于国家的政治运动,留学生工作受到一定的冲击和影响。当时全国三分之二的留学生在北大。北大当时的做法是:绕着走,带领学生进行文体活动,丰富留学生的课外活动,避免留学生涉及一些敏感的政治话题。"②

王:对于六七十年代的北语曾有个说法:"大学的牌子,中学的内容,小学的教法,幼儿园的管理。"关于教学内容毋庸置疑,对外汉语教学已是一门公认的新兴学科,在此不加讨论了。只是这个揶揄的说法却在一定程度上反映了我们工作的繁杂和无奈。那时几乎所有老师都住校,大多数年轻教师住筒子楼,市内有家的也只在周末才回去,因为每天从早到晚都是工作时间。晚上经常要到宿舍辅导,还要关心学生生活。如果某国发生大事,要立刻召集有关教师听形势报告,然后了解学生的反应。新生一到校,语言对口的老师要带他们去采购必备的衣物,看公园和市容,有时生病了还要陪同去医院。大约在1974年,一个柬埔寨的女生因失恋精神失常,住在北医三院的精神病房(今北医六院)。教研室的女老师轮流值班照料,我也曾去过多次。病房有多重门卫,每进一道门都听到背后的铁门咣当地锁上,最后护士把我和病人锁在一间病房里。尽管医院保证她没有攻击性,但听着隔壁病人的嚎叫,看着女生呆滞

---

① 兰台记忆《馆藏珍档·红色印记②:周恩来总理关怀北京语言学院的成长与发展》,见北京语言大学档案馆2021年6月21日微信公众号。

② 详见【留学北大60年之亲历系列】柯高:我所经历的留学生管理工作(pku.edu.cn),2021年8月16日。

而不友好的目光,我还是不由得一阵阵脊背发凉。当时我想,当汉语教师大概类似做演员,要体验各种不同的生活吧?

施:出国汉语储备师资最早是什么时候派出的?当时的待遇是怎样的?

王:据说最早派出的是法语师资林建明,他1963年去的是柬埔寨,还有一些较早派出的人我不大清楚,你爸爸是1974年第一次出国。他1974—1978年在也门中技校工作时,国内工资照发,在那边伙食是公费,此外每月发给个人的零花钱只有40元人民币。为了购买国内稀缺的电视机等电器,他们都不敢多花钱,吸烟都吸最便宜的。

施:您能说说他这次派出的工作情况吗?

王:也门中技校可能是我们在国外建立的第一个技校,是时任副总理李先念同志亲自交办的,由上海同济大学和西安公路学院承办。你爸爸去也门主要是做技校的教学翻译,还兼任过该校附属工厂和建筑工程的外事和行政工作。因为原计划是先教学生汉语,然后用汉语教专业课。但后来发现这太困难,要花费很多时间。所以就把教材翻译成阿文,上课也用口头翻译了。你爸爸说作为文科出身的人,对课上的工科专业术语十分生疏,课时又重,最多时每周28节。但凭着中学的数理化基础,加上主讲教师的帮助,还能胜任。

也门是比较传统的伊斯兰国家,妇女不参加社交活动,有人说,在那里几年除了电视台上的女播音员,没见过其他妇女。但你爸爸跟共事的也门人建立了良好的关系,曾被邀请到他们家里吃饭,并让他的夫人摘下面纱接待中国客人,这是极高的礼遇和很大的信任。

施:印象中,爸爸曾提起过,技校筹建初期,当地的也门人对中国人有戒备心理。

王:你爸爸还曾破格推荐一名学历不够但品学兼优的技工来中国留学。这个学生学成归国十多年后当了交通部部长助理,并任也中友协常务理事。后来他来华访问,千方百计找到你爸爸,感谢老师对他人生转折的助力,并希望邀请他再去也门旧地重游。

他们在也门时,当地政局动荡。一次你爸爸作为组长带领一些人去外地出差,回程时遇到反对派围攻首都萨那,有军人对他们的汽车鸣枪示警。他让司机放慢车速,自己下车去跟对方说我们是中国人,好在各派势力均对华友好,让他们通过关口,化解了一场险情。不过他说,事后想想面对枪口的情景还是很恐怖的。

你爸爸在也门曾获我国驻也门使馆先进工作者的奖状。回国后不久,文化部曾有意借调他出任驻外使馆文化参赞,被他婉拒,他说他还是想搞自己的老本行。

施:您第一次被派出国是去埃及,能谈谈您在埃及的工作情况吗?

王:我们前四届师资班里,学完从事汉语教学的只有四个女生,每个语种一个人。我和学英语的李珠是1981年被派出的,西语的方瑛1982年,法语的王晔1983年。我

1981—1985年在埃及艾因·夏姆斯大学语言学院任教四年。那时在埃及的中国人还不多,他们更熟悉的是日本人,到处有日本货的广告。路上常有小孩子在后面摇着竹筒做成的简单乐器有节奏地对我们喊:"日本人呀日本人!"

施:哈哈!

王:到那里不久就迎来了埃及国庆日,而那天在阅兵仪式上出了大事。我们在大使馆看电视直播,飞行表演时一队队飞机越过广场上空,播音员说其中有中国帮助制造的。忽然听到一片嘈杂声,摄像机朝向地面不停乱晃,接着中断了播出。人们纷纷猜测:是飞机表演失事了?……大约半个小时后,参加观礼的刘春大使回来了,他的随行人员有人身上还带着血迹。据说一名受阅军人朝观礼台开了枪,受邀观礼的中国专家也有人受伤,不知都送到哪里去了,大使当即决定派出所有车辆到开罗各大医院去寻找。后来得知有一位西安的飞机制造专家不幸遇难,另外三人受伤。使馆让我们回到住地注意了解社会上的情况和反应。当晚手臂带伤的副总统穆巴拉克在电视里宣布萨达特总统遇刺身亡,从此开始了40天的哀悼期,除了拉着长声的诵经,终日不闻丝竹。夜里还会有当地治安人员突然"查户口",询问我们的身份……这让独自去国离乡的我更感到深深的寂寞和浓重的乡愁,以至于在大使馆见到墙上写着"随手关门"四个汉字都感到异常亲切。

施:您觉得在埃及最为艰难的是什么?

王:在埃及四年,除了课时重,生活、作息习惯不同等问题,工作中最大的困难就是文化的巨大差异。1981年我担任教师组长,要负责组织教学,与埃方沟通联系。埃方的中文系主任是一位阿拉伯语造诣深厚的学者、原来的老院长阿卜杜·赛米阿博士。他对中国非常友好,对我们也十分关切;然而他已年逾七旬,不懂汉语和西方语言,思维模式是相当保守的。他事必躬亲,讲什么课、考什么题目都要一一过问。阿拉伯语语法有单、双、复数,阴、阳性,还有"主动名词、半主动名词"等,他要求这些内容汉语课都要讲。我们说汉语没有这些语法范畴,他不相信,指着我和一位姓王的男老师说:"称呼他们两人能一样吗?"学生帮着我们说,在汉语里他们都叫"王老师",没有区别。他不屑地笑着说:"这不可能!"考试时有一道题是关于"田忌赛马"的故事,还没听完我们翻译的意思,他就说当然谁的马好谁赢,你们的问题只能考小学生,不能用。日常教学也常受这些干扰,举步维艰。我们把问题汇报给老干部出身的文化参赞,他说:"老院长是埃及的斯诺,你们一定要尊重他。"作为外交官,你可以在礼仪和外交辞令上给予他充分的尊重,可作为教师,我们怎么按他的要求讲出汉语的单双数、阴阳性呢?

施:语言文化上的差异越大,汉语老师的桥梁作用就越不可或缺。

王：当然，我们的付出是有意义的。艾因·夏姆斯大学在60年代一度开设过汉语课，对外汉语教学的元老之一钟梫教授就曾在那里任教，但不久就停止了。70年代末重又恢复，那时该校的中文系是全非洲唯一的中文系。而现在埃及很多城市的大学建立了中文系，其中不少系科是我们的学生或学生的学生亲手建立的，有人还当了系主任。有的学生当了驻华外交官，我从零起点教的学生纳赛尔就曾在京任负责旅游工作的参赞。另有一位最近来华任文化参赞的乌梅伊麦也是我教过两年的女生。70年代末招收的第一届学生穆赫森·法尔加尼博士成为阿拉伯世界著名汉学家，翻译了外国人很难读懂的中国古代经典"四书"《道德经》《战国策》《列子》《孙子兵法》《离骚》及大量现代文学作品。先后于2013年和2016年获得"中华图书特殊贡献奖"和习近平主席亲自颁发的"中国阿拉伯友好杰出贡献奖"。

施：爸爸、妈妈真了不起！您还教过哪些阿拉伯国家的学生？您的体会是什么？

王：我在国内教过阿尔及利亚、苏丹、伊拉克、叙利亚、巴勒斯坦等国的学生，教的时间最长的是南、北也门班。阿拉伯学生对老师热情友好，积极性高。困难在于母语跟汉语的特点差别大，特别是语音方面。汉语元音丰富、韵母结构复杂，声调可以表意。阿语恰恰元音简单，28个字母里除了两个代表半元音，没有表元音的字母，元音是用三个附加符号来表示的。因此一般阿拉伯学生学习汉语发音比较吃力。好在他们性格大多偏于开朗外向，不像一些东亚学生羞涩内敛，课上气氛活跃，练习会话比较踊跃。

施：80年代，对外汉语教学正式成为了一个学科，您们刚从埃及回来没多久，爸爸就开始了学科修史的工作，您还有印象吗？

王：有印象。他那时经常就学科发展的历史问题请教校内、校外的老同志、老教师，有时为了一个细节问题废寝忘食，多次跟可能了解情况的不同亲历者写信、打电话，反复核实，去学校图书馆、各个系的资料室查阅文献，有的甚至是还没有人整理过的资料。1990年，他和杨俊萱老师合作撰写的《新中国对外汉语教学40年大事记》，连续三期发表在《世界汉语教学》①上，成为后来人修史的重要依据。

施：这样说来，前年您在爸爸书房找到的朱德熙先生编写的《华语教材》手稿复印件，其原件可能就是爸爸那时发现的。看到复印件的时候，我很兴奋，发了朋友圈，引起了商务印书馆编辑的注意。后经与陆俭明先生商议，我把复印件的电子版交由北大中文系郭锐教授整理。不久前见到郭老师，他说今年年底或者明年年初应该可以整理

---

① 施光亨、杨俊萱《新中国对外汉语教学40年大事记》及此文的"续一""续完"先后发表于《世界汉语教学》1990年第2—4期。

完毕,付梓出版。

王:这可真是语言学界、汉语教学界的一件大事。

施:朱先生的《华语教材》复印件发现时,摆在我们面前的问题有两个,一是原件在哪里?二是这是爸爸什么时候发现并复印的?当时爸爸已经失忆多年,无法叙述事情的来龙去脉。1993年,爸爸曾撰文说:"其手稿后来分两册精装,在语言学院的资料室保存着。"①但并没有说明是哪个资料室,而据见过手稿的鲁健骥先生说,该手稿藏于北语汉语学院的资料室。②

王:怎么会到了汉语学院的资料室了呢?

施:据北大专修班时期的教师、北语许德楠教授回忆:朱德熙先生1955年回国后,先是把手稿交到了北大,有关领导认为这部手稿对该校外国留学生中国语文专修班的教学有参考价值,建议存在专修班的资料室里。下面这段历史您应该很清楚:1961年北大专修班转到北外,与该校非洲留学生办公室合并,成立了外国留学生办公室。1962年该机构独立,成立了外国留学生高等预备学校,1964年外国留学生高等预备学校更名为"北京语言学院"。朱先生的这部手稿也随北大专修班资料室一路辗转,最后来到了北语。从您刚刚提到的初创时期北语的三个机构来华部、出国部和外语系来看,这部手稿应该一直存放在来华部的资料室里。汉语学院是原来华部的一部分,手稿在他们的资料室就很自然了。

至于手稿复印的时间,我初步推断,应该是在1985年你们从埃及回来之后的80年代后期,因为那时爸爸已经开始为学科修史,四处搜集资料,手稿很可能就是这时发现的。从爸爸留在手稿上的字迹看,他当时应该是想做整理研究的,但1990年9月5号,爸爸被派到日本东外大教书,此事也就搁浅了。

王:有道理。

施:如果这个推断成立的话,手稿复印件到现在也有三十多年了,上面有些字迹已经不太清楚了。郭老师还去北语的图书馆查过原件,戴军明编辑也辗转了解过原件的情况,他们都说原稿已经脆得不能碰了。从现有的文献资料看不到朱先生的手稿对当时专修班老师们的影响,加上那时的人普遍缺乏保护意识,资料室也不可能有很好的保存条件,手稿遂渐渐湮没于故纸堆中。

王:由此看来,你爸爸留下的复印件就显得更为珍贵了。

---

① 施光亨《他的功业在书上也在人们心中——纪念朱德熙先生逝世一周年》,《语言教学与研究》1990年第3期。

② 鲁健骥《一部值得研读的早期对外汉语教材——读朱德熙〈华语教材〉手稿》,《国际汉语教学动态与研究》2007年第一辑。

施：是的，爸爸真是有心人。世界汉语教育史学会会长张西平教授不止一次地跟我说到爸爸对他研究西方人汉语学习历史的支持。1996年，北外成立了海外汉学研究中心，中心主任程裕祯教授从国家图书馆请来了张西平老师，请他负责这个机构的运作。在爸爸的积极建言下，国家汉办于1998年设立了首批科研项目，资助了张老师的"西方人早期汉语学习史调查"和北师大董明老师的"古代汉语汉字对外传播史"研究，这两个项目的成果后来都出版了专著，①对世界汉语教育史的研究产生了积极的影响。近三十年来，北外海外汉学研究中心在张老师的带领下，出版了大量学术著作，培养了一批中青年学者。这个机构现在已经发展成为北外国际中国文化研究院，成为国内汉学及汉语教育史研究的重镇。

王：这真是太好了！你爸爸如果地下有知，也会感到欣慰的。

施：90年代初，爸爸还曾被派到日本教汉语，您也随同前往，日本给你们印象最深的是什么？

王：日本和中国文化太相近了，尤其刚从埃及回国才几年，反差更觉明显。我在大学时第二外语选学了日语，但那时干扰较多没学好，加之多年不用，基本没有听说能力。你爸爸更是没学过日语。虽然如此，靠着汉字的帮助生活上可以说没有太多困难。我们还自己去了很多城市，最远从东京跑到广岛。除了汉字，更深入的中华文化浸润的痕迹也随处可见，如小酒馆墙上挂着"闻香下马"的条幅，墓地里的祭品上写着"今日得清凉"，在日光东照宫墙上有三只雕塑的猴子，分别用手爪捂着眼睛、耳朵和嘴巴，寓意"非礼勿视、非礼勿听、非礼勿言"，这些都令人感到十分亲切。但是靖国神社外边"遗族会"要求为二战中牺牲的日本军犬立碑的倡议书，东乡平八郎、山本五十六等侵华战犯的纪念馆又让中国人时刻难忘那一段刻骨铭心的历史。中日两个民族之间的恩怨纠葛太深重了，但归根结底，作为一衣带水、文化相近的邻邦，还是应该世代友好下去。

普通的日本民众确实是友好、善良的。一次学生打车请我们去她家，司机是一位老者。他听出我们讲的是中国话，跟学生说他年轻时到过中国，到过很多城市。最后下车时他拿出两个百元硬币，表示事先没有准备，日语"百元"的发音跟"吉祥"谐音，权且当作礼物送给中国朋友。我们猜想那位老司机有可能是当年的日本兵，也许心怀歉疚？至于爸爸的同事、学生更是热诚友好，生活上关心照顾，工作中密切配合，有的开车陪我们去富士山，有的邀请我们去伊豆半岛，在迪士尼乐园跟米老鼠

---

① 张西平主编《西方人早期汉语学习史调查》(上、下)，北京：中国大百科全书出版社，2003年；董明《古代汉语汉字对外传播史》，北京：中国大百科全书出版社，2002年。

同乐,在千叶海滨共赏浩瀚的太平洋。中日友好的历史要由人民来书写,我们和日本同行以及学生建立友谊正是在书写这样的历史。你爸爸在东京外国语大学跟那里的老师、学生建立了深厚的感情,他经常义务给学生课外辅导。有一个女生在台湾生活并读到高中毕业,只是为了取得大学学历在日本才上了中文系。爸爸针对她的情况让她阅读一些高深的作品并给予指导,后来她母亲专门来信表示感谢。爸爸任满回国时,校长单独接见了他,并特别授予了"感谢状",它至今保留在家中的书柜里。我们回国后,每到假期常有一批批的学生来华时到家里看望,师生之情像一束不败的鲜花。

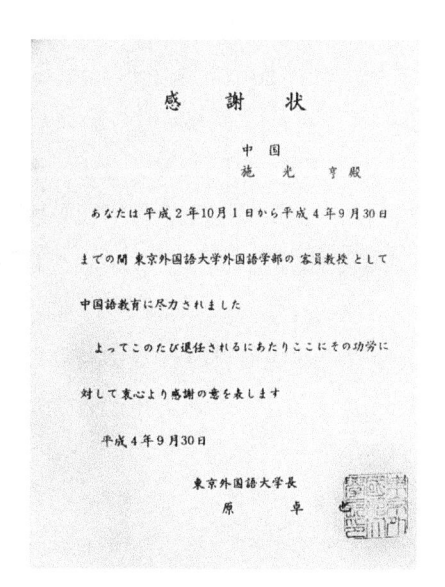

图5 施光亨所获东京外国语大学感谢状(王绍新提供)

施:其实你们没回国的时候,就有东外大的学生来家看我了。有一次,一清早,大概六点多钟,我还在睡觉,家里来了几个日本女生,身上背着大大的旅行包,跟我说了一会儿话,留下一些小礼物就走了,好像是要去机场。后来你们来信说,她们以为所有的中国人都会日出而作,所以才那么早来家里。

王:是嘛,我都不记得了。

施:和之前外派埃及不同,您这次的身份是家属。但您仍然做了不少工作,这是为什么呢?

王:1990年我去日本时的身份是教师家属,日方正式聘请的是你爸爸。但是当时的日本汉语教学处在一个蓬勃发展的时期,不但许多著名高校都开设中文系,还有不少业余的汉语培训机构。他们知道我也是汉语教师,就邀请我去讲课,我也乐于接触一下日本的汉语教学。另外,坦白地说,当时教育部给予出国教师的待遇是不高的,世界各地按统一标准以美元计算。记得当时我的家属津贴是每月二百美元,折合成日元只有一万多,而日本的物价很高,这些钱在餐馆里只能买15碗拉面。聘任教师本人能拿到手的工资也有限,二人的收入加起来维持日常生活都比较紧张。所以我就接受了邀请,去日中学院等校授课。日中学院是日中友协旗下的一所教授中文的学校,学生有年轻人,也有老人。我主要上夜班的课,学生多是中老年人。他们学中文主要是对中华文化有兴趣,对中国友好,同时也想多动脑以免思维能力退化。日本原来也有自己的汉语考试项目,后来我国有了汉语水平考试(HSK),日中学院就积极引进,在上午也开设了专门的辅导班,请我帮助想参加这种考试的学生做准备。日中学院的老师都是热心促进日中友好的积极分子,我在那里交了几位很好的朋友。前些年南京大屠杀纪念日,我打开电视看见一位女士正在现场慷慨陈辞,定睛一看恰是日中学院的好友平松正子老师。日本老一辈知名汉学家香坂顺一组织编纂了一部《中国语大词典》①,初稿完成后请了不少在日的中国老师帮助校阅。我曾参加过这项工作,当时已接近出版,不过我还是发现不少错误,如在Z字母打头的词条中有个"朕轴节",我觉得不通,凭着翻译门技校教材的知识,猜想这很可能是一种汽车零件"联轴节",查日文解释证明了我的猜测是对的。具体负责编务的助教浅井为难地说,"L"字母词条已付印,加不进去了,能否通融? 我说,那就去掉这个词,不会对一部大辞典有什么影响,"朕"是皇帝的自称,"朕轴节"就是个大笑话。他向香坂先生汇报后,得到了他的肯定。我们离日时,香坂特地请我们共餐,表示对我工作的感谢。

施:对外汉语教学专业的一个重要特点就是教学任务繁重,爸爸还曾负责过行政管理工作,您和爸爸都撰写了许多论文和著作,那么,您们是怎样在繁重的教学与行政工作中进行学术研究的呢?

王:对于教学第一线的人来说,科研自然要为教学服务。如前所述,在教阿生时发现汉阿语音间差异较大,我就着手记录、总结,和师资班的同学杨石泉一起写了《从阿拉伯语的语音特点看对阿生的汉语教学》②,这是我的第一篇学术论文。后来又写过词汇语义方面的文章,如《谈汉语复合词内部的语义构成》③一文,最初是受学生作文用词不当的启发而来的。一个学生在介绍了自己国家某名人的事迹后说:(这些都是)"他死前所做的",我不假思索就改成"他生前所做的",但是改完之后一想"死前"不是更合事理吗?其后就注意搜集这类词语,如"救火、谢幕"等,从中总结出,理解汉语复音词不但要弄清其构成方式,还要知道其理据及文化背景。《从"难译词"

---

① 香坂顺一、大东文化大学中国语大辞典编纂室《中国语大辞典》(上、下),东京:角川书店,1993年。
② 《语言教学与研究》试刊第一集,第45—56页。
③ 《第二届国际汉语教学讨论会论文选》,北京:北京语言学院出版社1988年,第221—228页。

看汉语词汇的表现力》①是在为课文翻译生词时发现的题目。我发现有些词很不好译,如"道理"一词,在阿语和英语中都找不到完全对应的词语,所选的对译词在外汉词典里再译回汉语时大都不以"道理"为第一义项,有时甚至不出现这个词。总结同类难译词,我认为其产生原因在于社会文化背景及语言结构两个方面。此外还写过从教学实践中发现的偏误分析的题目。

我们在上海完成也门技校教材翻译后,我编写了《汉语英语阿拉伯语科技词典》,具体经过前面谈过,就不再重复了。

施:说到阿拉伯语研究,上面提到的爸爸生前写就的随笔上,记述了他的唯一一篇阿语本体研究论文的写作和发表的经过:

《试析阿拉伯语四字母原生动词》一文写于1982年。原文穷尽阿拉伯语四字母动词400多例。历来懂得小语种者之论著多为观察、分析、研究该语言使用国之政治、经济、文化、社会等之某一方面,语言仅为工具而已,少有研究其本体者。本文为大胆之尝试。然文既成而汉语工作者读之,谓,理论、方法明白,阿语例则不懂;阿语工作者读之,谓,可助学生记忆生词。闻之哭笑不得,发誓不再进行此类研究,原有三数思考课题亦尽弃之。故有关阿语之研究仅尚有此前发表之阿语语音一文②。

1998年北大建校100周年,全校举行科研讨论会,东语系设分会场。昔日师友闻有此文,邀赴会发表,乃作紧缩,成现状。然时距写作之日已16年矣。会后复交《东方研究》编辑部,编入1999年本,至2000年面世。主事者告曰,此乃该刊创办以来唯一之校外稿。然距写作之日已18年,本人亦已退休。本文自写作至印成文字伴我教学生涯之半。

由此可见,有关阿语的本体研究在中国是非常小众的议题。

王:是的。你爸爸在东京外国语大学任教时,发现新闻阅读课大都是临时选些报上的消息作教材,而新闻的时效性强,不能重复使用,也无法总结提高。他提出一个全新的思路:把教材按内容分为20个专题,如访问和会谈、政治、经济、卫生、体育等,选出各专题常用的词语和句式,编成阅读短文和练习,讲解时注重引导学生掌握各类新闻的语言特色及理解路径,而不仅是读懂某篇报道。为此我们合作编写了《新闻汉语导读》③一书,并有日文、韩文注释本在日、韩出版。

---

① 《第三届国际汉语教学讨论会论文选》,北京:北京语言学院出版社,1991年,第527—535页。
② 施光亨《对阿拉伯学生进行汉语语音教学的几个问题》,《语言教学与研究》1980年第2期。
③ 施光亨、王绍新《新闻汉语导读》,日本东京:东方书店株式会社,1992年第一版,1998年第二版;北京:北京语言文化大学出版社,1996年;韩国首尔:中国语文学会,2000年。

施:《新闻汉语导读》开创了新闻汉语教材编写的新模式,此后成为这类教材中的佼佼者,虽然内容因为时效性而有所不同,但几乎都沿用了这一编写模式。《新闻汉语导读》的编写出版在汉语教材的历史上应占有一定的地位,在日本、韩国及国内多次出版、再版、重印,国外甚至曾有盗版,恰好说明了这本教材的价值以及受欢迎的程度。

王:此书和我们参加缩写的文学名著《家》①《春》②《秋》③《围城》④《红楼梦》⑤都被国内外学校广泛采用,多次再版。你爸爸还在教学和行政工作之余写过四十余篇论文,如《对外汉语教材编写的若干问题》⑥《中高级汉语教学呼唤"航标"》⑦等。他在1993年主编的《对外汉语教学是一门新型的学科》⑧收入了国家各级领导有关对外汉语教学的谈话、指示、文件,其中论述了为什么说对外汉语教学是一门新型的学科,介绍了学科发展的历史、现状以及各国推广本族语的概况。此书篇幅不太长,但对学科的建设有一定的意义。

  以上是密切结合教学和相关工作的项目。此外,我和你爸爸,还有赵金铭、陈亚川、房玉清等同道合作,编写了《中国现代语言学家》。70年代末,科学的春天刚刚开始,大家迫切想做些事,追回被迫浪费的时间,于是想到先从了解前辈的成就做起,一方面学习他们的治学经验,一方面向从事语言教学与研究的同行提供一些线索,以便更好地了解我国语言研究的历史和现状,作为继续前进的起点。此书从1978年开始编写,历时6年,于1986年共出版了5册。⑨后于1989年又出版了两卷的合订本。⑩

施:这个我也有印象。你们开始编写的时候我还在上中学,你们开会都是在咱家,叔叔、阿姨们一来就坐了满满一屋子,我给你们端茶送水,无意中听到你们的讨论甚至争执,应该是我的语言学启蒙了。

王:这可真是无心插柳了。同时我以为科学研究最不可或缺的是兴趣。我们在读大学期间曾集体编写过汉语发展史,培养了我对汉语史研究的浓厚兴趣。在教学之余一

---

① 巴金原著,卢晓逸、杨俊萱注释,施光亨改写《家》,北京:华语教学出版社,1991年。
② 巴金原著,施光亨注释,卢晓逸改写《春》,北京:华语教学出版社,1987年。
③ 巴金原著,卢晓逸、施光亨改写、注释《秋》,北京:华语教学出版社,1987年。
④ 钱钟书原著,施光亨、王绍新改写、注释《围城》,北京:华语教学出版社,1994年。
⑤ 曹雪芹原著,吕文华、施光亨改写《红楼梦》,北京:华语教学出版社,1994年。
⑥ 《第三届国际汉语教学讨论会论文选》,北京:北京语言学院出版社,1991年,第640—646页。
⑦ 《语言教学与研究》1990年第4期,第126—136页。
⑧ 施光亨《对外汉语教学是一门新型的学科》,北京:北京语言学院出版社,1994年。
⑨ 中国现代语言学家编写组《中国现代语言学家》(五卷本),石家庄:河北人民出版社,1986年。
⑩ 中国现代语言学家编写组《中国现代语言学家》(上、下),石家庄:河北教育出版社,1989年。

直没有放弃这个爱好,先后写了十多篇关于汉语词汇史的论文,后来又把注意力集中到量词上,断续用了近三十年,在两年前完成并由商务印书馆出版了60余万字的《隋唐五代量词研究》①,2021年获得了第十九届王力语言学二等奖(一等奖空缺)。在早年,做跟基础汉语教学关联较弱的项目还有些压力,最极端的观点甚至认为只有教学法研究才是有意义的。多年来我们汉语教师的构成和水平已发生了重大变化,舆论也不同了。在此我还要再次感谢朱德熙先师,他在1990年第三届国际汉语教学讨论会上说,对外汉语教师要把眼界放宽,并在北语领导面前肯定了我的研究方向。这对我是极大的鼓励和支持。

至于教学任务繁重、时间紧张的问题也要靠兴趣来解决。老天给每个人的时间是相等的,各人有不同的喜好。要做研究就要放弃些其他向往,少看电视剧,少逛公园,家务劳动要求低一点儿……如此而已。

由于一直从事科研工作,我和你爸爸也多次参加国内外的学术交流,如我俩一同参加了第二至五届国际汉语教学讨论会,我还参加了第二至六届国际古汉语语法研讨会,等等。

遗憾的是,你入行稍晚,我们三人也各有自己的研究领域,所以从没有一起参过会。

施:嗯,虽然我跟爸爸一起参加过几次学术会议。不过,我刚到北大教书的时候,您还是给了我很多指导。和北语、北师大培养青年教师的传统不同,北大更多地是"散养""放养",所以我刚开始教书的时候,很是茫然。虽然有师范出身的基础,但怎么上对外汉语的课还是心里没底。

王:我记得你当时备课时问过我"这个词怎么讲""那个词怎么讲",我就告诉你不能长篇大论地讲解某一个词的意思,因为学生通过教材的翻译已经知道了词语的主要内容,用我们的行话说,老师要做的是"讲练":首先通过领读纠正发音,其次适当地扩展词语的用法,对名词,可以用领读的方式让学生了解适用的量词,例如,豆腐→一块豆腐/一斤豆腐。再次,让学生了解这个名词的语法功能,例如,豆腐可以做主语(豆腐好吃),也可以做宾语(我爱吃豆腐)。要紧扣语言教学的主题,而不能东拉西扯,漫无边际地去讲所谓的"豆腐文化",如讲"豆腐是怎么发明的",甚至于讲麻婆豆腐的历史,等等。

施:您当时几乎是天天晚上给我辅导,前后持续了一个学期。您曾受教于李景蕙、赵淑华等北大专修班的前辈,我也算是得了真传,谢谢妈妈!爸爸去世时,学界给他的定

---

① 王绍新《隋唐五代量词研究》,北京:商务印书馆,2018年。

位是资深辞书学家,您能谈谈他编纂辞书的情况吗?

王:你爸爸在教学和社会工作之外,将很大一部分精力用于词典编撰了。1998年他主编的《两岸现代汉语常用词典》①还没有完工,虽然按时办了退休手续,但工作照常继续。那段时间,他把全部精力都投入词典编写工作中去了。他的编制在教务处,当时各单位往往有公费休闲度假,他们组织过去五台山和张家界,都是他没去过又很想去的地方,但为了赶写稿子,两次都放弃了。平时在家里更是夙兴夜寐,手拿一支烟,终日不离电脑桌,以至他的小书房里墙上、桌上到处是黄色的烟油。我时常痛心地怀疑他后来的病是否跟那一段的紧张生活有关。1998年台湾中华语文教育基金会及该会董事长何景贤先生郑重地授予他一面金属的纪念牌,上面用阳文铸出"整合廿世纪汉语　立功新时代中华"的评语。

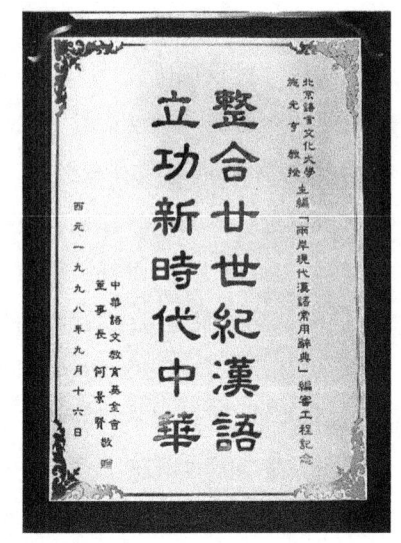

图6　台湾中华语文教育基金会董事长何景贤所赠纪念铜牌(王绍新提供)

施:1999年夏天,我在德国汉诺威参加第六届国际汉语教学讨论会时遇到何景贤先生,他对我一边说着"你家老爷子,道德文章",一边竖起大拇指。

王:2000年《两岸现代汉语常用词典》完成后,他又策划了另一本词典——《汉语教与学词典》②的编纂,是由我们俩任主编,请北语、北大和沈阳师大部分中年教师合作完成的。为了满足外国留学生及对外汉语教师的特殊需求,这本词典注意了五个方面:(1)释义,尽量避免近义词互释,如有的词典把"败"释为"在战争或竞赛中失败",把"失败"释为"在斗争或竞赛中被对方打败";这样虽然都交代了这是战争(斗争)或竞赛中的一种状况、结果,但其核心义"败"和"失败"却成了互释。我们把"败"释为"在战争中被敌人打垮,无力再作抵抗;比赛、竞争中成绩比别人差"。这样,"失败"的释义"被对方打败"也有了依托。(2)举例,每个义项都必须举例;例子尽量采用能体现该词语法功能和使用特点的句子,以便外国人进一步模仿和使用。如名词"汉语"的例句有"汉语不难学(作主语)""我会说一点儿汉语(作宾语)""这几个外国学生汉语水平挺高的(作定语)"。(3)提示,与一般词典不同,我们设置了"提示",告诉读者某词使用的语言环境、注意事项等。如表示厌恶的词"嫌"的提示为:名词、代

---

① 北京语言大学、(台北)中华语文研习所合编《两岸现代汉语常用词典》,北京:北京语言大学出版社,2003年。
② 施光亨、王绍新主编《汉语教与学词典》,北京:商务印书馆,2011年。

词单独作它的宾语时,只能指人,如"大家都嫌他"。形容词、动词单做宾语时,只能指事,如"嫌吵/麻烦/贵";名词、代词在"嫌"之后可以做兼语,如"嫌他懒""嫌房子小",兼语指人时本身不能省略,指事物时其后的谓语不能省略,所以不能说"嫌懒""嫌房子"。把"嫌"的宾语分为指人、指事后,就有规律可循了。(4)比较,为了帮助外国学生使用一些有特殊区别的同义词,特设此项。如"本人"和"自己"都强调不是别人,但(a)前者多用于正式场合,如"由我本人负责";一般不用于日常生活,如不说"爱护本人的身体"。后者可用于正式场合,也可用于日常生活。(b)"自己"可泛指任何人,如"只有严格要求自己,才能不断进步"。甚至可指事物,如"这些产品都是我们工厂自己设计制造的"。"本人"不能这样用。(5)汉语的语素,特别是单音节语素在合成词中十分重要。所以我们除了收录常用的成词单音节语素外,还把多音节和合成词中的不成词音节也列为义项,对其中的语素都标注了语法功能,如词典收了"宾馆"一词,并单列了"宾",标明其为【名素】,指出其意义为客人,在"扩展"一项中列出其可构成的"宾馆、宾客、宾语、宾主、贵宾、国宾……"等词。这样可使学生更好理解汉语构词的特点。这部词典的编撰从 2002 年开始,到 2009 年 10 月定稿,历时近八年。出版后得到不少师生的肯定和鼓励,有的出国任教的年轻同行说他们就是带着这本书赴任的。初版 5 000 册很快售罄,如今已经再版。

此外你爸爸还单独编写了一本《汉语口语词词典》①,也是从教学实践及与外国朋友的接触中发现的题目。正如王力先师所说,一些国人习而不察,但外国人却以为特别之处最值得研究。你爸爸曾在刊物上发表过一篇短文谈"看你说的"这个短语,有位汉语水平很高的日本教师读后恍然大悟,说他一直奇怪中国人为什么在这里用"看",而不说"听你说的"。后来爸爸又有意识地收集一些这类的口语词,编成了此书。

施:现在很多人都把像您和爸爸这一代的学者称为对外汉语教学界的元老,您是怎样看的呢?您如何定位 60 年代初这四届出国汉语储备师资在对外汉语教学界的贡献和地位呢?如果用一个词来概括的话,您认为什么词最合适,元老、开拓者或者其他?

王:我一向不同意把我们这代人称为"元老、泰斗"等,这不符合事实。近现代从事汉语教学的,更早的就不提了,民国时代在国外最早做此事的大概要算赵元任先生和老舍先生,还有一些留学生或在国外的学者家属,像周一良夫人邓懿先生、杨周翰夫人王还先生等。我们现在纪念对外汉语教学 70 周年,是从 1950 年在清华成立东欧交换生中国语文专修班算起的。当时参加工作的先辈如今健在的只有杜荣和赵淑华两位先生了,他们才是真正的元老。我们这四届师资是 1961—1964 年大学毕业开

---

① 施光亨《汉语口语词词典》,北京:商务印书馆,2012 年。

始学外语的,目的就是教汉语,所以如果说我们是从60年代初参加这项工作的,也还说得过去,那离1950年也晚了十来年了。我们只能说是参加这项工作较早的一批教师,可以说是"老兵"吧。

施:不久前,在北语颁发入党五十年纪念章的大会上,您作为退休老党员代表发言指出:

最近我校档案馆发布了周恩来总理从1950年以来对留学教育发出的一系列指示,对我校从建校、选址、停课、复校到教学管理的大政方针都悉心关怀。这说明对外汉语教学事业是党的事业,北语的老教师、老职工都是这个事业的奠基人和建设者。我们培养出了精通汉语的外国国家首脑、部长、教授、汉学家以及更多普通的对华友好人士。每当看到荧屏上洋人说的地道汉语受到群众的交口称赞,我们就感到无比自豪,这是我们努力奋斗的丰硕成果。

当时,您的发言得到台下许多老北语人的赞同和认可,表明您说出了一代北语人的共同心声。作为这个学科的后来者,我真为您和爸爸以及从小经常见面的伯伯、叔叔、阿姨们感到骄傲和自豪,好像只有到了今天,我才真正走进了前辈们的内心世界,也更加想念爸爸、怀念那些逝去的前辈们。

做了一辈子汉语教师,您觉得对一个对外汉语教师来说,职业生涯中最重要的是什么?

王:人们从事任何工作都希望有成就,这种成就不一定是惊天伟业,更不是追求个人的地位、财富;我理解只要你的工作带来了某一方面的积极变化就是成就。外国人学汉语虽有不短的历史,不过由于大的格局所限,直到20世纪中叶,包括欧美的汉学家在内,能说流利汉语的洋人并不多。我记得1956年刚进北大时,听过一位波兰汉学家的报告,题目是外来语"葡萄"一词传入中国的经过。他的研究不可谓不精专、深入,但口语却很差劲。他只在报告开始时勉强用汉语说了一句开场白,大家还没听懂。接着就全程靠翻译了。几十年过去了,就是我们的职业生涯从起步到退休的这几十年间,真的是换了人间!如今满口京腔的洋明星如大山、曹操等层出不穷,会讲汉语的外国教师、商人、政要比比皆是。有人记述了亲身经历,说即使在国外也不要随意用汉语对人评头品足。例如,在法国的电梯里称别人为"老外",人家说:"这里是法国啊,你才是老外!"还有人说一位黑人"真黑呀",对方立刻用地道的北京土话怼了回来:"就你白!"汉语的广泛传播当然是由于中国在世界的影响日益扩大,同时也是我们每个汉语教师多年辛勤耕耘的成果。每想到这里就分外自豪,这就是我们汉教人的成就。

施:记得您曾经写过一首词:"喜闻洋人唱京腔,荧屏上,足风光。司空见惯,热闹也寻常。谁知当年坎坷路,甜酸苦,我辈尝。手植桃李渐成行,鬓成霜,又何妨?华夏文明,唯愿传四方。寄语新人齐奋力,风正好,把帆扬。"这首词道出了老一代北语人创业的艰辛与收获的喜悦。您觉得这份工作带给您最美好的记忆是什么?

图 7　2018 年的北语新年晚会上学生朗诵王绍新诗词（舞台背景文字）(郭鹏提供)

王：说到最美好的记忆，我认为就是师生之间的亲情。几十年来令我感动的事不胜枚举，例如在埃及时学生对我们的关心、帮助历久难忘。外籍教师每年要办理一次居留证，手续繁杂，我们人地生疏，都是由学生冒着四十几度的高温替我们办理的，当他们送来证件时总是气喘吁吁、满头大汗，但难掩因能为老师出力而颇感欣慰的得意之情。开罗绝少下雨，一次跟老院长一起出考题后忽然雷声大作、风雨交加。冗长的讨论结束后我正在盘算怎么回家，却见一个女学生持伞站在树下，看来已等我许久了。

施：您还记得希夏姆吗？

王：怎么不记得！他是我们从一年级就开始教的学生，学习非常努力，悟性也很高。

施：有一次我跟他说起您和爸爸，希夏姆说："他们是我初学汉语的伟大老师！"

王：呵呵，过奖了！希夏姆擅长阿语书法，临别前，他送给我们一幅字，上面写着一句阿语谚语。如果直译的话，就是"谁教给我一个字母，我就成为他的仆人"，意译的话就是"一日为师，终身为父"。他毕业后留校当了汉语老师，后来是开罗大学中文

图 8　希夏姆所赠阿语书法作品(王绍新提供)

系的教授,听说还当过系主任,不知道他现在怎么样了。

施:他现在是阿语世界著名的汉学家,对《孙子兵法》很有研究。

王:那真是太好了!

施:希夏姆真是多才多艺,他还看着照片给我画过一副肖像呢,惟妙惟肖。您记得吗?

王:有印象。回国前,埃及母亲节那天,我走进教室,讲台上放着一个精致的工艺品铜盘和一束红玫瑰,纸条上用端正的汉字写着:"送给我们的母亲。你的16个孩子。"我和你爸爸1985年任满离开埃及的前一天,几十个学生专程前来送行:有的来自地中海边的亚历山大,有的来自红海边的苏伊士港,客厅里坐不下,有人站在走廊里,依依惜别。此时此刻,教师生涯的苦辣酸甜一齐涌上心头,我们深感自己所做的一切都是值得的。

施:谢谢妈妈!愿爸爸和逝去的前辈们的在天之灵保佑我们的事业健康发展、蒸蒸日上!

叶秋月《汉语匈牙利语音系对比和汉语语音教学》出版

匈牙利罗兰大学叶秋月博士《汉语匈牙利语音系对比和汉语语音教学》一书由商务印书馆出版。

本书旨在探究汉语和匈牙利语音系的异同,从现存的语言学描述和二语习得理论的角度,通过实验语音学分析学习者的语音数据,研究汉语和匈牙利语音系的主要区别,力图发现哪些区别容易给学习者造成困难,学习者又该如何克服这些困难。在此基础上,结合教学经验,提出相应的语音教学策略。本书着力最多的是关于电脑辅助单字调教学方面的研究,在对匈牙利学生汉语语音教学研究上开创了一个新局面。

1961—1964年教育部出国汉语储备师资访谈（四）

受访人：阎纯德　　**访谈人**：施正宇　彭乐梅　陈韬瑞

　　本文是教育部出国汉语储备师资系列访谈之一。与众多出国师资不同，阎纯德先生既是传语授业的师者，也是博闻强识的学者；既是诲人不倦的教授，也是为人作嫁的主编；既是才华横溢的作家，也是情感细腻的诗人。因此，我们的访谈（2020年10月26日，星期一，15：00—17：30，阎纯德先生家）从一开始便充满了文学色彩和学术气氛。阎纯德先生是法语师资，曾四次外派法国，在教授汉语及中国文学的同时，开始了对西方汉学和女性作家的研究。回国后，阎先生一边承担教学、科研和行政管理工作，一边"厚积厚发"，以一己之力创办了《中国文化研究》和《汉学研究》两份极具影响力的学术刊物；北京语言大学在他的倡议下，创建了汉学研究所，北语也因此成为了国内汉学研究的重要阵地。退休后，阎纯德先生更是笔耕不辍，不仅发表了大量文学作品和学术著作，而且还策划、主编了"列国汉学史书系"。就在2020年，阎先生的第三份学术期刊《女作家学刊》出版发行。

　　阎纯德简介：阎纯德，男，生于1939年12月5日，河南濮阳人，笔名濮之阳、习城乡、高寨，北京语言大学教授、作家、诗人。1963年毕业于北京大学中文系，同年被选为教育部出国汉语储备法语师资。历任北京师范大学中文系教师，北京语言大学外语系主任、语言文学系主任、汉学研究所所长、《中国文化研究》主编和北语杂志社社长，现任《汉学研究》《女作家学刊》主编。中国作家协会会员，中华文学史料学学会、中国中外关系史学会常务理事，中华炎黄文化研究会、中国当代文学研究会理事及女性文学委员会常务委员，中国社会科学院比较文学研究中心及香港中华文化总会顾问，欧洲龙吟诗社名誉社长，法华作家协会名誉主席。

图1　阎纯德（阎纯德提供）

＊　本文为教育部中外语言文化合作中心、世界汉语教学学会2021年国际中文教育研究课题重点项目"建国初期汉语教育史研究（1950—1966）"（项目编号：21YH01B）的阶段性成果。

外派经历

时间	国别、院校	工作内容
1974年1月—1977年8月	法国巴黎第三大学中文系	汉语文学教学
1984年9月—1986年12月	法国艾克斯马赛第一大学中文系	汉语文学教学
1989年10月—1990年12月	国立巴黎东方语言学院中文系	文学教学
1994年2月—1994年8月	法国波尔多第三大学中文系	文学教学

施正宇(以下简称"施"):阎先生,您好!可否请您介绍一下您的家庭背景和求学经历?

阎纯德(以下简称"阎"):好的!我原本姓高名书泰,出生后不久,就经历了1942年的大饥荒,那是中国历史上的一场大灾难,我们河南饿死了三百多万人。刘震云的小说《温故一九四二》,就是我的家乡豫北一带这场灾难的真实再现。看完据小说改编的电影,我对妻子说:"这个旷世悲剧,应该由我来写,因为我不仅是悲剧的亲历者,还是其中的'小演员'。"2014年我赴巴黎,在北京机场遇上送人的刘震云,我还开玩笑地说了这层意思。我的原生家庭一共六口人,生父在我出生前夕被抗日的蔡廷锴将军统领的国民党十九路军抓去打日本鬼子,在河南战场,只打了两仗就牺牲了,牺牲时还不到30岁。闹饥荒时我的二姐饿死了,剩下孤儿寡母一家四口,母亲知道,不能在家里等死,便带着哥哥、姐姐逃命他乡。滑县与开州(濮阳)相邻,我们被饥饿滞留在离老家只有一百多里地的黄河滩。树皮吃光了,人们又去吃观音土。为了让我活命,生母两次把我给人,最后在卖身契上按下了手印。插草卖人,就是放生。就这样我被卖给了阎家,最终闯过了鬼门关。

我的养父养母也是吃了上顿没下顿的穷人,1952年我考上东明初中时,父母坚决不让我过黄河去上学,我请了村长和小学老师出面说服我父母,才得以成行。我从中学起,完全靠国家全额助学金(初中7块钱、高中9块钱、大学13.5块钱)才熬到大学毕业。我上初中时,老师要我考师范,说我家穷上不了中学;我考开封高中时,老师劝我考开封二师,说一毕业即可教中学,但我是个自信心很强的人,一门心思想上个好大学,而且一定要考北大!

1956年在全国第一届少年运动会上,我代表河南省参赛,取得了400米第二、800米第三的好成绩,1958年我又在河南省运动会上获得800米冠军,因此省体委戴主任执意保送我上北京体育学院,但我拒绝了,非要考北大中文系不可。那年北大中文系在河南只招两名学生,我有幸圆了自己的梦。我从中学到大学都是学习很用功的学生。从中学起,一直都在做文学梦,当作家!在北大五年,我在报刊上发表了不少诗歌。

施:那您又是怎样进入到出国汉语储备师资行列的呢?

阎：1963年在北大中文系毕业时，我的第一志愿是"到祖国最需要的地方去"，去黑龙江，女友李杨都给我买好了箱子！可中文系总支副书记华秀珠老师找我谈话，说要选派我到教育部做出国汉语储备师资，先到北外学习法语。

施：您知道出国汉语储备师资是怎么回事吗？

阎：我当时也不很清楚，心想大概就是去教外国人中国语言和文化吧。说实话，我那时什么想法也没有，服从党和国家的分配就是我唯一的想法。

施：您能否谈一谈在北外学习法语的情况？

阎：我之前学了八年俄语，水平不错，到北外改学法语后非常不顺。加上我一直钟情于写作，在北外学得不好，一年后没有考过70分的及格分数线。那时

图2 获奖后的阎纯德（阎纯德提供）

我们这个班有十来个同学，有两三个没有及格，就退学另行分配工作了。我是个特别在意尊严的人，不服气，也倔强，所以，我要求转学到北语继续学习。到了北语后，我一改此前的被动，学得得心应手。所以说一个人的命运，既决定于时代和社会，也决定于自己的性格。我最终没有屈服于不及格的"审判"，顽强地改变了自己的命运，也算没有辜负国家的期待。

图3 阎纯德与北外法语师资班的同学①（阎纯德提供）

---

① 从左至右分别为方光明、程裕祯、钱林森和阎纯德。

施:在北语学习法语跟在北外有什么不一样吗?

阎:北语教我们法语的有一位法国专家——年轻貌美的阿卡乌薇,她的教学细腻、认真。中国老师是我北大的学长孔昭宇①,还有一位王老师,他们都是师德高尚、教学严谨的人。所以,我一到那里就如鱼得水。另外,我先后与两位阿尔及利亚同学同住一室,成为朋友,平时都是说法语。我们一见面,彼此就会喊"Mon ami…"(我的朋友!)。应该说,在北语打下的法语基础,使我能够轻松地完成在法国大学的教学任务,还交了不少法国朋友。另外,我所以能以法国生活为蓝本写出四五本散文集,与我"半瓶醋"的法语有直接关系。不仅如此,我还翻译过法国著名诗人的"组诗"发表在《诗神》杂志上,出版过两本翻译作品②。

施:提起北语,您曾说过北语的生日不是1962年,而是1950年,对吧?

阎:是的,北语的生日究竟应该从何时算起,一直是一些老师关注的一个话题。追溯学脉,大学的诞生,也如一个人的成长,有婴儿、童年、少年和成年等不同时期,哪个时期都是不可或缺的。人,不能数典忘祖。一所大学也一样,回望一下自己的摇篮和足迹,不忘过去,方可展望未来。

为核实北语的真正年轮,我特地找到唐传寅先生,他陪着北语一路走来,最了解北语的诞生、成长与发展的全过程:1950年12月,清华大学有一个东欧交换生中国语文专修班,1952年8月全国院系调整,这个交换生班转到北京大学,更名为"外国留学生中国语文专修班"。1961年,中宣部和教育部联合发文,将北大的外国留学生中国语文专修班与北外的非洲留学生办公室合并为外国留学生办公室,第二年更名为"外国留学生高等预备学校",从北大合并到北外的联系人就是唐传寅先生。这次合并,从北大转移过来的还有王还、李培元、李景蕙、张维、金德厚、李德津、许德楠、田万湘、程美珍、钟梫、赵淑华、赵桂玲、胡炳忠、唐传寅、黄文彦、马欣华、扈素筠、潘文娱、邵佩珍等五十多人;这些元老级的汉语教师不仅是北语真正的创始人,还是我国对外汉语教学的开拓者。之后,校名还经历了"北京语言学院""北京语言文化大

---

① 孔昭宇(1937—2019),1961年毕业于北京大学西语系法语专业,北京大学外国留学生中国语文专修班法语翻译,北京语言学院法语教师。"文革"后移民法国,任联合国教科文组织首席翻译,亦曾任职于法国驻香港办事处。据出国汉语储备法语师资李忆民介绍:"法文老师孔昭宇更厉害,他不但一般泛读原著,而且能把巴尔扎克的《高老头》一页一页地背下来,所以他的法语真是学到了家,最早的《汉语教科书》法文版就是他翻译的。"(李忆民《对外汉语课堂教学的哲学领悟》,参见韩经太主编《教学督导的实践探索》,北京:北京语言大学出版社,2008年,第259页)1964届法语师资姜明宝回忆说:"孔老师是我很尊敬的法语老师,教了我三年,他的法语非常好,教学的方法也很实用,他那时就强调听说领先,不要学哑巴法语,他强调我们(师资)不是研究法语的而是用法语教汉语,语言只是教学工具,应该能听明白法语学生对汉语的学习需求和意见,在他们学汉语的开始阶段如果必要可以用法语讲明白汉语的规律和特点,中高级阶段能用法语讲解学生学汉语时的疑难问题。听孔老师上课是一种享受,课堂活跃,讲解生动,我非常喜欢上他的课,每次都觉得下课太快了。"

② 《伊甸园之梦》(诗集),中国文联出版社,1991年;《宇宙中的绿洲》(诗合集),新华出版社,1998年。

学"和"北京语言大学"三个阶段。从清华园到未名湖畔,从魏公村到苏州街,直到"宇宙中心"五道口,地域的转换与名字的变迁,都没有改变这所学校的初心与担当。

因此,我们学校的生日不是 1964 年,也不是 1962 年,而应该是 1950 年。为了证明这个看法,我还调查了我国十几所著名大学诞辰的计算情况,可以作为我们计算校龄的参考。比如,北京大学的生日是 1898 年,那年光绪皇帝下诏创立了京师大学堂;清华大学始于创建于 1911 年的清华学堂和 1912 年更名的清华学校;北京师范大学的生日是 1902 年,那年创立了京师大学堂师范馆;中国矿业大学的生日是 1909 年,那年由英国福公司创办了焦作路矿学堂。这些大学都没忘记自己呱呱坠地的时辰,校史都从摇篮时代写起。话再说回来,我们北语的摇篮是清华大学东欧交换生中国语文专修班,她的保姆就是那些一路走来的五十多位老教师,这其中包括北语人常说的"八大员":李景蕙、赵淑华、李德津、张维、程美珍、佟慧君、黄文彦、刘秉和,这八位都是女将,还有钟梫、李培元、田万湘等前辈。他们从青丝到白发,守护着新中国的对外汉语教学事业,鞠躬尽瘁。我们这些后来者,要向他们献上一枚"共和国对外汉语教学元老"的勋章,以表敬意!

施:谢谢您!北语的历史就是新中国对外汉语教学的历史,这是北语的骄傲与荣光,希望后来者不会忘记。遗憾的是,很长时间以来,不少人把对外汉语教学看作"小儿科",认为人尽可为之。

阎:是的,不光是市井百姓,就连某些主管领导,都有着类似的看法。有一次,一位领导亲口对我说"北语不过是一个汉语补习学校"。

施:这可真是令人无语了!

阎:其实,北语就是一个实实在在的汉学家的摇篮,许多汉学家就是从北语走出去的。我的学生——现任欧盟驻中国大使郁白(Nicolas Chapuis)和我聊天儿时曾提出成立中欧汉学院的建议,我也曾提请领导关注,成立一个实体性的、包括教学与研究的专门机构,但没有回音。不久,我们学校轰轰烈烈地成立了一个"一带一路"研究院。

施:您在耄耋之年还积极建言,为北语的发展出谋划策,真是令人感佩!能否请您回忆一下到北语之后的经历?

阎:1964 年,我从北外到北语,继续进修法语。1966 年春,教育部来了通知,要我赴巴黎做留法学生的辅导员,后因"文革"爆发而作罢。8 月中旬选举"文革"筹委会,因为我出身好,被选举担任"革委会主任"。1967 年 1 月上旬,我就带着其他八位委员集体辞职了。9 月,我拒绝担任北语革委会副主任。于是,告别北语,我到了北师大。

施:您怎么会去北师大呢?

阎:那是因为陈毅外长强调出国汉语储备师资的重要性,才保住了这批师资而没有被遣散,他们除留在北语之外,都被"储存"在北大、北外、北师大和北京师院等几个学校。1968年10月底,我就是在这种情况下告别北语到了北师大中文系。

施:您在北师大都做什么呢?

阎:那时的北师大还处于动乱之时,斗争激烈,我们先被安排到"机关排"。但我到了一个新单位,与北师大"运动"没有任何关系。我们作为外来户,对北师大的"从前"和"现在"几乎一无所知,我们都是实实在在的旁观者。

施:您说"我们",和您一起到北师大的还有别的老师吗?

阎:还有刘社会(法语)、张开信(英语)、盛炎(即盛家贵,英语),三人均已故。我到北师大的前三年主要是半"劳改"式的惩罚劳动。我先是一个人烧小红楼的小锅炉,后又到北师大南门对面的化肥厂干活,还曾到房山东方红炼油厂劳动。当时,刘社会、张开信每天戴着盖耳盖颈的土黄色的帽子跟着车给大锅炉房拉煤!有时候我们也跟着钟敬文、黄药眠、俞敏等几位老教授一起劳动。那时只有盛炎受到厚待,没有被要求劳动。

施:钟敬文、黄药眠、俞敏可都是北师大著名的学者啊!

阎:是的。我和刘社会、张开信,能和北师大著名学者在一个劳改队里劳动也很幸运!劳动在校内,除了扫学校的大马路,还有一个重大工程就是翻修学生宿舍,甚至给学生打扫房间。因为我们年轻,干活自然都是抢着干,不好意思劳累大教授;他们也不避讳我们,似有"同是天涯沦落人"的感觉。我们听得最多的就是他们各种戏谑式的幽默和牢骚,钟敬文和黄药眠等人嘻嘻哈哈的俏皮话最多,俞敏寡言。我和他们因为都是中文系的人,所以最熟。久而久之,他们对我们三个陌生的面孔也逐渐熟悉了,休息时,也会聊聊天儿。

"你们年轻轻的,犯了什么错误,也来劳改!"钟老问。

"劳动光荣嘛,怕你们这些大教授孤独,所以我们也来陪着你们劳动。"我说。

"我们都是'反动分子',你们来陪我们是高抬我们了……不过,你们肯定有问题,否则哪能跟我们这些'反动家伙'一起干活啊?"

……

我们与这些北师大的"学术权威"一起劳动,开始数天基本没有什么对话。是"闲聊",拉近了距离,亲近了许多。后来,这几位老教授终于知道我们是出国汉语师资,是临时储备在北师大而准备到国外教汉语和文化的,他们也开始主动地和我们说话。

黄药眠问我:"听说你们是要到外国教书的,得懂外语吧?你是学哪种外语的?"

"我是北大中文系毕业的,从中学开始,一共学了八年俄语,但没有用了,后来又学了法语……"

"学法语好！法国是文明之国。我们年轻时就喜欢到法国留学……"

"法国好！法国的姑娘很浪漫……"钟敬文插进来说，"法国有许多汉学家。你们到国外教书就是培养汉学家……"

"我年轻时就认识好几个法国汉学家……"黄药眠说，"可是，你们为什么叫汉语出国师资呢？你们到国外教书不能只教语言吧？你们一定得教中国文化，包括文学和历史……"

施：老先生们真是一语中的啊！

阎：黄药眠教授所说的要教历史与文学对我有影响，我也一直认为，汉语师资必须深谙中国文化，因为教外国人，实际上所面对的不仅是汉学家，更有未来的汉学家！

施：阎老师，前边您说烧锅炉，您会烧吗？

阎：开始是一位锅炉工指导我如何点火，如何加煤，烧到几点，如何"盖火"等。我还不笨，一学就会。我烧小红楼的小锅炉非常尽心，每天都把锅炉烧到夜里十二点之后。这六栋居民表扬我，说我烧得好！有一位大妈还跑到锅炉房问我："你是哪来的啊？在哪儿学的技术？锅炉烧得这么好，我们一冬天都没有受冻！"我说："我在大学里学的是烧锅炉专业，一共学了五年，以后国家可能还会派我到国外烧锅炉；我现在是实习，所以得好好表现。"

施：哈哈哈，您真是太逗了！

阎：其实，烧锅炉期间还是比较自由的：白天，我省去了"早请示，晚汇报"，可以闷在家里看书，还在小楼外面做木工活儿，打木箱子；这时，住在小红楼四栋"靠边站"的副校长谢芳春(1916—2003)就过来指导我如何做木匠活，还送我一把他从参加革命就带在身上的小斧子，至今还保留在我家里！

施：这可真是文物了！那您在北师大没有上过课吗？

阎：上过！1971年开始，北师大负责培养北京市的中学语文教师，在开学典礼上，我代表教师致辞。中文系负责人是郭预衡教授，我是年级教学组长，给学生讲授新文学史及作家作品；这个教学活动直到1973年。那时，我创作了长诗《白求恩之歌》，又因我家有一套1948年出版的《鲁迅全集》而开始研究"鲁迅"。

施：您在动荡岁月中也没有停止创作啊！那您是什么时候回到北语的？

阎：1973年春，北语复校，一辆卡车，把我们一家五口及全部家当拉到了五道口的北语4楼3门5号。这一年，我在北语外语系汉语教研室，给外语系的学生讲授20世纪中国文学。半年之后，即1974年1月19日，我被派往巴黎第三大学执教，前后整整三年半，1977年8月5日回到北京，任汉语教研室主任，给中国学生讲授"20世纪中国文学"和"女作家研究"，主编《中国文学家辞典》，开始发表国外游记散文。1983年，任外语系主任,破格评为副教授。1984年,我与妻子李杨一起到艾克斯马赛第一大学任教两年,回来后担任语言文学系主任,继续授课。1989—1990年在国立巴黎东方语言文化学院任客座教授,讲授《西游记》《二马》《围城》《男人的一半是女人》,还帮着中文系主任毕莎(Violette Bisat)教授带博士。

施:您第一次派出是什么时候呢?

阎:1966年春,领导通知我作为留法中国学生的辅导员前往法国,后因"文革"爆发而作罢。1967年初,教育部通知我赶快结婚,然后前往罗马尼亚的布加勒斯特大学任教。但是,没想到因为结婚改变了我的身份:一个穷苦孩子,因岳父岳母都是"走资派",①一夜之间便成了"狗崽子""黑五类"。

施:唉,说起来真令人哭笑不得!

阎:教育部就让北外的英语师资王玉宝顶替了我。后来也有过派我前往非洲当翻译的计划,但均因"出身"问题未能成行。

1973年12月,王亦山院长找我谈话,说教育部下达任务,很急,要指派我到法国教书,还说这是落实中法建交的文化协定,意义重大。我意识到出国的政治色彩,所以宣誓般地向王院长表示,一定不辜负国家的信任和嘱托,一定把书教好。1974年1月19日,我和胡书经、刘社会、杨立嘉被教育部派到法国教书;李忆民已经先我们半年到了巴黎。我和李忆民、杨立嘉都在法国第三大学教书,刘社会则在巴黎第七大学,胡书经远赴艾克斯马赛第一大学。之后不久,邓恩明和潘文煊也来了巴黎,他们分别在巴黎第八大学和蒙日弘中学教书。

施:能介绍一下您和几位老师当时的工作和生活情况吗?

阎:那时,巴黎教师组组长是李忆民、副组长是刘社会。我们由中国驻法大使馆文化处直接领导(当时还没有教育处)。根据指示,上课必得有同事监视监听(由于李忆民的英明领导而没有执行),上街必须二人同行,法国友人请客外出也不例外,必须有人跟随监视。也许我的人缘好,教师组成员的外出活动,一般都喜欢请我陪同——比如受巴黎第七大学教授、著名汉学家汪德迈(Léon Vandermeersch)邀请,刘社会到宗教圣地圣·密歇尔(Mont-Saint-Michel)居住三天是我陪同,邓恩明到法国中部穆兰(Moulins)农村居住数天,也是我陪同;尤其与李忆民外出活动最多,几乎无一例外出不是我陪同的,因此我无意中获得一个雅号"常务陪同"。

在巴黎,法国外交部给我们在Boulevard Gouvion-Saint-Cyr大街36号五层楼

---

① 阎纯德的岳父李都(1916—1974),辽宁新民人,时任吉林省中共长春市委第二书记;岳母陈桂(1913—1997),广东东莞人,时任中共长春市委组织部长、市人大副主任,"文革"初期均被打成"走资派"。

上租了一套大房,李忆民高风亮节,住在一个只能放下一张小床的三角形的小储藏室里;我住在乌黑的小饭厅,刘社会和杨立嘉住的都是正儿八经的主人大卧房。每逢周末,我们都有一次亲兄弟般的热闹团聚,住在文森的邓恩明和住在蒙日弘中学的潘文煊,就到我们那里,搭个地铺过两夜。我们在家里除了看电视,就是下象棋、打扑克;老潘、小邓和刘社会,都是棋迷,玩起来可以从黑夜鏖战到黎明。如果是看电视,刘社会一定会在我们的谈笑中鼾声大作。

施:你们住在一起,进进出出的都是男性,法国人不觉得有什么问题吗?

阎:有啊!法国朋友请客,我们都要带上一位"男朋友"做伴,以至于法国房东和邻居都觉得我们有些异样,甚至猜想我们的家庭关系不好。又因为这里进进出出的全是男人,从未见过女人出现,有法国人很认真地说:"看来中国人也有同性恋⋯⋯"于儒柏(Robert Ruhlmann,1920—1984)教授就曾经开玩笑地说:"你们是不是同性恋啊?"

施:哈哈!可不可以问一下您们当时的收入是多少?

阎:我们那时的月工资3800多法郎,其中100法郎是我们的报酬,180法郎是生活费,地铁票实报实销,其余全部上缴。刘社会掌握现金,到菜市场买菜,一定是二人同行。我们常在一家肉摊上买猪蹄,有一次卖主笑着问我们:"你们养了多少狗?"那时我们才知道,在法国,猪蹄一般都是喂狗,人基本不吃。

施:呵呵!这样说来,您们并不富裕啊!

阎:我们在巴黎生活节俭,但精神愉快!白天,我们一起做饭,炒菜虽然大家都能露几手,但主力是杨立嘉。包饺子的主力是我,我和馅儿和得好,不仅咸淡相宜恰到好处,还特别香,因为我放的油多,擀皮儿擀得又快又圆又薄。因此,我又被朋友赐了第二个雅号"阎饺子"!我们在家里请客的时候,一定要展示作为中华美食文化的重要标志之一的"饺子"。我做的饺子,无论是中国人,还是法国人,大家都说好吃。

施:吃饺子在那个年代也算是过年了。

阎:绝对是!我们通常是早上吃棍面包,中午、晚上吃自己做的馒头或米饭,炒上两个素菜,还有豆腐菠菜汤,大鱼大肉的机会并不多。

施:哈哈哈!好像那个时候外派教师是不能带家属的,是吧?

阎:是的,我们与家人的信件往来都是通过外交部的信使传递。每月两次,我们集体穿过凯旋门广场和香榭丽舍大街,前往我们梦中的圣地——乔治五世大街中国驻法大使馆取家书,读信时就像与久违的爸妈、老婆、孩子见面一样。周末有时会集体外出,巴黎街头的马路牙子、塞纳河的流水、卢浮宫前乌泱乌泱的人群,应该还记得几个春风拂面的中国人,西服革履、挺胸阔步地亮相在巴黎的天空下。当然,我们也会到巴黎远郊的大树底下,或是蒙马特高地,那里聚集着许多阿拉伯裔的小商小贩,是穷人最喜欢光顾"淘宝"的地方。

施:"西装革履",这在当时国内的中国人简直是不敢想象的打扮啊!

阎:说起这双"革履"来,它还救了我一命呢。1975年暑假的一天,巴黎下起了大雨。我和李忆民、刘社会、杨立嘉结伴外出回家,穿过国际会议中心时,发现前面 Rue du Dobropol 小街的街口,被一片三米宽的积水拦住,需绕行才能过去。我对他们说:"跳过去算了……"

"你能跳过去?"他们都很诧异,觉得不可能。

"这算什么! 三米来宽,一跳不就过去了嘛!"我跳远的记录是6米,那时我才三十多岁,自信不用助跑也能跳过去。

杨立嘉对我能否跳过去非常感兴趣,因为他深信我是跳不过去的,所以笑着用激将法激我:"我看你跳不过去!"

李忆民则说:"算了,小心崴了脚。"

刘社会也说:"还是多走几步吧……"

我是真的想跳,让他们见识见识我的功力。我已经做好了要跳的姿势,但是一个闪念拦住了我:别毁了我的皮鞋,这可是我唯一的皮鞋。就在我要跳没跳的时候,一辆汽车从我面前"唰"地一下子冲了过去……

施:天哪!

阎:我要是纵身跳出去,正好会撞上,必死无疑! 小街一边停满了车,有一辆车身很高,正好挡住了视线,我们站的位置根本无法看到有无车辆驶来。汽车过后,李忆民说:"啊呀,幸亏你没跳,多危险!"

为了重温这个令我终生不忘的故事,2013年10月17日下午5点,李杨陪着我重游"故地",并现场留影。

施:您是有福之人,命大! 能谈谈您的教学情况吗?

阎:第一次在巴黎教书三年半,我们使用的教材是北语编写的"黄皮书"①。我除了教"汉语精读"和"口语",主要教高年级的"鲁迅专题""郭沫若专题"和"20世纪中国文学"。"黄皮书"诞生于"文革",突出政治可想而知,使用起来非常困难,学生不喜欢。为了使教学内容更接近真实的社会生活,我经常选印一些《中国建设》里的"中文月课"发给学生做参考。这样的教学方式从二年级开始,日积月累,前后共积累了三十余篇。

施:您是怎么想起来从《中国建设》里选取教学辅助资料的呢?

---

① 《基础汉语》(上、下),北京:商务印书馆,1971年。

阎：《中国建设》是由宋庆龄创办的，几乎是当时唯一的介绍新中国的对外刊物，相比较而言，上面刊载的文章语言更通俗，内容更贴近中国的社会生活。

法国大学考察教师的教学，不像中国，由学校领导组织人马大张旗鼓地听课，他们是在课下从学生那里了解教师的表现及教学效果，"中文月课"就是这样被他们发现的。1977年春，巴黎第三大学东方语言文化学院中文系代主任、汉学家于儒柏找我，说学生们都非常喜欢我发给他们的教辅材料，希望能纳入INALCO出版社正式出版。这是好事啊！我立马向教师组的领导汇报（李忆民已经届满回国），刘社会和后来的教师都异常兴奋，表示大力支持。我还单独向文化处参赞兼政务参赞于梦欣汇报，并把一篇事先写好的六百字的《前言》（原件保留至今）交给于参赞，这个前言旨在说明这本教辅式的《汉语悦读》编辑的由来。于参赞过目并签字，将《前言》交给大使馆打字员打印。我将打印好的前言交给了教师组组长审阅。但由于种种原因，这本教材未能出版，很是遗憾。

施：1975年5月，邓小平同志参加联合国大会后，代表周恩来总理顺访法国，您和李忆民等几位教师正好在巴黎东方语言学院教书，能说一说您们当时的心情吗？

阎：太激动了！现在的人可能无法体会我们当时的心情。当我们从巴黎出版的《世界日报》上看到邓小平即将到访的消息时，个个喜出望外，大家都觉得国家有希望了，人民有盼头了。那些天，我们走在挂满五星红旗的香榭丽舍大街上，看到法国人投来的友善的目光，别提有多兴奋和自豪了。

施：按照惯例，国家领导人每到访一地，都会接见使馆的外交人员和教师等公派人员，您见到邓小平了吗？

阎：岂止是见到！5月15日，使馆文化处给我们打电话，询问第二天可否派两位老师到巴黎奥利机场保卫邓小平的专机，那天是星期五，只有我和李忆民没有课，责无旁贷地承担了这次"光荣"的美差。第二天，我们俩拿着特别通行证，进入奥利机场，登上了邓小平的专机。我们虽然没有接受过保卫专机的专门训练，但警惕性还是十分高的，出色地完成了任务。我们还"虚荣"地坐在邓小平坐过的位置上照相，把一个普通中国老百姓那种久旱逢甘雨、他乡遇故知的心情发挥到了极致。

施：我也是从那个年代走过来的，虽然年龄不大，但非常能理解您的心情。

阎：就在我们保卫专机的那一天，邓小平在使馆接见了驻法使馆的工作人员，并和大家合影留念，我们巴黎教师组的其他几位老师也在其中。几位老师回来兴奋地跟我们说起了当时的情景。当邓小平走到这几位老师的跟前时，大使曾涛介绍说他们是在法国教书的中文教员，这时，邓小平专门停了下来，语重心长地说，你们教师的工作很重要，你们是播种者，既播种文化，也播种友谊；要把书教好，教书育人嘛！中国和法国都是世界上的大国,中法友谊对中国对法国都很重要,对世界也很重要……

施:那您和李老师不就错过了机会了吗?

阎:5月17日,邓小平一行就要回国了。政务参赞兼文化参赞于梦欣特别向曾涛大使请示:阎纯德和李忆民两位老师因为看护专机耽误了合影,可否让他们借代表教师到机场送行的机会,和邓小平同志照个相?这是他们很诚挚的愿望。大使答应了,于是我们俩就加入了欢送邓小平的行列。

施:于参赞真是善解人意!

阎:奥利机场飘扬着中法两国的国旗,希拉克总理率领法国政府官员,还有驻法使馆的官员们,都排列在机场的贵宾通道旁。就在邓小平与希拉克拥抱完、向大家挥手致意准备登机的千钧一发之际,于梦欣上前一步对曾涛大使说:"我们的两位教员还没有照相呢!"这时曾涛大使好像突然想起了什么,赶紧对邓小平说,我们两位给您看专机的老师还没有跟您照相,邓小平非常爽快地说,来吧,现在就照!他一边说着,一边把希拉克拉过来,又把外交部部长乔冠华叫过来,就这样,在新华社记者的镜头下,一张在我们人生中具有历史意义的照片诞生了!

施:您不愧是作家,这情景让您说得绘声绘色,好像就在眼前。

阎:照完相,握手时,邓小平说,法国是个友好国家,你们是代表中国来教书的,一定要把书教好!

施:您说得我都要掉眼泪了!

阎:其实这不是我们第一次见到邓小平同志,1974年4月,邓小平赴纽约参加联合国原材料和发展问题特别会议时途径巴黎,接见驻法使馆的工作人员,我们也在其中,还合了影,不过这一次没有那么多故事,更像是"工作"。

施:除此之外,您还有过其他外派经历吗?

阎:1984年,我和李杨到艾克斯马赛第一大学教书,除了讲授汉语和"20世纪中国文学",还讲授"中国古文"与"中国文化史",这时我的月工资是10000法郎。1989年,我被国立巴黎东方语言文化大学聘为客座教授,由当时的法国教育部长签字聘请;那一次,我讲授《西游记》《二马》《围城》和《男人的一半是女人》四本小说,并协助系主任毕莎教授带两位博士生,月工资18800法郎。1994年,客座波尔多第三大学中文系,以讲授"20世纪中国文学"为主,工资待遇每月约30000法郎,是我四次执教法国工资待遇最高的一次。

施:哇哦,即使是在现在,您的工资也是一笔巨款。

阎:不过我们那时有纪律,外方给的工资,除了必要的生活费和零花钱,绝大部分是要上缴的。我后两次是客座教授,留给我的是每月500美元,其余上缴。不仅如此,这期间我在《欧洲时报》和《美洲华侨日报》发表了不少诗文,稿费也要上缴。

图 4　左起李扬、中国驻卢森堡大使曾宪柒、法国汉学家魏柳南、魏柳南夫人许丽凤和阎纯德(阎纯德提供)

施:这在今天看来简直不可思议。

阎:我们是公派教师,得听国家的。此外,我还有两次出国教学的机会。如 90 年代,埃及艾因·夏姆斯大学和韩国高丽大学都曾邀请我去讲学,但都因故未能成行。

施:您几次派出,法国又是西方一个浪漫的国度,您有没有想过留在那里?

阎:我从来没有想过!说实在的,我要是有那样的心思,留在那里教书很容易!我四次执教法国,尤其是后两次是法国邀请我作为客座教授去的,待遇很高,且都不是国家派遣,我四次上缴给国家的钱折合人民币近百万。但是,我的成长除了我顽强、坚毅、不肯输的性格使然之外,主要直接源自国家的厚爱,没有党和国家对我这个穷小子的培养,我只能是一个面朝黄土背朝天的农民。

施:我们读过您写的这样一段文字:

　　我没有到过天堂,也没有见过天堂的模样。所谓"天堂",我想大概是人们向往的和平、幸福生活的象征。在这个地球上,不知何处可以真正以"天堂"命名,但是如果真有,我依然选择"母亲",我愿终生留在她的身旁,躬耕大地,建设家乡……①

看了这段文字,就明白您对"母亲"——家乡的执念了。

---

① 阎纯德《欧罗巴,一个迷人的故事》,北京:北京语言学院出版社,1989 年,第 3 页。

能谈谈您对法国的第一印象吗?

阎:我第一次到法国,一下飞机,看到的便是西方的繁荣,这与那时国内的萧条形成了鲜明的对比。

施:从您的作品中,我们发现,您认识的法国老师,很多都是汉学家。

阎:法国是一个友好的国家,不仅是我的学生,即使一般法国人对中国都非常友好。我在法国结交了不少朋友,有学生,也有汉学家,有的学生几十年一直与我保持联系。我的学生有的成了汉学家,有的在政府担任要职。现任欧盟驻中国大使郁白,担任过法国驻华大使馆的文化参赞、公使、上海总领事,以及法国驻蒙古国大使和驻加拿大大使,他是我教过三年多的学生,是《全唐诗》的译者,著名的汉学家;另一个学生魏柳南①也是汉学家,担任过非洲国家的总统顾问,出版了中文与英文版的《中国的威胁》(Défi Chinois,王宝泉 叶寅晶译;人民日报出版社,2010年)、《伟大的变革:中国追梦新时代》(韩冰、骛龙译;东方出版中心,2021年),影响很大。

  我在法国执教,在传播了中国文化的同时,也受到了法国文化的熏陶,法国的汉学家也给了我不少启迪。法国国立东方语言文化学院(INALCO)三百多年来,一直是欧洲汉学家的摇篮,每年学校中文系举行的教师会上,举目望去,满眼都是汉学家,可以说这所学校是法国汉学的发源地,历史上法国几乎所有的大汉学家都是从这个学校走出来的。

图 5 2014 年 6 月 16 日,阎纯德与法国汉学家贝罗贝在巴黎街头不期而遇(阎纯德提供)

施:印象中很多师资都到这所学校教过书。

阎:是的,自从我们中国教员加入进来以后,中文系的学生神速地增加到 1 500 人,成为

---

① 魏柳南(Lionel Vairon,1960—2020),法国记者、外交官、汉学家。

世界上学生人数最多的中文系。

施：这所学校今后应该会走出更多的汉学家。

阎：我一到巴黎，便接触了汉学家于儒柏、班巴诺(Jacques Pimpaneau)、毕莎、白吉尔(Marie Claire Bergere)等人，以及巴黎第八大学的著名鲁迅研究家密歇尔·鲁阿(Michelle Loi)夫人、华裔汉学家程抱一、李治华、黄家城等教授和巴黎第七大学的汪德迈教授。鲁阿夫人是研究鲁迅的专家和作家，她和于儒柏成立了一个"法国鲁迅研究小组"，为此，鲁阿夫人经常到东方语言文化学院。我上课的时候，她都会在教室外等我，我们谈论的话题总是20世纪中国文学。她除了问些鲁迅和其他中国作家的问题之外，也说起她数次到中国访问，前后受郭沫若、周建人、周谷城几位的接见，还说到她访问冰心、茹志鹃、菡子的情况。

施：您后来专注于研究中国的女性作家，跟鲁阿夫人有关吗？

图6　阎纯德与铁凝合影(阎纯德提供)

阎：与鲁阿的接触和对话，唤起我研究女作家的"灵感"。那时，我在离大使馆很近的吉美博物馆(Musée Guimet)，第一次读到庐隐和谢冰莹的作品，很震撼！这给了我研究女作家的决心！我一回到北京，便组织和主编百年中国文学史上第一部作家大辞典《中国文学家辞典》，同时研究女作家。《中国文学家辞典》自1978—1992年一共出版6卷，共收录3796位作家、评论家、文学研究家、文学翻译家，总字数约300万字，我个人撰写了三分之一。这部书在国内外产生了广泛的影响，被称为中国文学"解放"的曙光。

　　我对中国女作家的研究始自巴黎，至今已经四十多年，从未间断；先后出版了

《现代中国女作家》(主编、主撰)、《二十世纪中国女作家研究》(专著)、《黄庆云评传》(合著),主编《台港和海外华文女作家作品选》(上、下)、《新时期女作家百人作品选》(上、下)、《她们的抒情诗》、《女兵谢冰莹》、《20世纪华夏女性文学经典文库》(11卷),待出版的有《台港澳女性文学发展史稿》和《中国女性文学的前世与今生》以及一百多万字的《百年中国女作家》(1904—2010)。2020年10月,我主编的、由作家出版社出版的大型杂志《女作家学刊》问世,她像一个醒来的梦,这个梦也源自我在巴黎的教学生活。

施:刚才说到,您还有一个身份是作家。

阎:是的,1982年由严文井和臧克家推荐,我参加了中国作家协会,还同时参加了北京作家协会。

施:印象中,您的很多作品都和法国有关。

阎:从第一次到法国讲学,我就开始写东西,那时写得最多的是游记散文,也写诗;法国的《欧洲时报》和《香港文学》三天两头刊载我的诗和散文。

施:那您是什么时候开始在国内发表的呢?

阎:改革开放之前,国内的报刊禁止发表关于国外的文章。大诗人李瑛主编的《解放军文艺》最先刊发了我的游记散文,之后便陆陆续续有二三十家国内的杂志向我约稿,好像这也是一种开放。再后来,1981年人民文学出版社出版了我的第一本散文集《在法国的日子里》,加上后来北京市的借印,总印数达十万册。我的第二本《欧罗巴,一个迷人的故事》本来也是人民文学出版社的约稿,那时你父亲施光亨是我校出版社的社长兼总编辑,给我说:"阎纯德,你新的散文集给学校吧!在哪儿出都一样!"于是就由北语出版社出版了。中国文联出版公司也出版了我的一本诗集《伊甸园之梦》,里面全部都是我在法国写的诗。后来我还出版了50万字的《人生遗梦在巴黎》《在巴黎的天空下》和《逝水滔滔》等文集。这些作品的根,都扎在"国际汉语教学"的土壤里。

施:八九十年代,国门初开,您的这几本大作是当代中国人了解法国的窗口。我记得您每出版一本都会送给我父母,所以这几本书我都拜读过,有一种如饥似渴的感觉。

阎:哈哈,太好了!谢谢你!

施:您给了我精神食粮,是我要谢您的。

阎:当然,"国际汉语教学"给予我的不只是这些,我的《作家的足迹》及其续编、《20世纪末的中国文学论稿》和2018年出版的法文著作《鲁迅及其作品——我的巴黎讲稿》,也都与我在法国的教学生活直接相关。

施:您从法国回来,不久就创办了《中国文化研究》这本学术期刊,在学术界产生了越来越大的影响。之后又创办了《汉学研究》,实际上这本杂志其中有多个栏目是关注西方汉学家对中国文化的研究,也即通常所说的"汉学研究",是什么促使您致力于国际汉学研究的呢?

图 7　阎纯德与法国汉学家杜特莱合影(阎纯德提供)

阎:我的法国同事多是汉学家,对中国文化某个领域有着专长研究。比如,尼古拉夫人专长于中国艺术,班巴诺专长于中国民俗,于儒柏专长于中国古典小说,毕莎研究茅盾;艾克斯马赛第一大学的贺碧来(Isabelle Robinet,1932—2000)研究道教,杜特莱(Noël Dutrait)将中国作家莫言、阿城、韩少功等的作品译成法文,桑达尔·郑(Sandalle Zheng)研究台湾高山族文化;波尔多第三大学的汉学家雷威安(André Lévy,1925—2017)翻译和研究中国古典文学名著,毕戎则研究中国现当代文学。我还接触了汉学家侯思孟(Donald Holzman)、白乐桑(Joël Bellassen)、荷兰汉学家施舟人(Kristofer Schipper,1934—2021)及华裔汉学家程抱一、李治华和黄家城。另外,我教的学生中,不少人也奋斗成了汉学家,最著名的当属研究唐诗的汉学家郁白。

1975年,我和李忆民参加了白吉尔的国家博士论文答辩,因为按照法国的规定,有关汉学的博士答辩,必须要有中国人在场。在场的评委还有艾田蒲(René Etiemble,1909—2002)、谢和耐(Jacques Gernet,1921—2018)、保尔·巴迪(Paul Bady)、于儒柏等,都是汉学界之巨擘。第二年春天,东方语言学院中文系主任毕莎教授做东宴请美国著名汉学家、蒙古学家欧文·拉铁摩尔(Owen Latimore,1900—1989),我和李忆民作陪。1977年春,在我就要离开巴黎的时候,于儒柏驱车拉我见到敬仰已久的大汉学家戴密微先生①，我们没有多少交流，他也只说了在厦门大学与鲁迅共事的往事，使我终生难忘。

施：遇见鲁迅先生的同事，也是一个挺难得的经历。

阎：在法国的这些年，我与汉学家们的交往，法国汉学历史的熏染和现实的氛围，无不潜移默化地影响着我。回到国内后，1993 年 3 月，当时在教育部工作的姜明宝处长来北语调研，杨庆华校长召集了五六位教授座谈，我根据自己多年在法国执教的经验和体会，建议创办一本真正能传播中国文化的杂志。一个月后，杨庆华校长找我："老阎，你那个办杂志的建议教育部同意了，杂志就由你来办吧！"就这样，我离开了语言文学系，接受了筹办杂志的指示后，马上以学校的名义给教育部条件装备司和新闻出版署打报告，一个人骑着自行车满城跑，千辛万苦，最终在张伯海先生（原人民文学出版社副社长、新闻出版署期刊司司长）和教育部常务副部长柳斌（我北京师范大学的同事）的协助下，两个多月就领到了办刊的"通行证"——刊号。筹备和编辑这本杂志就我一个人，当时，没有办公室，没有编辑，全凭一己之力，在我妻子李杨的帮助下，《中国文化研究》特大创刊号于 1993 年 8 月 5 日，就在北语家属 4 楼 3 门 5 号家里诞生了。

1995 年，我又创办北语汉学研究所和《汉学研究》，2020 年创办《女作家学刊》。创办杂志，大概也是我此生与北语的缘分。

施：《中国文化研究》的创刊，在当时可谓学术界的一件盛事！可喜可贺！

阎：是的，在创刊号上，任继愈题词："纵览古今，融通中外"；张岱年题词："弘扬中国文化的优秀传统，振奋刚健博厚的民族精神，为建设社会主义新文化而努力！"季羡林题词："弘扬优秀的文化，实与人类生存前途密切相关。我们今天应当从这个高度上来认识弘扬的意义。"萧乾题词："中国文化之树常青！贺《中国文化研究》杂志。"柳斌题词："弘扬中华文化，建设现代文明。"这些精彩的题词，至今都是我们中国文化发展的方向。从创刊号起，几乎期期名家林立，主要作者有张岱年、张岂之、盛成、任继愈、季羡林、钟敬文、汤一介、乐黛云、丁守和、陈鼓应、钱逊、傅璇琮、冯天瑜、方立天、方克立、刘梦溪、金开诚、李中华、张文儒、葛荣晋、储斌杰、周先慎、孙中原、詹锳、吴小如、吴本星、严家炎、谢冕、陆耀东、郭志刚、王富仁、钟志邦（新加坡）、黄曼君、孙玉石、曹文轩、童庆炳、孙党伯、龙彼德、葛晓音、陈炎、欧阳哲生、梁锡华、吴功正、盛英、陈漱渝、古继堂、古远清、王晓平、周思源、钱林森、程裕祯、彭庆生、李延祜、韩经太、

---

① 戴密微（Paul Demiéville，1894—1979），法国汉学家，敦煌学者，毕业于法国巴黎东方语言学院，法兰西公学院教授，通汉语、日语和梵文。1924—1926 年任教于厦门大学，与鲁迅相识。

杜道明、袁良骏、孟繁华、张颐武、黄河涛、程文超、周阅等，全国各地的著名学者和名流专家，争先恐后地在《中国文化研究》这个平台上亮相。那时正值第一届国际汉语教学大会在香山召开，在张德鑫的积极协助下，我想利用这次国际会议的机会，将《中国文化研究》推向世界。但是，至今我都不明白，写在大会手册上的首发式为何突然被取消了。本来张岱年、任继愈、季羡林、萧乾、谢冕、吴泰昌都要来为这个杂志站台的，我只好向他们道歉，告诉他们暂不举行的坏消息。不管如何，这本杂志礼炮三声，隆重面世，用施光亨教授的话说："阎纯德的杂志一炮打响了！"最初十年，杂志的发行量一直保持在 5 000—7 000 多册的水平。

在创刊号上，我发表了第一篇汉学研究论文《汉学和西方汉学世界》，胡书经翻译的法国汉学巨擘戴密微的著名长篇论文《法国汉学研究史》开始连载。之后，俄罗斯著名汉学家李福清（Борис Львович Рифтин）亲自把一篇文章送到编辑部；接着，日本汉学家相浦杲、中西进、岩佐昌暲、小川晴久，韩国的李佑成，法国的白乐桑等汉学家，都投稿本刊。这个杂志，一共有 51 个栏目，其中关于 SINOLOGY（汉学）的栏目有五六个。这个杂志吸引了众多学者的关注，纷纷向它投稿，很快成为"全国中文核心期刊""中文社会科学引文索引（CSSCI）来源期刊"，被南方许多大学认定为 AAA 期刊。

施：那您怎么又想起来创办《汉学研究》这本杂志的呢？

阎：改革开放拯救了中国，给海外的汉学研究也注入了活力。全球性的汉语热，正是汉学进一步繁荣的征兆。新一代的汉学家，不仅有中国文化的研究能力，还普遍具有汉语的运用能力，他们的研究更直接、更深入。1995 年春，由于《中国文化研究》关于汉学来稿越来越多，我就将汉学来稿移出，编成一部《汉学研究》，为能使之涵盖汉学与中国学更为广阔的内容，这本以集刊形式出现的杂志，英文名采用了"Chinese Studies"。国家汉办提供了一些资金支持，中国和平出版社在出版方面提供了支持。1996 年，《汉学研究》创刊号出版之时，正值第五届国际汉语教学研讨会在怀柔召开，出版社冒着大雨把杂志送到了会上，国家汉办的一位处长打电话说："阎老师，《汉学研究》送到了，很受欢迎！大家正在雨中排队领书呢！"

没有一分办公费的《汉学研究》，一路走来非常痛苦。尽管我校的三位校长杨庆华、曲德林、崔希亮一直都很关心这本杂志，但我知道，他们也很无奈。为了以正常状态出版这本杂志，我从北京"讨"到澳门，澳门理工学院的院长李向玉和澳门基金会的吴志良博士是这本杂志生存下来的救命恩人。2003 年，韩经太教授接手主编《中国文化研究》。汤一介和乐黛云教授听说我把杂志交出去了，就对我说："杂志是你的孩子,不该轻易给人!"

离开杂志社,我作为申报20世纪文学博士点的带头人,连同高旭东、李庆本教授和李玲副教授,准备好了非常精细且有说服力的申报资料,那一年拿下博士点没有任何问题,但是,到上交申报材料时,突然接到领导的命令:"你们今年不要报了!"在瓜熟蒂落之时,为何不让申报了?因为有人要申报古典文学博士点,教育部不可能同时批下两个博士点,因此命令我们退出!很佩服领导有如此高远而深刻的学术目光!这个"噩耗"般的"命令"我无法接受,我想直接申报,但是,得盖学校的章!这个"雷池",我无法逾越。愤怒之下,我只有辞职;这是2004年!但是,我的《汉学研究》我没有丢。几年后,党委副书记、副校长和人事处处长请我吃饭,在"饭局"结束时,提出要我再交出《汉学研究》,好换来《中国文化研究》的平安。我断然拒绝了。因为,这是我的第二个"孩子",再也不能让人"拐走"了。直到2014年,鉴于它在国内外学界的学术影响,《汉学研究》进入了CSSCI来源集刊,这才引起学校的重视,还为它开了一个京津地区50多位专家学者参加的庆祝会,并从2015年开始拨款,还配了专职副主编和一位编辑部主任。

施:怀胎十月的辛劳,只有母亲知道,您辛苦了!

阎:我处世中庸,但认准了的死理,宁可碰得头破血流也不放弃;我所以到了82岁还死抱着《汉学研究》不放,是因为我还在等待真爱它的人。

做自己喜欢做、别人没有做或还没有想到的事,一直是我一生治学的行为方式和追求。除了将这个每期65万字的半年刊办好,从20世纪末开始,我又以一己之力主编了学术史上史无前例的"列国汉学史书系"。学校出版社社长兼总编辑鲁健骥非常看好这个书系,答应出版,不要一分钱;国家汉办杨国璋处长答应支持稿费,但是,他们二人不久同时退休,等于宣告了"出版计划"的破灭。不过,我一直在行动,长"梦"不醒。于是,我又到处找钱。我与国家汉办取得联系,但到第一批汉学史要出版之时,却不了了之。但是,列国汉学史书系没有死,我继续找钱,除了学校的支持,澳门基金会和澳门霍英东基金会成就了这一事业。从2017年开始,在李宇明教授的关怀下,北语语言资源高精尖创新中心将其纳入支持的怀抱,还将"列国汉学史书系"改成包括五个"丛书"的"汉学研究大系"。现在这个"大系"已经出版了《英国汉学史》《法国汉学史》《法国汉学史论》《法国作家与中国(18世纪至20世纪80年代)》《日本中国学史稿》《日本诗经学史》《朝鲜半岛汉学史》《意大利汉学史》《俄罗斯汉学三百年》《中国文学俄罗斯传播史》《唐诗西传史论》《英语世界的陶渊明研究》《英语世界的〈易经〉译介研究》《〈道德经〉在英语世界的传播与接受研究》《英语世界的〈孙子兵法〉传播与研究》《交错的文化史：早期传教士汉学研究史稿》等60多部。

回想起来,我先后创办并主编了《中国文化研究》(1993年)、《汉学研究》(1995年)和《女作家学刊》(2020年)三本杂志,这大概也是我此生与北语的缘分。

这三个杂志都是为了传播和繁荣中国文化和中国文学,培养了许多相关领域的学者,在学术界产生了较大的影响,有人因此戏称我是"三刊之父"。我觉得不如说我是"三刊之母"更合适些,《中国文化研究》是我的儿子,《汉学研究》是承担中外文化交流重任的混血儿,《女作家学刊》是我在80岁时执意要生出的也是我最溺爱的女儿。

施：您真是"儿女"满堂,多"子"必然辛苦,也会多福,祝贺您！1995年,您在办《汉学研究》的同时,还创办了北语汉学研究所,这个想法在当时是很前卫的,之前只有中国社会科学院和四川大学有汉学研究机构,北外的海外汉学研究中心也是在一年之后才成立的。您是怎样想起来创办一个汉学研究所的呢？

阎：申请建立北语汉学研究所,跟我在法国的工作经历有关。就像咱们前面提到的,我在法国工作期间,认识很多汉学家,他们对中国文化的研究,包括文学、历史、哲学、宗教、政治、经济等方方面面,他们的研究都是他山之石,对于我们审视自己的文化有益,汉学(SINOLOGY)的广度和深度都是我未曾想到的,这些研究为我们提供了一个反观自身的视角。

施：国外不少现当代的汉学家思想上都比较左倾,这是否会影响他们对中国问题判断的准确性和客观程度呢？

阎：左右都有。一般说来,右的比左的多。事实上,西方人研究我们中国,各种出发点、各种思想都有；我们中国人看待西方人对中国的研究,也有一个认识的过程。1976年5月,第一届欧洲青年汉学家研讨会(EACS)在巴黎举行,我和李忆民接到与会邀请,但未能成行。

因此,我认为我们需要跟进汉学家对中国的研究,知彼方能更好地知己,这是我创办汉学研究杂志、建立汉学研究所的初衷。

施：2016年6月23日、24日北外召开了"中国文化的世界性意义高层论坛——全国高校国际汉学(中国学)学术研讨会",在这次会议上,国际中国文化研究会(香港注册)为在汉学研究领域取得丰硕成果的学者颁发了"国际中国文化研究终身成就奖",四位获奖者中您名列其中。颁奖词上说：

他是一位诗人,也是一位学者,既长于创作,又长于研究；且对汉学情有独钟,持之以恒,默默耕耘,提携后进,理论上亦有创新。他创办汉学研究所、《中国文化研究》《汉学研究》等学术重镇,事无巨细,日夜辛勤,又开创"列国汉学史书系"之大业,天下名闻。①

这个奖项对您来说,可谓实至名归! 做了一辈子汉语教师,您觉得这份工作带给您最美好的记忆是什么?

阎:我这辈子做汉语教师,觉得非常得意,且还有几分光荣感。我的成长,第一离不开国家的培养,第二也是穷苦出身的我的艰苦卓绝的奋斗! 我此生所做的一切,学术上的些微成绩,无不与我的"汉语师资"身份有关。

我这一生有过几次"升官"的机会,但我都拒绝了! 我没有什么功利之心,只想做些自己喜欢的、有益于国家的事,我这个"80后",现在之所以还如此奋斗,不肯歇息,就是想多做些自己喜欢、也有益于国家的事。

施:一个人一生办好一份学术刊物就已经很了不起了,您尽一己之力,合四方财力、人力、物力,创办了三份学术刊物,嘉惠天下学人,应该是前无古人了吧?

阎:不敢当! 我只是在做自己想做的事。

施:您的执着与坚守,在今天看来,尤为难能可贵! 要知道,很多人早在退休之际就周游列国、含饴弄孙、花鸟鱼虫、琴棋书画,开始享受人生了。

阎:面对人生,那些同代人的喜乐爱好无可厚非! 我们这一代人都已经挤进三亿中国老人的行列,无法重新回到那个没有功利的年代,回到我们汉语师资成长的原点。不过,我们蔑视年龄歧视,不愿意坐在轮椅上"行走",不愿意躺在床上看天花板,依然追梦在路上。据我所知,王绍新、钱林森、程裕祯、许光华、熊文华、张占一等,和我一样,都是当年教育部的汉语师资,都不安于寂寞,都还在做事。做事,是一种幸福,使人年轻……

我们这一生,风风雨雨,一眨眼就过去了。我是个多梦的人,脑海里常常浮现出这些老同学:程裕祯、钱林森、潘文焴、许光华、王钟华、王载源、刘社会、赵永魁、杨国璋、孙伯芬、曲折(曲世强)、姜明宝、李国才、杨有材、朱旗(朱留章)、焦庆亮、赵章杏、迟显成、欧阳彰雅、郝永智,以及汪宗虎、杨增学、刘英林、郭志良、李润新、赵世高、项嘉贤、陈亨泰、孙来贵,等等;他们之中,尽管有的已经走了,但其音容笑貌都在我的记忆里……

施:您这一代出国师资,早已满头华发,许多人还在笔耕不辍。我们作为晚辈,不敢有丝毫懈怠。谢谢您!

---

① 《"沉船"与"病树"的情怀——阎纯德先生访谈录》,《国际汉学》2017年第2期,第14页。

图书在版编目(CIP)数据

国际汉语教育史研究. 第4辑/张西平主编.—北京：商务印书馆，2022
ISBN 978-7-100-20982-3

Ⅰ.①国… Ⅱ.①张… Ⅲ.①汉语—对外汉语教学—教育史—研究 Ⅳ.①H195

中国版本图书馆 CIP 数据核字(2022)第 055695 号

权利保留,侵权必究。

国际汉语教育史研究
第 4 辑
张西平 主编

商 务 印 书 馆 出 版
(北京王府井大街36号　邮政编码100710)
商 务 印 书 馆 发 行
北京虎彩文化传播有限公司印刷
ISBN 978 - 7 - 100 - 20982 - 3

2022年6月第1版　　　开本 787×1092　1/16
2022年6月北京第1次印刷　印张 12¾
定价：78.00 元